RÉPUBLIQUE FRANÇAISE

MINISTÈRE DE LA MARINE

CODE
DE JUSTICE MILITAIRE

POUR

L'ARMÉE DE MER

(DU 4 JUIN 1858)

ÉDITION MISE À JOUR À LA DATE DU 15 MAI 1918

PARIS

IMPRIMERIE NATIONALE

MDCCCCXVIII

[illegible]

CODE
DE JUSTICE MILITAIRE

POUR

L'ARMÉE DE MER

(DU 4 JUIN 1858)

ABRÉVIATIONS.

B. O. p........	Bulletin officiel de la marine, page.
Circ. ou Circ. min.	Circulaire ministérielle.
Dép. min........	Dépêche ministérielle.
(**M**.)..........	*Mentionné* dans l'édition refondue du Bulletin officiel de la marine.
(**N. R**.)........	*Non reproduit* dans l'édition refondue du Bulletin officiel de la marine.
(**R**.)..........	*Reproduit* avec son texte intégral dans l'édition refondue du Bulletin officiel de la marine.

RÉPUBLIQUE FRANÇAISE

MINISTÈRE DE LA MARINE

CODE

DE JUSTICE MILITAIRE

POUR

L'ARMÉE DE MER

(DU 4 JUIN 1858)

ÉDITION MISE À JOUR À LA DATE DU 15 MAI 1918

PARIS

IMPRIMERIE NATIONALE

MDCCCCXVIII

N° **5033** DE LA NOMENCLATURE DES DOCUMENTS.

CODE
DE JUSTICE MILITAIRE

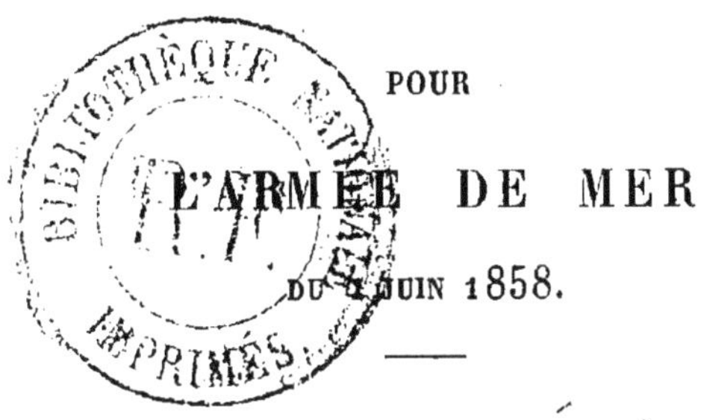

POUR

L'ARMÉE DE MER

DU 4 JUIN 1858.

NAPOLÉON, par la grâce de Dieu et la volonté nationale, EMPEREUR DES FRANÇAIS, à tous présents et à venir, SALUT.

AVONS SANCTIONNÉ et SANCTIONNONS, PROMULGUÉ et PROMULGUONS ce qui suit :

LOI.

Extrait du procès-verbal du Code législatif.

LE CORPS LÉGISLATIF A ADOPTÉ LE PROJET DE LOI dont la teneur suit :

LIVRE PREMIER.

DE L'ORGANISATION DES TRIBUNAUX DE LA MARINE.

DISPOSITIONS PRÉLIMINAIRES.

ARTICLE PREMIER [1].

La justice militaire maritime est rendue :

1° A terre, .

Par des conseils de guerre et des conseils de revision permanents,
Par des tribunaux maritimes et des tribunaux de revision permanents;

2° A bord,

Par des conseils de guerre et des conseils de revision,
Par des conseils de justice.

---

[1] Voir : Circulaire du 25 juillet 1906, *B. O.* p. 671. (*Suppression, en temps de paix, des conseils et tribunaux de revision permanents; leur remplacement par la Cour de cassation.*)

TITRE PREMIER.

DES JURIDICTIONS MARITIMES SIÉGEANT À TERRE.

CHAPITRE PREMIER.

DES CONSEILS DE GUERRE ET DES CONSEILS DE RÉVISION DANS LES ARRONDISSEMENTS MARITIMES ET LES CORPS EXPÉDITIONNAIRES.

SECTION PREMIÈRE.

Des conseils de guerre permanents dans les arrondissements maritimes.

ART. 2.

Il y a deux conseils de guerre permanents au chef-lieu de chaque arrondissement maritime.

Un décret[1] détermine, dans toute l'étendue du territoire de l'Empire, le ressort de ces conseils.

ART. 3 [2].

Les conseils de guerre permanents sont composés d'un capitaine de vaisseau ou de frégate, ou d'un colonel ou lieutenant-colonel, président, et de six juges, savoir :

Un capitaine de corvette ou un chef de bataillon, chef d'escadron ou major;

Deux lieutenants de vaisseau ou capitaines;

Deux enseignes de vaisseau ou deux lieutenants, ou un lieutenant et un sous-lieutenant;

Un officier-marinier ou un sous-officier.

ART. 4.

Il y a près chaque conseil de guerre un commissaire impérial, un rapporteur et un greffier.

Il peut être nommé un ou plusieurs substituts du commissaire impérial et du rapporteur, et un ou plusieurs commis greffiers.

---

[1] Article 2. Voir ci-après, p. 218 : Décret du 23 janvier 1889 (*Ressort des conseils de guerre permanents*).

[2] Ainsi modifié par les lois du 9 avril 1895 et du 3 août 1917.

ART. 5.

Les commissaires impériaux et leurs substituts remplissent près les conseils de guerre les fonctions du ministère public.

Les rapporteurs et leurs substituts sont chargés de l'instruction.

Les greffiers et commis greffiers font les écritures.

ART. 6.

Les présidents et les juges sont pris parmi les officiers, officiers-mariniers et sous-officiers appartenant au corps de la marine ou aux corps organisés de la marine, en activité dans le chef-lieu de l'arrondissement; ils peuvent être remplacés tous les six mois, et même dans un délai moindre s'ils cessent d'être employés dans le chef-lieu.

ART. 7 [1].

Les commissaires impériaux et les rapporteurs sont pris parmi les officiers supérieurs ou les officiers du grade de lieutenant de vaisseau, appartenant au corps de la marine, aux corps organisés de la marine, à celui du commissariat, ou à celui de l'inspection, soit en activité, soit en retraite.

Les substituts sont pris parmi les officiers du corps de la marine et des corps organisés de la marine, en activité dans le chef-lieu de l'arrondissement.

Les greffiers et commis greffiers sont pris parmi les officiers, officiers-mariniers, sous-officiers et employés des différents corps de la marine, soit en activité, soit en retraite.

Exceptionnellement et lorsque les besoins du service l'exigent, le ministre de la marine peut appeler aux fonctions de rapporteur et de substitut du rapporteur des officiers appartenant à d'autres corps que ceux désignés ci-dessus, et même, mais seulement en temps de guerre, des officiers de l'armée de terre mis à sa disposition par le ministre de la guerre.

ART. 8.

Le président et les juges des conseils de guerre sont nommés par le préfet maritime.

La nomination est faite par le ministre de la marine, s'il s'agit du jugement d'un capitaine de vaisseau ou d'un colonel, d'un officier général de la marine ou des troupes de la marine, ou d'un amiral.

ART. 9.

Les commissaires impériaux et les rapporteurs sont nommés par le ministre de la marine.

Lorsqu'ils sont choisis parmi les officiers en activité, ils sont nommés sur

---

[1] Article 7. Voir : Décret du 7 octobre 1895, ci-après, p. 227. (*Personnel, archives, dépenses de la justice maritime.*) Le dernier alinéa a été ajouté par la loi du 3 août 1917.

une liste de présentation dressée par le préfet maritime de l'arrondissement où siège le conseil de guerre.

Les substituts sont nommés par le préfet maritime.

Les greffiers sont nommés par le ministre de la marine et les commis greffiers par le préfet maritime.

ART. 10 [1].

La composition des conseils de guerre déterminée par l'article 3 du présent Code est maintenue ou modifiée suivant le grade de l'accusé, conformément au tableau ci-après :

GRADE DE L'ACCUSÉ.	GRADE DU PRÉSIDENT.	GRADES DES JUGES.
Officier-marinier ou sous-officier. Quartier-maître, caporal ou brigadier. Matelot, ouvrier-mécanicien ou soldat. Apprenti marin ou novice, mousse.	Capitaine de vaisseau ou de frégate, colonel ou lieutenant-colonel.	1 capitaine de frégate ou 1 chef de bataillon, chef d'escadron ou major ; 2 lieutenants de vaisseau, ou 2 capitaines ; 2 enseignes de vaisseau, ou 2 lieutenants, ou 1 lieutenant et 1 sous-lieutenant ; 1 officier-marinier ou sous-officier.
Aspirant de 1re classe. Aspirant de 2e classe. Volontaire. Sous-lieutenant.	Capitaine de vaisseau ou de frégate, colonel ou lieutenant-colonel.	1 capitaine de frégate ou 1 chef de bataillon, chef d'escadron ou major ; 2 lieutenants de vaisseau ou capitaines ; 3 enseignes de vaisseau ou lieutenants, ou 2 lieutenants et 1 sous-lieutenant, ou 1 lieutenant et 2 sous-lieutenants.
Enseigne de vaisseau. Lieutenant.	Capitaine de vaisseau ou de frégate. Colonel ou lieutenant-colonel.	1 capitaine de frégate ou 1 chef de bataillon, chef d'escadron ou major ; 3 lieutenants de vaisseau ou capitaines ; 2 enseignes de vaisseau ou lieutenants.
Lieutenant de vaisseau. Capitaine.	Capitaine de vaisseau. Colonel.	4 capitaines de frégate ou { 1 lieutenant-colonel ; 3 chefs de bataillons, chefs d'escadron ou majors ; } 2 lieutenants de vaisseau ou capitaines.
Capitaine de corvette. Chef de bataillon, chef d'escadron, major ou assimilé.	Contre-amiral. Général de brigade.	1 capitaine de vaisseau ou colonel ; 1 capitaine de frégate ou lieutenant-colonel ; 2 capitaines de corvette, chefs de bataillon, chefs d'escadron ou majors.
Capitaine de frégate. Lieutenant-colonel.	Contre-amiral ou général de brigade.	4 capitaines de vaisseau ou colonels ; 2 capitaines de frégate ou lieutenants-colonels.
Capitaine de vaisseau. Colonel.	Vice-amiral. Général de division.	4 contre-amiraux ou généraux de brigade ; 2 capitaines de vaisseau ou colonels.
Contre-amiral. Général de brigade.	Amiral. Maréchal de France.	4 vice-amiraux ou généraux de division ; 2 contre-amiraux ou généraux de brigade.
Vice-amiral. Général de division.	Amiral. Maréchal de France.	6 vice-amiraux ou généraux de division.
Amiral.	Amiral.	3 amiraux ou maréchaux de France ; 3 vice-amiraux.

[1] Article 10. Ainsi modifié par la loi du 9 avril 1895, jusqu'au grade d'enseigne de vaisseau, et par la loi du 3 août 1917, en ce qui concerne les capitaines de

En cas d'insuffisance, dans l'arrondissement maritime, d'officiers ayant le grade exigé pour la composition du conseil de guerre, le préfet maritime appelle à siéger au conseil de guerre des officiers d'un grade égal à celui de l'accusé ou d'un grade immédiatement inférieur.

Lorsque, hors le cas prévu à l'article 12 ci-après, un officier de marine, un capitaine du commerce ou un pilote vient d'être mis en jugement pour un fait maritime, les juges appartenant au corps de troupe de la marine sont remplacés, dans le conseil de guerre, par des juges pris exclusivement dans le corps de la marine, ou dans celui des équipages de la flotte.

ART. 11.

Pour juger un vice-amiral ou un général de division, les amiraux sont appelés suivant l'ordre de l'ancienneté à présider le conseil de guerre, à moins d'empêchement admis par le ministre de la marine.

ART. 12.

Pour juger un amiral, les amiraux et les maréchaux de France sont appelés suivant l'ordre de l'ancienneté à siéger dans le conseil de guerre, à moins d'empêchement admis par les ministres de la marine et de la guerre.

Le président est choisi parmi les amiraux et, à défaut, parmi les maréchaux de France.

Les fonctions de commissaire impérial peuvent être remplies par un vice-amiral, et celles de rapporteur sont exercées par un vice-amiral ou un contre-amiral.

ART. 13 [1].

Pour juger un officier des corps du génie maritime et des ingénieurs hydrographes, du commissariat et de l'inspection, du service des directions de travaux, du service de santé et de celui des manutentions, ou tout autre individu assimilé aux marins ou militaires, le conseil de guerre est composé conformément à l'article 10, suivant le grade auquel le rang de l'accusé correspond.

ART. 14.

S'il y a plusieurs accusés de différents grades ou rangs, la composition du conseil de guerre est déterminée par le grade ou le rang le plus élevé.

---

corvette. Voir : Décret du 14 novembre 1900, ci-après, p. 221 (*Assimilations judiciaires*);

Circulaire du 1ᵉʳ février 1867 (**R**.) [*Les mécaniciens principaux ne peuvent siéger comme juges*].

[1] Article 13. Voir : Loi du 2 mars 1902, *B. O.*, p. 407 (*Organisation du corps du contrôle de l'administration de la marine*);

Décret du 29 mai 1902, *B. O.*, p. 1057 (*Situation des fonctionnaires du corps du contrôle au point de vue juridictionnel*).

— 6 —

ART. 15.

Lorsque, à raison du grade ou du rang de l'accusé, un ou plusieurs membres du conseil de guerre sont remplacés, les autres membres, les rapporteurs et les greffiers continuent de droit leurs fonctions, sauf, en ce qui concerne les rapporteurs, le cas prévu par le troisième paragraphe de l'article 12 ci-dessus.

ART. 16.

Les fonctions de commissaire impérial sont remplies par un officier d'un grade ou d'un rang au moins égal à celui de l'accusé, sauf le cas prévu par le troisième paragraphe de l'article 12; elles sont toujours remplies par un officier de marine dans les cas spécifiés au dernier paragraphe de l'article 10.

Lorsqu'un commissaire impérial est spécialement nommé pour le jugement d'une affaire, il est assisté du commissaire ordinaire près le conseil de guerre ou de l'un de ses substituts.

ART. 17.

Les conseils de guerre appelés à juger des prisonniers de guerre sont composés, comme pour le jugement des marins ou militaires français, d'après les assimilations de grade.

ART. 18.

Lorsque, dans les cas prévus par les lois, il y a lieu de traduire devant un conseil de guerre, soit comme auteur principal, soit comme complice, un individu qui n'est ni marin, ni militaire, ni assimilé aux marins ou militaires, le conseil reste composé comme il est dit à l'article 3, à moins que le grade ou le rang d'un co-accusé marin ou militaire n'exige une autre composition.

ART. 19.

Le préfet maritime de chaque arrondissement dresse, sur la présentation des chefs de corps, un tableau, par grade et par ancienneté, des officiers, officiers-mariniers et sous-officiers, appartenant au corps de la marine ou aux corps organisés de la marine, présents au chef-lieu de l'arrondissement, qui peuvent être appelés à siéger comme juges dans les conseils de guerre.

Ce tableau est rectifié au fur et à mesure des mutations.

Une expédition en est déposée au greffe de chaque conseil de guerre.

Les officiers, officiers-mariniers et sous-officiers sont appelés successivement, et dans l'ordre de leur inscription, à siéger dans les conseils de guerre, à moins d'empêchement admis par une décision du préfet maritime.

ART. 20.

En cas d'empêchement accidentel d'un président ou d'un juge, le préfet maritime le remplace provisoirement, selon les cas, par un officier du même grade ou par un officier-marinier ou un sous-officier, dans l'ordre du tableau dressé en exécution de l'article précédent.

Dans le cas d'empêchement du commissaire impérial, du rapporteur et de leurs substituts, du greffier et du commis greffier, il est provisoirement pourvu au remplacement par le préfet maritime.

ART. 21.

S'il ne se trouve pas dans le chef-lieu de l'arrondissement des officiers généraux ou supérieurs en nombre suffisant pour compléter le conseil de guerre, le ministre de la marine y pourvoit, en appelant, par rang d'ancienneté, des officiers généraux ou supérieurs en activité dans les ports les plus voisins, et, à défaut, à Paris.

A défaut d'officiers généraux en activité de service ou en disponibilité, le ministre désigne des officiers généraux appartenant au cadre de réserve.

ART. 22.

Nul ne peut faire partie d'un conseil de guerre, à un titre quelconque, s'il n'est Français ou naturalisé Français et âgé de vingt-cinq ans accomplis.

ART. 23.

Les parents et alliés, jusqu'au degré d'oncle et de neveu inclusivement, ne peuvent être membres du même conseil de guerre, ni remplir près de ces conseils les fonctions de commissaire impérial, de rapporteur ou de greffier.

ART. 24 [1].

Nul ne peut siéger comme président ou juge, ni remplir les fonctions de rapporteur dans une affaire soumise au conseil de guerre :

1° S'il est parent ou allié de l'accusé jusqu'au degré de cousin issu de germain inclusivement;

2° S'il a porté la plainte ou déposé comme témoin;

3° S'il a donné l'ordre d'informer;

4° Si, dans les cinq ans qui ont précédé la mise en jugement, il a été engagé comme plaignant, partie civile ou prévenu dans un procès criminel contre l'accusé;

---

[1] Article 24. Voir Circulaire du 5 août 1858 (**R.**) [*Plaintes en désertion*].

5° S'il a précédemment connu de l'affaire comme administrateur ou comme membre d'un tribunal de la marine.

ART. 25.

Avant d'entrer en fonctions, les commissaires impériaux et les rapporteurs pris en dehors de l'activité prêtent, entre les mains du préfet maritime, le serment suivant : «Je jure obéissance à la Constitution et fidélité à l'Empereur.»

SECTION II.

Des conseils de revision permanents dans les arrondissements maritimes.

ART. 26 [1].

Il est établi, pour les arrondissements maritimes, des conseils de revision permanents dont le nombre, le siège et le ressort sont déterminés par décret de l'Empereur, inséré au *Bulletin des Lois.*

ART. 27 [2].

Les conseils de revision permanents dans les arrondissements maritimes sont composés de cinq membres : de deux magistrats de la cour d'appel du ressort et de trois officiers supérieurs du corps de la marine.

Ils sont présidés par un président de chambre de la cour d'appel ou par un magistrat qui en remplit les fonctions.

Il y a près de chaque conseil de revision un commissaire du gouvernement et un greffier.

Les fonctions de commissaire du gouvernement sont remplies par un officier supérieur du corps de la marine ou du corps du commissariat.

Il peut être nommé un ou plusieurs substituts du commissaire du gouvernement et un ou plusieurs commis greffiers, si les besoins du service l'exigent.

ART. 28 [2].

Un décret rendu en conseil des ministres réglera les conditions dans lesquelles seront désignés les deux magistrats appelés à siéger dans les conseils de revision.

Les juges militaires seront choisis parmi les officiers en activité dans l'ar-

---

[1] Article 26. Voir Circulaire du 25 juillet 1906, *B. O.*, p. 671, portant notification de la loi du 17 avril 1906. (*Suppression en temps de paix des conseils et tribunaux de revision permanents; leur remplacement par la Cour de cassation.*)

[2] Ainsi modifié par la loi du 27 avril 1916.

rondissement maritime où siège le conseil et nommés par le préfet maritime de cet arrondissement.

Ils peuvent être remplacés tous les six mois, et même dans un délai moindre, s'ils cessent d'être employés dans l'arrondissement.

Un tableau est dressé pour les juges militaires, conformément à l'article 19 du présent Code.

Les articles 20 et 21 sont également applicables aux conseils de revision.

ART. 29.

Les commissaires impériaux sont pris parmi les officiers supérieurs en activité ou en retraite ; ils sont nommés par le ministre de la marine.

Les substituts sont pris parmi les officiers en activité ; ils sont nommés par le préfet maritime.

Les greffiers et commis greffiers sont nommés dans les conditions et les formes indiquées aux articles 7 et 9 du présent Code.

ART. 30 [1].

Lorsque le conseil de guerre dont le jugement a été attaqué a été présidé par un vice-amiral, le conseil de revision est présidé par le premier président ou le magistrat qui en remplit les fonctions.

ART. 31.

Nul ne peut faire partie d'un conseil de revision s'il n'est Français ou naturalisé Français et âgé de trente ans accomplis.

Les articles 23 et 24 du présent Code sont applicables aux membres des conseils de revision.

ART. 32.

Avant leur entrée en fonctions, les commissaires impériaux pris en dehors de l'activité prêtent, entre les mains du préfet maritime, le serment prescrit par l'article 25 du présent Code.

SECTION III.

Des conseils de guerre et des conseils de revision dans les corps expéditionnaires.

ART. 33.

Lorsque des marins ou militaires ont été réunis en corps pour une expédition d'outre-mer, les dispositions des chapitres 1 et 2 du titre II et celles du

---

[1] Ainsi modifié par la loi du 27 avril 1916.

titre III du livre 1ᵉʳ du Code de justice militaire pour l'armée de terre deviennent applicables au corps expéditionnaire, du jour de sa mise à terre, sauf les modifications suivantes :

1° Les officiers de marine et les officiers-mariniers faisant partie du corps expéditionnaire concourent, pour la formation des conseils de guerre et de revision, avec les officiers de toutes armes et les sous-officiers, d'après les règles établies aux articles 3, 10 et 27 du présent Code ;

2° Les officiers du commissariat attachés au corps expéditionnaire peuvent être appelés à exercer les fonctions de commissaires impériaux, de rapporteurs et de substituts, conformément aux articles 7 et 27 du présent Code ;

3° Dans le cas d'impossibilité absolue de composer les conseils de guerre et de revision dans le corps expéditionnaire, les officiers nécessaires sont pris à bord des bâtiments de l'État présents sur les lieux.

CHAPITRE II.

DES TRIBUNAUX MARITIMES ET DES TRIBUNAUX DE REVISION.

SECTION PREMIÈRE.

Des tribunaux maritimes permanents dans les arrondissements maritimes.

ART. 34 [1].

Il y a deux tribunaux maritimes permanents au chef-lieu de chaque arrondissement maritime.

Leur ressort est le même que celui des conseils de guerre permanents indiqué à l'article 2 du présent Code.

ART. 35 [2].

Les tribunaux maritimes permanents sont composés d'un capitaine de vaisseau ou de frégate, président, et de six juges, savoir :

Un juge du tribunal de première instance ;

Un juge suppléant du même tribunal, ou, à défaut, un avocat attaché au barreau ou un avoué ;

Un commissaire adjoint ou sous-commissaire de la marine ;

Deux lieutenants de vaisseau ;

Un sous-ingénieur de 1ʳᵉ ou de 2ᵉ classe.

---

[1] Voir : Décret du 23 janvier 1889 (*Ressort des tribunaux maritimes*) reproduit ci-après p. 218.

[2] Voir : Circulaire du 14 avril 1859 (**M**). (*Les magistrats doivent siéger en robe.*)

ART. 36.

Il y a près de chaque tribunal maritime un commissaire impérial rapporteur et un greffier.

Il peut être nommé un ou plusieurs substituts aux commissaires impériaux rapporteurs, et un ou plusieurs commis greffiers.

ART. 37.

Les commissaires impériaux rapporteurs et leurs substituts sont chargés de l'instruction et remplissent près les tribunaux maritimes les fonctions du ministère public.

Les greffiers et commis greffiers font les écritures.

ART. 38.

Les présidents et les juges sont pris parmi les officiers en activité dans le chef-lieu de l'arrondissement maritime et parmi les membres du tribunal de première instance de ce chef-lieu d'arrondissement ; ils peuvent être remplacés tous les six mois, et même dans un délai moindre s'ils cessent d'être employés dans le chef-lieu.

ART. 39 [1].

Les commissaires impériaux rapporteurs sont pris parmi les officiers supérieurs du corps de la marine, de celui du commissariat ou de celui de l'inspection, et les lieutenants de vaisseau ou les sous-commissaires, soit en activité, soit en retraite.

Les substituts sont pris parmi les officiers des mêmes corps, en activité dans le lieu où siège le tribunal.

ART. 40.

Le président et les juges appartenant à la marine sont nommés par le préfet maritime.

Les juges de l'ordre civil sont désignés par le président du tribunal de première instance.

ART. 41 [1].

La nomination des commissaires impériaux rapporteurs et de leurs substituts a lieu dans la forme déterminée par l'article 9 du présent Code.

---

[1] Voir : Décret du 7 octobre 1915 (*Personnel, archives, dépenses de la justice maritime*) reproduit ci-après, p. 227.

La nomination des greffiers et commis greffiers est faite dans les conditions et les formes indiquées aux articles 7 et 9.

ART. 42.

Pour juger un officier ou un assimilé, la composition du tribunal maritime est modifiée, s'il y a lieu, de manière que les juges appartenant à la marine et le commissaire impérial rapporteur soient d'un grade ou d'un rang au moins égal à celui de l'accusé.

ART. 43.

Le préfet maritime de chaque arrondissement dresse, sur la présentation des chefs de service, un tableau, par grade et par ancienneté, des officiers de marine, des officiers du génie maritime et du commissariat, présents au chef-lieu de l'arrondissement, qui peuvent être appelés à siéger comme juges dans les tribunaux maritimes.

Ce tableau est rectifié au fur et à mesure des mutations.

Une expédition en est déposée au greffe des tribunaux maritimes de l'arrondissement, où est également déposé le tableau, par ordre d'ancienneté, des juges, juges suppléants, avocats et avoués du tribunal de première instance.

Les officiers, les juges, les juges suppléants, les avocats et les avoués sont appelés successivement, et dans l'ordre de leur inscription, à siéger dans les tribunaux maritimes, à moins d'empêchement admis par une décision du préfet maritime ou du président du tribunal de première instance, chacun en ce qui le concerne.

ART. 44.

En cas d'empêchement accidentel d'un président ou d'un juge, il est provisoirement pourvu à son remplacement, soit par le préfet maritime, soit par le président du tribunal de première instance, dans l'ordre des tableaux mentionnés à l'article précédent, et conformément à l'article 40.

Dans le cas d'empêchement du commissaire impérial rapporteur et de ses substituts, du greffier et du commis greffier, il est provisoirement pourvu au remplacement par le préfet maritime.

ART. 45.

Les articles 16 (§ 2), 21, 22, 23, 24 et 25 du présent Code, relatifs aux conseils de guerre, sont applicables aux tribunaux maritimes permanents dans les arrondissements maritimes.

SECTION II.

Des tribunaux de revision permanents dans les arrondissements maritimes.

ART. 46 [1].

Il est établi, pour les arrondissements maritimes, des tribunaux de revision permanents, dont le nombre, le siège et le ressort sont déterminés par décret de l'Empereur, inséré au *Bulletin des Lois*.

ART. 47 [2].

Les tribunaux de revision sont composés du major général de la marine, président, et de quatre juges, savoir :

Le président du tribunal de première instance :

Le procureur impérial près le même tribunal ;

Un capitaine de vaisseau ;

Un commissaire de la marine.

Il y a près chaque tribunal de revision un commissaire impérial et un greffier.

Les fonctions de commissaire impérial sont remplies par un officier supérieur du corps de la marine, de celui du commissariat ou de celui de l'inspection.

Il peut être nommé un substitut de commissaire impérial, appartenant aux mêmes corps, et un commis greffier, si les besoins du service l'exigent.

ART. 48.

Le capitaine de vaisseau et le commissaire de la marine, juges du tribunal de revision, sont pris parmi les officiers en activité dans le chef-lieu de l'arrondissement où siège le tribunal ; ils sont nommés par le préfet maritime. Ils peuvent être remplacés tous les six mois, et même dans un délai moindre s'ils cessent d'être employés dans le chef-lieu.

Un tableau est dressé pour ces juges, conformément à l'article 43 du présent Code.

En cas d'empêchement accidentel du président ou d'un juge appartenant à la marine, le préfet maritime remplace provisoirement le major général par le plus ancien des capitaines de vaisseau en service au port, le capitaine de vaisseau et le commissaire de la marine par un officier du même grade et du même corps, dans l'ordre du tableau mentionné au paragraphe précédent.

---

[1] Voir : Circulaire du 25 juillet 1906, *B. O.*, p. 671, portant notification de la loi du 17 avril 1906 (*Suppression, en temps de paix, des conseils et tribunaux de revision permanents; leur remplacement par la Cour de cassation*).

[2] Même note que sous l'article 35.

En cas d'empêchement accidentel, le président du tribunal de première instance est remplacé provisoirement par le vice-président et par le plus ancien juge de ce tribunal, et le procureur impérial par son substitut.

ART. 49 [1].

Les commissaires impériaux sont pris parmi les officiers supérieurs en activité ou en retraite ; ils sont nommés par le ministre de la marine.

Les substituts sont pris parmi les officiers en activité ; ils sont nommés par le préfet maritime.

Les greffiers et commis greffiers sont nommés dans les conditions et les formes indiquées aux articles 7 et 9 du présent Code.

ART. 50.

Lorsque le tribunal maritime dont le jugement est attaqué a été présidé par un officier général, le tribunal de revision est présidé par un officier général du même grade : le major général, s'il n'a pas le grade requis pour présider, siège alors comme juge, et le capitaine de vaisseau ne prend point part au jugement de l'affaire.

ART. 51.

Les articles 21, 23 et 24, relatifs aux conseils de guerre, 30 et 31, relatifs aux conseils de revision, sont applicables aux tribunaux de revision dans les arrondissements maritimes.

SECTION III.
Des tribunaux maritimes dans les sous-arrondissements maritimes et les établissements de la marine hors des ports.

ART. 52.

Si les besoins du service l'exigent, des tribunaux maritimes peuvent être établis dans les sous-arrondissements maritimes et les établissements de la marine hors des ports par un décret de l'Empereur, qui fixe le siège de ces tribunaux et en détermine le ressort.

Ces tribunaux sont composés ainsi qu'il est dit aux articles 35, 36, 39 et 42 du présent Code.

ART. 53.

Le président et les juges appartenant à la marine sont pris parmi les officiers en activité dans le ressort du sous-arrondissement ou dans l'établissement. Les juges de l'ordre civil sont pris dans le tribunal de première instance de l'arrondissement judiciaire.

---

[1] Même note que sous les articles 39 et 41.

Ils peuvent être remplacés tous les six mois, et même dans un délai moindre s'ils cessent d'être employés dans le ressort.

ART. 54.

Les articles 16 (§ 2), 21, 22, 23, 24 et 25, relatifs aux conseils de guerre, 37, 40, 41, 43 et 44, relatifs aux tribunaux maritimes des arrondissements, sont applicables aux tribunaux maritimes des sous-arrondissements et des établissements hors des ports ; le chef du service ou le directeur exerce les attributions dévolues au préfet maritime.

ART. 55.

S'il ne se trouve sur les lieux ni capitaine de vaisseau, ni capitaine de frégate, le tribunal est présidé par le chef de service ou le directeur.

Dans le cas où il n'existe pas dans le ressort du sous-arrondissement ou dans l'établissement un nombre suffisant d'officiers des grades et des corps requis pour la composition du tribunal, les officiers de marine, du génie et du commissariat peuvent se suppléer réciproquement, à grade égal ; ils peuvent même être remplacés par des officiers du rang correspondant, appartenant à l'artillerie de marine et au service des directions des travaux.

S'il est impossible au chef du service ou au directeur de composer le tribunal, il y est pourvu par le ministre de la marine, conformément aux dispositions de l'article 21 du présent Code relatif aux conseils de guerre.

ART. 56.

Les recours en revision formés contre les jugements des tribunaux maritimes des sous-arrondissements et des établissements hors des ports sont portés devant le tribunal de revision permanent de l'arrondissement maritime.

TITRE II.

DES JURIDICTIONS MARITIMES SIÉGEANT À BORD.

CHAPITRE PREMIER.

DES CONSEILS DE GUERRE ET DES CONSEILS DE REVISION À BORD DES BÂTIMENTS DE L'ÉTAT.

SECTION PREMIÈRE.

Des conseils de guerre à bord des bâtiments de l'État.

ART. 57.

Lorsqu'il a été commis un crime ou un délit de la compétence des conseils de guerre à bord des bâtiments de l'État, un conseil de guerre est formé pour juger les auteurs de ce crime ou de ce délit.

ART. 58 [1].

Le conseil de guerre, à bord des bâtiments de l'État, est composé de cinq juges seulement, conformément au tableau ci-après, suivant le grade de l'accusé jusqu'à celui de capitaine de frégate, lieutenant-colonel ou assimilé inclusivement :

GRADE DE L'ACCUSÉ.	GRADE DU PRÉSIDENT.	GRADES DES JUGES.
Officier-marinier ou sous-officier. Quartier-maître, caporal ou brigadier .... Matelot, ouvrier mécanicien ou soldat............... Apprenti-marin ou novice, mousse................	Capitaine de vaisseau ou de frégate, colonel ou lieutenant-colonel............	1 capitaine de frégate ou 1 chef de bataillon, chef d'escadron ou major ; 1 lieutenant de vaisseau ou capitaine ; 1 enseigne de vaisseau ou lieutenant ou sous-lieutenant ; 1 officier-marinier ou sous-officier.
Aspirant de 1re classe et assimilé............... Aspirant de 2e classe......... Volontaire................ Sous-lieutenant ou assimilé....	Capitaine de vaisseau ou de frégate, colonel ou lieutenant-colonel..........	1 capitaine de frégate ou chef de bataillon, chef d'escadron ou major. 1 lieutenant de vaisseau ou capitaine ; 1 enseigne de vaisseau ou lieutenant ; 1 enseigne de vaisseau ou lieutenant ou sous-lieutenant.
Enseigne de vaisseau......... Lieutenant ou assimilé.......	Capitaine de vaisseau ou de frégate, colonel ou lieutenant-colonel..........	1 capitaine de frégate ou chef de bataillon, chef d'escadron ou major ; 1 lieutenant de vaisseau ou capitaine ; 2 enseignes de vaisseau ou lieutenants.
Lieutenant de vaisseau....... Capitaine ou assimilé........	Capitaine de vaisseau ou colonel.	1 capitaine de frégate ou lieutenant-colonel ; 1 capitaine de frégate ou 1 chef de bataillon, chef d'escadron ou major ; 3 lieutenants de vaisseau ou capitaines.
Capitaine de corvette .... Chef de bataillon............ Chef d'escadron, major ou assimilé	Contre-amiral ou général de brigade	1 capitaine de vaisseau ou colonel ; 1 capitaine de frégate ou lieutenant-colonel ; 2 capitaines de corvette, chefs de bataillon, chefs d'escadron ou majors.
Capitaine de frégate......... Lieutenant-colonel ou assimilé.	Contre-amiral ou général de brigade	2 capitaines de vaisseau ou colonel ; 2 capitaines de frégate ou lieutenants-colonels.

Il y a près du conseil un commissaire du gouvernement, rapporteur, remplissant à la fois les fonctions de magistrat instructeur et celles du ministère public, et un greffier.

Il n'est rien de changé à la composition des conseils déterminée par l'article 10 du présent Code, pour les autres grades à partir de celui de colonel.

---

[1] Ainsi modifié par la loi du 9 avril 1895 et par celle du 3 août 1917 (*Capitaines de corvette*).

ART. 59 [1].

Les membres du conseil de guerre sont pris parmi les officiers de marine et les officiers-mariniers des bâtiments de l'État présents sur les lieux.

S'il ne se trouve pas, à bord des bâtiments présents, un nombre suffisant d'officiers de marine du grade requis pour la composition du conseil de guerre, les officiers de marine employés à terre et, à défaut de ceux-ci, les officiers de troupe embarqués ou employés à terre sont appelés à siéger dans ce conseil.

Si, nonobstant la disposition du paragraphe précédent, il y a insuffisance d'officiers du grade requis, les membres du conseil de guerre sont pris dans les grades inférieurs. Néanmoins, ne peuvent siéger dans le conseil de guerre plus de deux juges d'un grade au-dessous de celui de l'accusé, ni plus de deux officiers-mariniers ou sous-officiers. Pour juger un officier ou un aspirant, aucun officier-marinier ou sous-officier ne peut entrer dans la composition du conseil de guerre.

Les fonctions de commissaire-rapporteur sont remplies par un officier ou assimilé ayant au moins le grade de lieutenant de vaisseau.

Celles de greffier sont confiées à un officier du commissariat ou à un officier-marinier.

ART. 60 [2].

Les membres du conseil de guerre sont nommés, savoir :

Si le bâtiment fait partie d'une armée navale, d'une escadre ou d'une division, par le commandant de cette force navale ;

Si le bâtiment est soumis à l'autorité d'un préfet maritime ou d'un gouverneur de colonie, par ce préfet maritime ou ce gouverneur ;

Dans les autres cas, si plusieurs bâtiments sont réunis, par le commandant supérieur ; et si le bâtiment est isolé, par le commandant.

ART. 61.

Si un officier, ayant commandé une portion quelconque des forces navales de l'Empire, est mis en jugement à raison d'un fait commis pendant la durée de son commandement, aucun des officiers ayant été sous ses ordres dans cette force navale ne peut faire partie du conseil de guerre.

ART. 62 [2].

Les articles 14, 16 (§ 1er), 17, 18, 22, 23 et 24 du présent Code sont applicables aux conseils de guerre siégeant à bord des bâtiment de l'État.

---

[1] Ainsi modifié par les lois du 9 avril 1895 et du 13 mai 1918. Voir Circulaire du 17 mai 1905, *B. O.* p. 509 (*Recommandations relatives à la désignation des commissaires du Gouvernement et greffiers des juridictions de bord*).
[2] Ainsi modifié par la loi du 9 avril 1895.

SECTION II.

Des conseils de revision à bord des bâtiments de l'État.

ART. 63.

Il est formé uu conseil de revision à bord des bâtiments de l'État, dans le cas prévu à l'article 57 du présent Code.

ART. 64 [1].

Le conseil de revision est composé de trois juges, savoir:

Un officier général ou supérieur, président; —

Deux officiers supérieurs, ou, à défaut, deux lieutenants de vaisseau ou capitaines, juges.

Les fonctions de commissaire du gouvernement sont remplies par un lieutenant de vaisseau, un capitaine ou un sous-commissaire.

Celles de greffier sont confiées à un officier du commissariat ou à un officier-marinier.

Les membres du conseil de revision sont pris parmi les officiers de marine embarqués à bord des bâtiments de l'État présents sur les lieux, ou, s'il ne se trouve pas à bord des bâtiments présents un nombre suffisant d'officiers de marine du grade requis, parmi les officiers de marine employés à terre et, à défaut de ceux-ci, parmi les officiers de troupe embarqués ou employés à terre.

Le président du conseil de revision doit être d'un grade au moins égal à celui du président du conseil de guerre qui a jugé l'accusé.

ART. 65 [1].

Les membres du conseil de revision sont nommés comme il est dit à l'article 60 ci-dessus.

ART. 66 [1].

Les articles 23, 24 et 31 du présent Code sont applicables au conseil de revision siégeant à bord des bâtiments de l'État.

SECTION III.

Disposition commune aux deux sections précédentes.

ART. 67 [1].

Le conseil de guerre et le conseil de revision, à bord des bâtiments de l'État, sont formés simultanément.

---

[1] Modifié une première fois par la loi du 9 avril 1895, ainsi que les trois suivants, et, une seconde fois, par la loi du 13 mai 1918.

En cas d'impossibilité absolue de les composer, l'affaire est renvoyée soit à un commandant de force navale, soit à un préfet maritime ou à un gouverneur de colonie, pour qu'il y soit donné suite.

Il en est de même dans le cas où, un jugement ayant été annulé, il y aurait impossibilité absolue de composer un nouveau conseil de guerre.

CHAPITRE II.

DES CONSEILS DE JUSTICE.

ART. 68.

Lorsqu'un délit de la compétence des conseils de justice a été commis par un individu porté au rôle d'équipage d'un bâtiment de l'État, un conseil de justice est formé pour juger l'auteur de ce délit.

ART. 69.

Le conseil de justice est composé du commandant du bâtiment, ou, en cas d'empêchement, de l'officier en second, président, et de quatre juges, savoir :

Trois officiers de marine ;

Un officier-marinier.

Un officier d'administration, ou, à défaut, tout autre individu faisant partie de l'équipage, remplit les fonctions de greffier.

ART. 70.

Les membres du conseil de justice et le greffier sont pris à bord du bâtiment sur lequel est embarqué le prévenu.

En cas de complicité entre plusieurs individus qui ne sont pas embarqués sur le même bâtiment, les membres du conseil de justice et le greffier sont pris à bord du bâtiment auquel appartient le prévenu le plus élevé en grade, et, à grade égal, le plus ancien.

ART. 71.

Les membres du conseil de justice sont nommés comme il est dit aux paragraphes 2, 3 et 4 de l'article 60, relatif aux conseils de guerre.

S'il ne se trouve pas, à bord du bâtiment sur lequel le prévenu est embarqué, un nombre suffisant d'officiers pour la composition du conseil de justice, les aspirants de première classe faisant partie de l'état-major de ce bâtiment peuvent être appelés à siéger ; à défaut, le conseil est complété par des officiers ou des aspirants de première classe pris à bord des autres bâtiments ou à terre ; en cas d'insuffisance, un deuxième officier-marinier peut être admis comme juge dans le conseil.

ART. 72.

Nul ne peut faire partie d'un conseil de justice, à un titre quelconque, s'il n'est Français ou naturalisé Français.

ART. 73.

Les articles 23 et 24 (nᵒˢ 1, 2, 4 et 5) du présent Code, relatifs aux conseils de guerre, sont applicables aux conseils de justice.

LIVRE II.

DE LA COMPÉTENCE DES TRIBUNAUX DE LA MARINE.

DISPOSITIONS PRÉLIMINAIRES.

ART. 74 [1].

Les tribunaux de la marine ne statuent que sur l'action publique.

Ils peuvent néanmoins ordonner, au profit des propriétaires, la restitution des objets saisis ou des pièces de conviction, lorsqu'il n'y a pas lieu d'en prononcer la confiscation.

ART. 75 [1].

L'action civile ne peut être poursuivie que devant les tribunaux civils; l'exercice en est suspendu tant qu'il n'a pas été prononcé définitivement sur l'action publique intentée avant ou pendant la poursuite de l'action civile.

TITRE PREMIER.

COMPÉTENCE DES JURIDICTIONS MARITIMES SIÉGEANT À TERRE.

CHAPITRE PREMIER.

COMPÉTENCE DES CONSEILS DE GUERRE ET DES CONSEILS DE REVISION DANS LES ARRONDISSEMENTS MARITIMES ET LES CORPS EXPÉDITIONNAIRES.

SECTION PREMIÈRE.

Compétence des conseils de guerre permanents dans les arrondissements maritimes [2].

ART. 76.

Tout individu appartenant à l'armée de mer en vertu, soit de la loi de l'inscription maritime ou de celle du recrutement, soit d'un brevet, d'une

---

[1] Voir Arrêt de cassation du 10 avril 1884 (**M.**), *annulant, pour excès de pouvoir, un jugement de conseil de justice; action civile.*

[2] Voir Arrêt de cassation du 29 mars 1884 (**R.**). (*Règlement de juges dans l'affaire d'un second-maître fourrier inculpé de désertion, de vol et d'escroqueries, ces dernières commises pendant le cours de sa désertion.*)

commission ou d'un engagement, est justiciable des conseils de guerre permanents des arrondissements maritimes, selon les distinctions établies dans les articles suivants.

ART. 77 [1].

Sont justiciables des conseils de guerre permanents des arrondissements maritimes, pour tous crimes et délits, sauf les exceptions portées aux articles 88 et 108 (§ 1er) et au titre III du présent livre :

1° Les officiers de tous grades de la marine, les aspirants, les officiers auxiliaires, les officiers-mariniers, quartiers-maîtres, matelots, ouvriers chauffeurs, novices, apprentis-marins et mousses;

Les officiers de tous grades, les employés et les agents des différents corps de la marine ;

Les officiers de tous grades, les sous-officiers, caporaux et brigadiers, les soldats, musiciens et enfants de troupe des corps organisés de la marine;

Les individus assimilés aux marins ou militaires de l'armée de mer par les ordonnances ou décrets d'organisation;

pendant qu'ils sont en activité de service à terre ou portés présents, soit sur les contrôles de l'armée de mer, soit sur les rôles d'équipage des divisions, ou détachés pour un service spécial.

2° Les marins ou militaires de l'armée de mer et les individus assimilés aux marins ou militaires placés dans les hôpitaux civils ou maritimes, ou voyageant sous la conduite de la force publique, ou détenus dans les établissements, prisons et pénitenciers maritimes.

Les prisonniers de guerre placés sous l'autorité maritime sont aussi justiciables des conseils de guerre.

ART. 78 [2].

Sont justiciables des conseils de guerre permanents des arrondissements maritimes pour tous crimes ou délits commis, soit à bord, soit à terre, et sauf les exceptions prévues aux articles 88 et 102 et au titre III du présent

---

[1] Voir : Arrêt de cassation du 10 juin 1859 (**R.**) [*Conflit négatif de juridiction; règlement de juges; compétence; ouvrier chauffeur des équipages de la flotte en congé renouvelable*];

Arrêt du 10 avril 1863 (**R.**) [*Vol de vins, matelots embarqués, intérieur de l'arsenal, compétence*];

Arrêt du 20 février 1868 (**R.**) [*Matelot, vol, désertion, compétence*];

Arrêt du 10 février 1870 (**R.**) [*Marins et militaires*];

Arrêt du 21 janvier 1915, *B. O.*, p. 108 [*État de siège, incompétence*];

[2] Voir : Arrêt du 9 juillet 1863 (**R.**) [*Compétence des conseils à terre à l'égard d'inculpés provenant de bâtiments désarmés*];

Arrêt du 15 juin 1911, *B. O.* 2e semestre, p. 579 (*Inculpé appartenant à un bâtiment présent dans l'arsenal, compétence du conseil permanent même après sortie du bâtiment de l'arsenal*).

livre, tous individus portés présents, à quelque titre que ce soit, sur les rôles d'équipage des bâtiments de l'État ou détachés du bord pour un service spécial, lorsque ces bâtiments se trouvent dans l'enceinte d'un arsenal maritime.

Sont justiciables des mêmes conseils les auteurs de tous crimes ou délits de la compétence des juridictions maritimes siégeant à bord, lorsqu'ils ont quitté le bâtiment sur lequel ils étaient embarqués ou à bord duquel le crime ou le délit a été commis, et que ce bâtiment ne se trouve plus sur les lieux ou a été désarmé.

Sont, dans tous les cas, exclusivement justiciables des conseils de guerre permanents des arrondissements maritimes les individus inculpés des faits prévus aux articles 267, 268 et 269 du présent Code.

Sont justiciables des mêmes conseils de guerre tous individus prévenus soit comme auteurs, soit comme complices, d'un des crimes ou délits prévus par l'article 334 du présent Code, toutes les fois qu'ils ne peuvent plus être traduits, en vertu de l'article 98, devant un conseil de guerre siégeant à bord [1].

ART. 79 [2].

Sont également justiciables des conseils de guerre permanents des arrondissements maritimes, mais seulement pour les crimes et les délits prévus par le titre II du livre IV du présent Code, les marins ou militaires de l'armée de mer de tous grades et les individus assimilés aux marins ou militaires :

1° Lorsque, sans être employés, ils reçoivent un traitement et restent à la disposition du gouvernement;

2° Lorsqu'ils sont en congé ou permission.

ART. 80.

Les inscrits maritimes, depuis l'instant où ils ont reçu leur feuille de route jusqu'à celui de leur arrivée au corps ou dans les arsenaux, et les ouvriers de l'inscription maritime employés dans les établissements de la marine ne sont justiciables des conseils de guerre permanents que pour les faits de désertion ou dans les cas prévus par le n° 2 de l'article 77.

ART. 81.

Les officiers de la gendarmerie maritime, les sous-officiers et les gendarmes ne sont pas justiciables des conseils de guerre pour les crimes et

---

[1] Alinéa ajouté par la loi du 24 juillet 1913, *B. O.*, 1914, p. 1.
[2] Voir Arrêt du 10 juin 1859 (**R.**) [*Conflit, congé renouvelable*];
Circulaires des Ministres de la Justice et de la Marine des 21 avril et 3 mai 1870 (**R.**) [*Comparution des marins et des militaires devant les tribunaux ordinaires*].

délits commis dans l'exercice de leurs fonctions relatives à la police judiciaire et à la constatation des contraventions en matières administratives.

ART. 82 [1].

Le prévenu est traduit, soit devant le conseil de guerre dans le ressort duquel le crime ou le délit a été commis, soit devant celui dans le ressort duquel ce prévenu a débarqué ou a été arrêté, soit devant celui de l'arrondissement dans lequel se trouve son détachement ou son bâtiment, soit enfin devant celui du corps auquel il appartient, s'il est officier sans troupe.

Dans les cas prévus par les articles 267, 268 et 269 du présent Code, le ministre de la marine désigne le conseil de guerre d'arrondissement devant lequel sera traduit le prévenu.

ART. 83.

Les jugements rendus par les conseils de guerre permanents peuvent être attaqués par recours devant les conseils de revision.

SECTION II.
Compétence des conseils de guerre dans les corps expéditionnaires.

ART. 84.

Les dispositions des chapitres 2 et 4 du titre Iᵉʳ et celles du titre III du livre II du Code de justice militaire pour l'armée de terre sont applicables dans les corps expéditionnaires.

SECTION III.
Compétence des conseils de revision dans les arrondissements maritimes et les corps expéditionnaires.

ART. 85.

Les conseils de revision des arrondissements maritimes et des corps expéditionnaires prononcent sur les recours formés contre les jugements des conseils de guerre établis dans leurs ressorts respectifs.

ART. 86.

Les conseils de revision ne connaissent pas du fond des affaires.

---

[1] Référence à cet article dans l'article 85 du décret-loi du 24 mars 1852, modifié par la loi du 2 juillet 1916, sur la police maritime (p. 314 ci-après).

Arr. 87 [1].

Les conseils de revision ne peuvent annuler les jugements que dans les cas suivants :

1° Lorsque le conseil de guerre n'a pas été composé conformément aux dispositions du présent Code;

2° Lorsque les règles de la compétence ont été violées;

3° Lorsque la peine prononcée par la loi n'a pas été appliquée aux faits déclarés constants par le conseil de guerre, ou lorsqu'une peine a été prononcée en dehors des cas prévus par la loi;

4° Lorsqu'il y a eu violation ou omission des formes prescrites à peine de nullité;

5° Lorsque le conseil de guerre a omis de statuer sur une demande de l'accusé ou sur une réquisition du commissaire impérial, tendant à user d'une faculté ou d'un droit accordé par la loi.

CHAPITRE II.

COMPÉTENCE DES TRIBUNAUX MARITIMES ET DES TRIBUNAUX DE REVISION.

SECTION PREMIÈRE.

Compétence des tribunaux maritimes.

ART. 88 [2].

Sont justiciables des tribunaux maritimes, encore qu'ils ne soient ni marins ni militaires, tous individus auteurs ou complices de crimes et délits commis dans l'intérieur des ports, arsenaux et établissements de la marine, lorsque ces crimes et délits sont de nature à compromettre, soit la police ou la sûreté de ces établissements, soit le service maritime.

ART. 89.

Sont justiciables des tribunaux maritimes, pour tous les crimes et délits qu'ils peuvent commettre, les condamnés aux travaux forcés subissant leur peine en France, dans les ports, arsenaux et établissements de la marine.

---

[1] Voir : Instructions du 19 avril 1859 (**R.**) [*Observations sur divers points de procédure*, notamment le paragraphe intitulé : *cas d'annulation pour le conseil de revision*];

Circulaire du 2 août 1859 (**R.**) [*Grades des officiers investis de fonctions judiciaires*];

Arrêt du 12 juillet 1860 (**R.**) [*Sauf, en cas d'acquittement, l'annulation dans l'intérêt de la loi est réservée à la Cour de cassation*].

[2] Voir Arrêts de cassation des 10 avril 1863, 20 mai 1865, 18 janvier 1877 (**R.**) et 3 novembre 1905, *B. O.*, p. 1008 (*Compétence*).

ART. 90.

Les tribunaux maritimes continuent à connaître les faits de piraterie prévus par la loi du 10 avril 1825 (**R.**).

ART. 91.

Le prévenu est traduit, soit devant le tribunal maritime dans le ressort duquel le crime ou le délit a été commis, soit devant celui dans le ressort duquel il a été arrêté, sans préjudice des dispositions contenues dans l'article 17 de la loi du 10 avril 1825 (**R.**).

ART. 92.

Les jugements rendus par les tribunaux maritimes peuvent être attaqués par recours devant les tribunaux de revision.

SECTION II.
Compétence des tribunaux de revision.

ART. 93.

Les tribunaux de revision prononcent sur les recours formés contre les jugements des tribunaux maritimes de leur ressort, en se conformant aux dispositions des articles 86 et 87 du présent Code.

TITRE II.
COMPÉTENCE DES JURIDICTIONS MARITIMES SIÉGEANT À BORD.

CHAPITRE PREMIER.
COMPÉTENCE DES CONSEILS DE GUERRE ET DES CONSEILS DE REVISION À BORD DES BÂTIMENTS DE L'ÉTAT.

SECTION PREMIÈRE.
Compétence des conseils de guerre à bord des bâtiments de l'État.

ART. 94 [1].

Sont justiciables des conseils de guerre à bord des bâtiments de l'État, pour tous crimes ou délits commis, soit à bord, soit à terre, sauf les cas

---

[1] Voir : Arrêt de cassation du 28 janvier 1904, *B. O.*, p. 239 (*Bâtiments qu'il faut considérer comme bâtiments de l'État*). — Arrêt du 23 juillet 1908, *B. O.*,

prévus aux articles 78 (§§ 2 et 3), 88, 102 et 108 (§ 1ᵉʳ) et au titre III du présent livre, tous individus portés présents, à quelque titre que ce soit, sur les rôles d'équipage des bâtiments de l'État ou détachés du bord pour un service spécial, lorsque ces bâtiments ne se trouvent pas dans l'enceinte d'un arsenal maritime.

ART. 95.

Sont justiciables des conseils de guerre à bord des bâtiments de l'État tous individus embarqués sur des navires convoyés, prévenus, soit comme auteurs, soit comme complices, d'un des crimes ou délits prévus par les articles 262, 263, 264, 265, 288, 316, 321, 331, 336, 337, 338, 342, 343, 361, 362 et 363 du présent Code.

ART. 96.

Sont justiciables des mêmes conseils de guerre, hors de France ou des colonies françaises, tous individus embarqués sur des navires de commerce français, prévenus d'un des crimes ou délits prévus par les articles 265, 321, 362 et 363 du présent Code.

ART. 97.

Sont également justiciables des conseils de guerre à bord des bâtiments de l'État, les pilotes et autres gens de mer prévenus d'un des crimes ou délits prévus par les articles 263 n° 2 et 360 du présent Code.

ART. 98 [1].

Sont justiciables des mêmes conseils de guerre, tant sur les rades françaises que sur les rades étrangères occupées militairement, tous individus prévenus, soit comme auteurs, soit comme complices, d'un des crimes ou délits prévus par les articles 262, 263, 264, 265, 321, 331, 336, 337, 338, 342, 343 et 363 du présent Code, lorsque le fait a eu lieu sur un bâtiment de l'État, ou dans un rayon de quatre cents mètres (deux encablures) en temps de paix, ou dans toute l'étendue de la rade en temps de guerre, pourvu que, dans ces derniers cas, les prévenus aient été arrêtés dans l'intérieur des mêmes périmètres.

Sont justiciables des mêmes conseils de guerre, tous individus prévenus

p. 534 (*Compétence des conseils de guerre de bord, à l'égard des déserteurs*); — Arrêt du 15 juin 1911, *B. O.*, 2ᵉ semestre, p. 579 (*Présence, même momentanée, du bâtiment dans l'intérieur de l'arsenal, incompétence du conseil du bord*).

[1] Article 98, complété d'un deuxième alinéa par la loi du 24 juillet 1913. Référence à ce deuxième alinéa dans la loi du 2 juillet 1916, sur la police maritime, modifiant l'article 85 du décret-loi du 24 mars 1852 (ci-après, p. 314).

soit comme auteurs, soit comme complices, d'un des crimes ou délits prévus par l'article 334 du présent Code, lorsqu'ils sont arrêtés par l'autorité du bord ou remis à cette autorité.

ART. 99.

Sont également justiciables des mêmes conseils, si les bâtiments de l'État ne se trouvent point dans l'enceinte d'un arsenal maritime, les étrangers prévenus des crimes et délits prévus par le titre II du livre IV du présent Code, lorsque ces crimes et délits ont eu lieu à bord desdits bâtiments.

ART. 100.

Les jugements rendus par les conseils de guerre à bord des bâtiments de l'État peuvent être attaqués par la voie du recours en revision.

SECTION II.

Compétence des conseils de revision à bord des bâtiments de l'État.

ART. 101.

Les conseils de revision à bord des bâtiments de l'État prononcent sur les recours formés contre les jugements des conseils de guerre à bord, en se conformant aux dispositions des articles 86 et 87 du présent Code.

CHAPITRE II.

COMPÉTENCE DES CONSEILS DE JUSTICE.

ART. 102 [1].

Sont justiciables des conseils de justice, pour tous délits n'emportant pas une peine supérieure à celle des deux années d'emprisonnement, et sauf les cas prévus aux articles 78 (§ 2), 88 et 108 (§ 1) et au titre III du présent

---

[1] Voir : Arrêt du 10 juin 1859 (R.), notifié par Circulaire du 9 juillet 1859 (R.) [*Incompétence*];

Note de redressement du 26 novembre 1859 (R.);

Circulaires du 15 février 1861 (R.) et du 3 mars 1905. *B. O.*, p. 222 (*Incompétence*);

Arrêt du 1er décembre 1864, notifié le 18 janvier 1865 (R.) [*Incompétence à connaître des vols non militaires*];

Circulaire du 25 janvier 1867 (R.) [*Rappel aux règles de la compétence*];

Notes de redressement des 11 janvier 1868 et 15 décembre 1868 (R.);

Arrêt du 28 janvier 1904, notifié par circulaire du 1er mars 1904, *B. O.*, p. 239 (*La défense fixe n'est pas un bâtiment de l'État; sens légal de ces mots*).

livre, tous individus qui, n'ayant ni le grade ni le rang d'officier ou d'aspirant, ni un ordre d'embarquement qui les place à bord au rang d'officier ou d'aspirant, sont portés présents, à quelque titre que ce soit, sur les rôles d'équipage des bâtiments de l'État ou détachés du bord pour un service spécial.

Les jugements des conseils de justice ne sont susceptibles d'aucun recours.

TITRE III.

COMPÉTENCE EN CAS DE COMPLICITÉ.

ART. 103.

Lorsque la poursuite d'un crime, d'un délit ou d'une contravention comprend des individus non justiciables des tribunaux de la marine et des individus justiciables de ces tribunaux, tous les prévenus indistinctement sont traduits devant les tribunaux ordinaires, sauf les cas exceptés par l'article suivant ou par toute autre disposition expresse de la loi.

ART. 104.

Tous les prévenus indistinctement sont traduits devant les conseil de guerre ou de justice :

1° Lorsqu'ils sont tous marins ou militaires de l'armée de mer ou assimilés aux marins ou militaires, alors même qu'un ou plusieurs d'entre eux ne seraient pas justiciables de ces tribunaux à raison de leur position au moment du crime ou du délit;

2° S'il s'agit de crimes ou de délits commis par des justiciables des conseils de guerre ou de justice et par des étrangers, soit sur le territoire français, soit sur un territoire étranger occupé militairement;

3° S'il s'agit de crimes ou de délits commis en pays étranger, dans l'arrondissement d'un corps expéditionnaire.

ART. 105.

Lorsqu'un crime ou un délit a été commis de complicité par des individus justiciables des conseils de guerre ou de justice et par des individus justiciables des tribunaux de l'armée de terre, la connaissance en est attribuée aux juridictions maritimes, si le fait a été commis sur les bâtiments de l'État ou dans l'enceinte des ports militaires, arsenaux et autres établissements maritimes.

ART. 106.

Si le crime ou le délit a été commis en tous autres lieux que ceux qui sont indiqués dans l'article précédent, les tribunaux de l'armée de terre sont seuls compétents. Il en est de même si les bâtiments de l'État, ports, arsenaux ou autres établissements maritimes où le fait a été commis se trouvent dans une circonscription en état de siège.

ART. 107.

Lorsque la poursuite d'un délit comprend des individus justiciables d'un conseil de justice et des individus justiciables d'un conseil de guerre, tous les prévenus indistinctement sont traduits devant le conseil de guerre.

Lorsque la poursuite d'un crime ou d'un délit comprend des individus justiciables d'un conseil de guerre à bord des bâtiments de l'État, et des individus justiciables d'un conseil de guerre siégeant à terre, tous les prévenus indistinctement sont traduits devant ce dernier conseil.

TITRE IV.

ART. 108.

Les individus appartenant au service de la marine détachés, soit en corps, soit isolément, comme auxiliaires de l'armée de terre, sont justiciables des tribunaux militaires et soumis aux lois pénales militaires.

Les militaires ou les assimilés aux militaires, appartenant à l'armée de terre, mis à la disposition de la marine, soit pour une expédition ou un service d'outre-mer, soit pour la garnison des bâtiments de l'État, sont soumis aux juridictions maritimes.

Les militaires ou les assimilés aux militaires, appartenant à l'armée de terre, embarqués comme passagers sur les bâtiments d'État, sont également soumis aux juridictions maritimes, depuis le moment de leur embarquement jusqu'à celui de leur débarquement à destination.

ART. 109 [1].

Lorsqu'un justiciable des conseils de guerre ou de justice est poursuivi en même temps pour un crime ou un délit de la compétence d'un de ces conseils, et pour un autre crime ou délit de la compétence des tribunaux maritimes ou des tribunaux ordinaires, il est traduit d'abord devant le tribunal auquel appartient la connaissance du fait emportant la peine la plus grave,

---

[1] Voir : Arrêt du 10 juin 1859 (**R.**) [*Marin en congé renouvelable*] ;

Circulaires des Ministres de la Justice et de la Marine des 21 avril 1870 et 3 mai 1870 (**R.**) [*Comparution des marins et des militaires devant les tribunaux ordinaires*].

et renvoyé ensuite, s'il y a lieu, pour l'autre fait, devant le tribunal compétent.

En cas de double condamnation, la peine la plus forte est seule subie.

Si deux crimes ou délits emportent la même peine, la priorité appartient aux juridictions maritimes, et, entre ces juridictions, aux conseils de guerre et de justice.

TITRE V.

DES POURVOIS DEVANT LA COUR DE CASSATION.

ART. 110.

Ne peuvent, en aucun cas, se pourvoir en cassation contre les jugements des conseils de guerre et des conseils de revision, des tribunaux maritimes et des tribunaux de revision :

1° Les marins ou militaires de l'armée de mer, les assimilés aux marins ou militaires et tous autres individus désignés dans les articles 76, 77, 78, 79, 89 et 94 ci-dessus ;

2° Les individus soumis, à raison de leur position, aux lois et règlements maritimes ou militaires ;

3° Les justiciables des conseils de guerre aux termes des articles 62, 63 et 64 du Code de justice militaire pour l'armée de terre, dans le cas prévu par l'article 84 du présent Code.

ART. 111.

Les accusés ou condamnés qui ne sont pas compris dans les désignations de l'article précédent peuvent attaquer les jugements des conseils de guerre et des conseils de revision, des tribunaux maritimes et des tribunaux de revision devant la cour de cassation, mais pour cause d'incompétence seulement.

Le pourvoi en cassation ne peut être formé avant qu'il ait été statué sur le recours en revision ou avant l'expiration du délai fixé pour l'exercice de ce recours.

ART. 112.

Les dispositions des articles 441, 442, 443, 444, 445, 446, 447 et 542 (§ 1ᵉʳ) du Code d'instruction criminelle sont applicables aux jugements des tribunaux de la marine.

Il n'est pas dérogé aux dispositions de l'article 527 du même Code.

LIVRE III.

DE LA PROCÉDURE DEVANT LES TRIBUNAUX DE LA MARINE.

TITRE PREMIER.
PROCÉDURE DEVANT LES JURIDICTIONS MARITIMES SIÉGEANT À TERRE.

CHAPITRE PREMIER.
PROCÉDURE DEVANT LES CONSEILS DE GUERRE ET LES CONSEILS DE REVISION
DANS LES ARRONDISSEMENTS MARITIMES ET LES CORPS EXPÉDITIONNAIRES.

SECTION PREMIÈRE.
*Procédure devant les conseils de guerre permanents
dans les arrondissements maritimes.*

1er. — *De la police judiciaire et de l'instruction.*

ART. 113.

La police judiciaire maritime recherche les crimes ou les délits, en rassemble les preuves et en livre les auteurs à l'autorité chargée d'en poursuivre là répression devant les tribunaux de la marine.

ART. 114.

La police judiciaire maritime, dans les arrondissements, est exercée, sous l'autorité du préfet maritime :

1° Par les sous-aides-majors de la marine ;

2° Par les officiers, sous-officiers et commandants de brigades de la gendarmerie maritime ;

3° Par les chefs de poste ;

4° Par les gardes de l'artillerie de marine ;

5° Par les rapporteurs près les conseils de guerre, en cas de flagrant délit.

ART. 115.

Les majors généraux, majors et aides-majors de la marine, les chefs de corps, de dépôt et de détachement, les chefs de service et de détail peuvent faire personnellement ou requérir les officiers de police judiciaire, chacun en ce qui le concerne, de faire tous les actes nécessaires à l'effet de constater les crimes et les délits et d'en livrer les auteurs aux tribunaux chargés de les punir.

ART. 116 [1].

Les officiers de police judiciaire reçoivent, en cette qualité, les dénonciations et les plaintes qui leur sont adressées.

Ils rédigent les procès-verbaux nécessaires pour constater le corps du délit et l'état des lieux.

Ils reçoivent les déclarations des personnes présentes ou qui auraient des renseignements à donner.

Ils se saisissent des armes, papiers et pièces tant à charge qu'à décharge, et en général de tout ce qui peut servir à la manifestation de la vérité, en se conformant aux articles 31, 33, 36, 37, 38, 39 et 65 du Code d'instruction criminelle.

ART. 117.

Dans les cas de flagrant délit, tout officier de police judiciaire maritime, militaire ou ordinaire peut faire saisir les marins ou militaires de l'armée de mer ou autres individus justiciables des conseils de guerre, inculpés d'un crime ou d'un délit. Il les fait conduire immédiatement devant l'autorité maritime, et dresse procès-verbal de l'arrestation, en y consignant leurs noms, qualités et signalements.

ART. 118.

Hors le cas de flagrant délit, tout marin, tout militaire ou autre individu justiciable des conseils de guerre, en activité de service, inculpé d'un crime ou d'un délit, ne peut être arrêté qu'en vertu de l'ordre de ses supérieurs.

ART. 119.

Lorsque l'autorité maritime est appelée, hors le cas de flagrant délit, à constater, dans un établissement civil, un crime ou un délit de la compétence des conseils de guerre ou à y faire arrêter un de ses justiciables, elle adresse à l'autorité civile ou judiciaire compétente ses réquisitions tendant, soit à obtenir l'entrée de cet établissement, soit à assurer l'arrestation de l'inculpé.

Lorsqu'il s'agit d'un établissement militaire, la réquisition est adressée à l'autorité militaire.

L'autorité judiciaire ordinaire ou l'autorité militaire est tenue de déférer à ces réquisitions, et, dans le cas de conflit, de s'assurer de la personne de l'inculpé.

---

[1] Voir Circulaire du 14 mai 1903, *B. O.*, p. 579. (*Règles relatives à l'exercice de la police judiciaire maritime.*)

ART. 120.

Les mêmes réquisitions sont adressées à l'autorité maritime par l'autorité civile ou par l'autorité militaire, lorsqu'il y a lieu, soit de constater un crime ou un délit de la compétence des tribunaux ordinaires ou des tribunaux militaires dans un établissement maritime, soit d'arrêter dans cet établissement ou à bord d'un bâtiment de l'État un individu justiciable de ces tribunaux.

L'autorité maritime est tenue de déférer à ces réquisitions, et, dans le cas de conflit, de s'assurer de la personne de l'inculpé.

ART. 121.

Les officiers de police judiciaire maritime ne peuvent s'introduire dans une maison particulière si ce n'est avec l'assistance, soit du juge de paix, soit de son suppléant, soit du maire, soit de son adjoint, soit du commissaire de police.

ART. 122.

Chaque feuillet du procès-verbal dressé par un officier de police judiciaire maritime est signé par lui et par les personnes qui ont assisté au procès-verbal.

En cas de refus ou d'impossibilité de signer de la part de celles-ci, il en est fait mention.

ART. 123.

A défaut d'officier de police judiciaire maritime présent sur les lieux, les officiers de police judiciaire, militaire ou ordinaire recherchent et constatent les crimes et les délits soumis à la juridiction des conseils de guerre.

ART. 124 [1].

Dans les cas de désertion, la plainte est dressée, dans les vingt-quatre heures qui suivent le moment où la désertion est déclarée, par le chef du service, le chef de corps ou du détachement ou le commandant du bâtiment auquel le déserteur appartient.

Si le bâtiment ne se trouve plus sur les lieux, ou a été désarmé, la plainte est dressée par le commissaire aux armements ou le commissaire des hôpitaux, suivant les cas.

Sont annexés à la plainte :

Si le déserteur est marin :

1° Une copie de la feuille-matricule du livre de compagnie;

---

[1] Voir Instruction du 1er novembre 1912, *B. O.*, p. 756. (*Sur la désertion dans l'armée de mer.*)

2° Un extrait du registre des punitions ;

3° Un état indicatif des armes et objets d'équipement qui auraient été emportés par l'inculpé ;

4° La situation financière de l'inculpé ;

5° Un inventaire des effets de l'inculpé ;

6° L'exposé des circonstances qui ont accompagné la désertion ;

7° Un procès-verbal d'arrestation, s'il y a lieu.

Si le déserteur est militaire :

1° Un extrait du registre-matricule du corps ;

2° Un extrait du registre des punitions ;

3° Un état indicatif des armes et des objets qui auraient été emportés par l'inculpé ;

4° L'exposé des circonstances qui ont accompagné la désertion.

Si le déserteur est ouvrier :

1° Un extrait de la matricule de la direction ;

2° Un extrait du registre des punitions ;

3° L'exposé des circonstances qui ont accompagné la désertion.

ART. 125 [1].

Dans le cas de désertion d'un inscrit maritime levé pour le service de l'État, la plainte est adressée dans les vingt-quatre heures qui suivent l'époque où il est réputé déserteur, par le commissaire aux armements ou par le commissaire aux travaux devant lequel l'inscrit devait se présenter à son arrivée au port.

ART. 126.

Il n'est pas dérogé par les articles précédents aux lois, décrets et règlements relatifs aux devoirs imposés à la gendarmerie, aux chefs de poste et autres marins et militaires dans l'exercice de leurs fonctions ou pendant le service.

ART. 127.

Les actes et procès-verbaux dressés par les officiers de police judiciaire maritime sont transmis sans délai, avec les pièces et documents, au préfet maritime.

Les actes et procès-verbaux émanés des officiers de police militaire ou ordinaire sont transmis directement, et suivant les cas, au général commandant la division ou au procureur impérial, qui les adresse sans délai au préfet maritime.

---

[1] Article implicitement abrogé par l'article 73 de la loi du 24 décembre 1896, sur l'inscription maritime. (Circulaire du 1er juillet 1897, R.)

ART. 128.

S'il s'agit d'un individu justiciable des tribunaux ordinaires ou militaires, le préfet maritime, suivant les cas, envoie les pièces au procureur impérial près le tribunal du chef-lieu de l'arrondissement ou au général commandant la division, et, si l'inculpé est arrêté, il le met à leur disposition et en informe le ministre de la marine.

S'il s'agit d'un individu justiciable d'un tribunal de la marine autre que le conseil de guerre permanent, le préfet maritime, dans le cas où il lui appartient de donner l'ordre d'informer, retient l'affaire et, dans le cas contraire, renvoie les pièces au commandant de forces navales compétent, et, si l'inculpé est arrêté, le met à sa disposition.

ART. 129.

La poursuite des crimes et des délits ne peut avoir lieu, à peine de nullité, que sur un ordre d'informer donné par le préfet maritime, soit d'office, soit d'après les rapports, actes ou procès-verbaux dressés conformément aux articles précédents.

L'ordre d'informer est donné par le ministre de la marine, lorsque l'inculpé est capitaine de vaisseau, colonel, officier général de la marine ou des troupes de la marine, amiral, ou dans les cas prévus aux articles 267, 268 et 269 du présent Code.

L'ordre d'informer est toujours donné lorsqu'il s'agit de la perte ou de la prise d'un bâtiment de l'État.

ART. 130.

L'ordre d'informer, pour chaque affaire, est adressé au commissaire impérial près le conseil de guerre qui doit en connaître, avec les rapports, procès-verbaux, pièces, objets saisis et autres documents à l'appui.

Le commissaire impérial transmet immédiatement toutes les pièces au rapporteur.

ART. 131 [1].

Le rapporteur procède à l'interrogatoire du prévenu.

Il l'interroge sur ses nom, prénoms, âge, lieu de naissance, profession,

---

[1] Voir ci-après, page 324, la loi du 15 juin 1899, modifiée par celle du 27 avril 1916, qui applique à la procédure d'instruction devant les conseils de guerre siégeant à terre, certaines dispositions de la loi du 8 décembre 1897 sur l'instruction préalable.

Circulaire du 23 décembre 1909, *B. O.*, p. 1472. (*Organisation de services de psychiatrie dans la Marine; experts psychiatres auprès des conseils de guerre.*)

domicile, et sur les circonstances du délit; il lui fait représenter toutes les pièces pouvant servir à conviction, et il l'interpelle pour qu'il ait à déclarer s'il les reconnaît.

S'il y a plusieurs prévenus du même délit, chacun d'eux est interrogé séparément, sauf à les confronter s'il y a lieu.

L'interrogatoire fini, il en est donné lecture au prévenu, afin qu'il déclare si ses réponses ont été fidèlement transcrites, si elles contiennent la vérité et s'il y persiste. L'interrogatoire est signé par le prévenu et clos par la signature du rapporteur et celle du greffier.

Si le prévenu refuse de signer, mention est faite de son refus.

Il est pareillement donné lecture au prévenu des procès-verbaux de l'information.

ART. 132.

Le rapporteur cite les témoins par le ministère des agents de la force publique et les entend; il décerne des commissions rogatoires et fait les autres actes d'instruction que l'affaire peut exiger, en se conformant aux articles 73, 74, 75, 76, 78, 79, 82, 83 et 85 du Code d'instruction criminelle.

Si les témoins résident hors du lieu où est faite l'information, le rapporteur peut requérir, par commission rogatoire, soit le rapporteur près le conseil de guerre ou près le tribunal maritime, soit le juge d'instruction, soit le juge de paix du lieu dans lequel les témoins sont résidents, à l'effet de recevoir leur déposition.

Le rapporteur saisi de l'affaire peut également adresser des commissions rogatoires aux fonctionnaires ci-dessus mentionnés, lorsqu'il faut procéder, hors du lieu où se fait l'information, soit aux recherches prévues par l'article 116 du présent Code, soit à tout autre acte d'instruction.

ART. 133.

Toute personne citée pour être entendue en témoignage est tenue de comparaître et de satisfaire à la citation. Si elle ne comparaît pas, le rapporteur peut, sur les conclusions du commissaire impérial, sans autre formalité ni délai, prononcer une amende qui n'excède pas 100 francs, et peut ordonner que la personne citée sera contrainte par corps à venir donner son témoignage.

Le témoin ainsi condamné à l'amende sur le premier défaut et qui, sur la seconde citation, produira devant le rapporteur des excuses légitimes pourra, sur les conclusions du commissaire impérial, être déchargé de l'amende.

ART. 134.

Si les déclarations ont été recueillies par un magistrat ou un officier de police judiciaire avant l'ordre d'informer, le rapporteur peut se dispenser d'entendre ou de faire entendre les témoins qui auront déjà déposé.

ART. 135 [1].

Si le prévenu n'est pas arrêté, le rapporteur peut décerner contre lui, soit un mandat de comparution, soit un mandat d'amener.

Le mandat est adressé par le commissaire impérial au chef maritime du lieu, qui le fait exécuter.

Après l'interrogatoire du prévenu, le mandat de comparution ou d'amener peut être converti en mandat de dépôt.

Le mandat de dépôt est exécuté sur l'exhibition qui en est faite au concierge de la prison.

Le commissaire impérial rend compte au préfet maritime des mandats de comparution, d'amener ou de dépôt qui ont été décernés par le rapporteur.

En tout état de cause, le rapporteur pourra, sur la demande de l'inculpé et sur les conclusions du commissaire du gouvernement, ordonner que l'inculpé sera remis provisoirement en liberté. Le commissaire du gouvernement et l'inculpé pourront former opposition à ladite ordonnance; l'opposition devra être formée dans un délai de vingt-quatre heures, qui courra, contre le le commissaire du gouvernement, à compter du jour de l'ordonnance, et contre le prévenu, à compter de la communication qui lui est donnée de l'ordonnance par le greffier. Cette communication sera faite dans les vingt-quatre heures de la date de l'ordonnance. L'opposition sera portée devant le préfet maritime qui a décerné l'ordre d'informer, et qui statuera d'urgence.

La mise en liberté provisoire n'est accordée qu'à charge par le bénéficiaire de prendre l'engagement de se représenter à tous les actes de la procédure et pour l'exécution du jugement aussitôt qu'il en sera requis et sans préjudice du droit que conserve le rapporteur ou la juridiction saisie de l'affaire, de décerner un mandat d'amener, d'arrêt ou de dépôt, si des circonstances nouvelles rendent cette mesure nécessaire, et notamment si l'inculpé cité ou ajourné ne comparaît pas.

Si l'inculpé n'est pas militaire ou marin, la mise en liberté provisoire pourra être subordonnée à l'obligation de fournir un cautionnement dans les conditions prévues par les articles 120 à 124 du Code d'instruction criminelle.

La mise en liberté provisoire peut également être demandée en tout état de cause par l'inculpé, au préfet maritime qui a donné l'ordre d'informer, depuis la clôture de l'information jusqu'à la comparution devant le conseil de guerre et jusqu'à la décision du conseil de revision ou de la Cour de cassation, si un pourvoi a été formé.

La mise en liberté provisoire pourra être également demandée au conseil de guerre, si l'affaire n'est pas jugée au jour fixé par l'ordre de mise en jugement.

---

[1] Ainsi modifié par la loi du 22 décembre 1917.

Voir Circulaire du 20 mai 1908, *B. O.*, p. 572. (*Prévenus en fuite; mesures à prendre pour leur arrestation.*)

Si le jugement a été cassé, la mise en liberté provisoire sera demandée au préfet maritime de l'arrondissement où siège le conseil de guerre de renvoi.

ART. 136.

S'il résulte de l'instruction que le prévenu a des complices justiciables des conseils de guerre, le rapporteur en réfère, par l'intermédiaire du commissaire impérial, au préfet maritime, et il est procédé à l'égard des prévenus de complicité conformément à l'article 129.

Si les complices ou l'un d'eux ne sont pas justiciables des conseils de guerre, le commissaire impérial en donne avis sur-le-champ au préfet maritime, qui renvoie l'affaire à l'autorité compétente.

ART. 137.

Pendant le cours de l'instruction, le commissaire impérial peut prendre connaissance des pièces de la procédure et faire toutes les réquisitions qu'il juge convenables.

§ 2. — *De la mise en jugement et de la convocation du conseil de guerre.*

ART. 138.

L'instruction terminée, le rapporteur transmet les pièces, avec son rapport et son avis, au commissaire impérial, lequel les adresse immédiatement, avec ses conclusions, au préfet maritime, qui prononce sur la mise en jugement.

Lorsque c'est le Ministre de la Marine qui a donné l'ordre d'informer, les pièces lui sont adressées par le préfet maritime, et il statue directement sur la mise en jugement.

La mise en jugement est toujours ordonnée lorsqu'il s'agit de la perte ou de la prise d'un bâtiment de l'État.

ART. 139 [1].

L'ordre de mise en jugement est adressé au commissaire impérial avec toutes les pièces de la procédure.

Trois jours avant la réunion du conseil de guerre, le commissaire impérial notifie cet ordre à l'accusé, en lui faisant connaître le crime ou le délit pour lequel il est mis en jugement, le texte de la loi applicable et les noms des témoins qu'il se propose de faire citer.

Il l'avertit, en outre, à peine de nullité, que, s'il n'a pas fait choix d'un défenseur, il lui en sera nommé un d'office par le président.

---

[1] Voir Circulaire du 19 avril 1859 (R.), notamment le paragraphe intitulé : *Ordre de mise en jugement.*

Dans le cas de mise en jugement pour perte ou prise d'un bâtiment de l'Etat, il ne sera pas nécessaire de qualifier autrement le fait ni de mentionner le texte de la loi applicable.

ART. 140 [1].

L'accusé a le libre choix de son défenseur soit parmi les marins et les militaires, soit parmi les avocats et les avoués. Il peut être autorisé par le président à prendre pour défenseur un parent ou un ami. Le défenseur d'office doit être désigné soit parmi les marins, militaires ou assimilés pourvus d'un diplôme de droit, soit parmi les avocats ou avoués, soit parmi les maîtres de l'enseignement public ou privé, soit parmi les officiers ou assimilés.

ART. 141.

Le préfet maritime, en adressant l'ordre de mise en jugement, ordonne de convoquer le conseil de guerre, et fixe le jour et l'heure de sa réunion; il en donne avis au président et au commissaire impérial, qui fait les convocations nécessaires.

ART. 142 [1].

Le défenseur de l'accusé peut communiquer librement avec lui, dès le début de l'information; il peut, en outre, aussitôt après l'accomplissement des formalités prescrites par l'article 139, prendre communication sans déplacement, ou obtenir copie à ses frais de tout ou partie des pièces de la procédure, sans, néanmoins, que la réunion du conseil puisse être retardée.

§ 3. — De l'examen et du jugement.

ART. 143 [2].

Le conseil de guerre se réunit au jour et à l'heure fixés par l'ordre de convocation.

Des exemplaires du présent Code, du Code d'instruction criminelle, du Code de justice militaire pour l'armée de terre et du Code pénal ordinaire sont déposés sur le bureau.

Les séances sont publiques, à peine de nullité; néanmoins, si cette publicité paraît dangereuse pour l'ordre ou pour les mœurs, le conseil ordonne que les débats aient lieu à huis clos. Dans tous les cas, le jugement est prononcé publiquement.

---

[1] Ainsi modifié par la loi du 13 mai 1918.

[2] Voir Lettres du ministre de la justice du 24 mars 1820 (R.) [*Publicité des séances*].

Le conseil peut interdire le compte rendu de l'affaire; cette interdiction ne peut s'appliquer au jugement.

ART. 144.

Le président a la police de l'audience.

ART. 145.

Les assistants sont sans armes; ils se tiennent découverts, dans le respect et le silence. Lorsque des assistants donnent des signes d'approbation ou d'improbation, le président les fait expulser. S'ils résistent à ses ordres, le président ordonne leur arrestation et leur détention pendant un temps qui ne peut excéder quinze jours.

Les individus appartenant au service de la marine sont conduits dans la prison maritime, ceux qui appartiennent à l'armée de terre sont conduits dans la prison militaire, et les autres individus à la maison d'arrêt civile. Il est fait mention dans le procès-verbal de l'ordre du président; et, sur l'exhibition qui est faite de cet ordre au gardien de la prison, les perturbateurs y sont reçus.

Si le trouble ou le tumulte a pour but de mettre obstacle au cours de la justice, les perturbateurs, quels qu'ils soient, sont, audience tenante, déclarés coupables de rébellion par le conseil de guerre, et punis d'un emprisonnement qui ne peut excéder deux ans.

Lorsque les assistants ou les témoins se rendent coupables, envers le conseil de guerre ou l'un de ses membres, de voies de fait ou d'outrages ou menaces par propos ou gestes, ils sont condamnés séance tenante :

1° S'ils sont justiciables des conseils de guerre de la marine, s'ils sont militaires ou assimilés aux militaires, quels que soient leurs grades ou leurs rangs, aux peines prononcées par le présent Code contre ces crimes ou délits lorsqu'ils ont été commis envers des supérieurs pendant le service;

2° S'ils ne sont dans aucune des catégories du paragraphe précédent, aux peines portées par le Code pénal ordinaire.

ART. 146.

Lorsque des crimes ou des délits autres que ceux prévus par l'article précédent sont commis dans le lieu des séances, il est procédé de la manière suivante :

1° Si l'auteur du crime ou du délit est justiciable des conseils de guerre de la marine, il est jugé immédiatement;

2° Si l'auteur du crime ou du délit n'est pas justiciable des conseils de guerre de la marine, le président, après avoir fait dresser procès-verbal des faits et des dépositions des témoins, renvoie les pièces et l'inculpé devant l'autorité compétente.

ART. 147.

Le président fait amener l'accusé, lequel comparaît, sous garde suffisante, libre et sans fers, assisté de son défenseur; il lui demande ses noms et prénoms, son âge, sa profession, sa demeure et le lieu de sa naissance; si l'accusé refuse de répondre, il est passé outre.

ART. 148.

Si l'accusé refuse de comparaître, sommation d'obéir à la justice lui est faite, au nom de la loi, par un agent de la force publique commis à cet effet par le président. Cet agent dresse procès-verbal de la sommation et de la réponse de l'accusé. Si l'accusé n'obtempère pas à la sommation, le président peut ordonner qu'il soit amené par la force devant le conseil; il peut également, après lecture faite à l'audience du procès-verbal constatant sa résistance, ordonner que, nonobstant son absence, il soit passé outre aux débats.

Après chaque audience, il est, par le greffier du conseil de guerre, donné lecture à l'accusé qui n'a pas comparu du procès-verbal des débats, et il lui est signifié copie des réquisitions du commissaire impérial, ainsi que des jugements rendus, qui sont tous réputés contradictoires.

ART. 149.

Le président peut faire retirer de l'audience et reconduire en prison tout accusé qui, par des clameurs ou par tout autre moyen propre à causer du tumulte, met obstacle au libre cours de la justice, et il est procédé aux débats et au jugement comme si l'accusé était présent. L'accusé peut être condamné, séance tenante, pour ce seul fait, à un emprisonnement qui ne peut excéder deux ans.

Si l'accusé, marin, militaire ou assimilé aux marins ou aux militaires, se rend coupable de voies de fait ou d'outrages ou menaces par propos ou gestes envers le conseil ou l'un de ses membres, il est condamné, séance tenante, aux peines prononcées par le présent Code contre ces crimes ou délits, lorsqu'ils ont été commis envers des supérieurs pendant le service.

Dans le cas prévu par le paragraphe précédent, si l'accusé n'appartient à aucune des catégories ci-dessus, il est condamné aux peines portées par le Code pénal ordinaire.

ART. 150.

Dans les cas prévus par les articles 145, 146 et 149 du présent Code, le jugement rendu, le greffier en donne lecture à l'accusé, et l'avertit du droit qu'il a de former un recours en revision dans les vingt-quatre heures. Il dresse procès-verbal : le tout à peine de nullité.

ART. 151.

Le président fait lire par le greffier l'ordre de convocation, le rapport prescrit par l'article 138 du présent Code et les pièces dont il lui paraît nécessaire de donner connaissance au conseil; il fait connaître à l'accusé le crime ou le délit pour lequel il est poursuivi; il l'avertit que la loi lui donne le droit de dire tout ce qui est utile à sa défense, il avertit aussi le défenseur de l'accusé qu'il ne peut rien dire contre sa conscience ou contre le respect qui est dû aux lois, et qu'il doit s'exprimer avec décence et modération.

ART. 152.

Aucune exception tirée de la composition du conseil, aucune récusation ne peut être proposée contre les membres du conseil de guerre, sans préjudice du droit pour l'accusé de former un recours en revision, dans les cas prévus par l'article 87 (n° 1) du présent Code.

ART. 153.

Si l'accusé a des moyens d'incompétence à faire valoir, il ne peut les proposer devant le conseil de guerre qu'avant l'audition des témoins.

Cette exception est jugée sur-le-champ.

Si l'exception est rejetée, le conseil passe au jugement de l'affaire, sauf à l'accusé à se pourvoir contre le jugement sur la compétence en même temps que contre la décision rendue sur le fond.

Il en est de même pour le jugement de toute autre exception ou de tout incident soulevé dans le cours des débats.

ART. 154.

Les jugements sur les exceptions, les moyens d'incompétence et les incidents sont rendus à la majorité des voix.

ART. 155.

Le président est investi d'un pouvoir discrétionnaire pour la direction des débats et la découverte de la vérité.

Il peut, dans le cours des débats, appeler, même par mandat de comparution et d'amener, toute personne dont l'audition lui paraît nécessaire; il peut aussi faire apporter toute pièce qui lui paraîtrait utile à la manifestation de la vérité.

Les personnes ainsi appelées ne prêtent pas serment, et leurs déclarations ne sont considérées que comme renseignements.

ART. 156.

Dans le cas où l'un des témoins ne se présente pas, le conseil de guerre peut passer outre aux débats, et lecture est donnée de la déposition du témoin absent.

ART. 157.

Si, d'après les débats, la déposition d'un témoin paraît fausse, le président peut, sur la réquisition, soit du commissaire impérial, soit de l'accusé, et même d'office, faire sur-le-champ mettre le témoin en état d'arrestation.

Si le témoin est justiciable des conseils de guerre de la marine, le président ou l'un des juges nommé par lui procède à l'instruction. Quand elle est terminée, elle est envoyée au préfet maritime.

Si le témoin n'est pas justiciable des conseils de guerre de la marine, le président, après avoir fait dresser procès-verbal et avoir fait arrêter l'inculpé, s'il y a lieu, le renvoie, avec le procès-verbal, devant le procureur impérial du lieu où siège le conseil de guerre ou devant le général commandant la division.

ART. 158 [1].

Les dispositions des articles 315, 316, 317, 818, 319, 320, 321, 322, 323, 324, 325, 326, 327, 328, 329, 332, 333, 334, 354 et 355 du Code d'instruction criminelle sont observées devant les conseils de guerre.

ART. 159.

L'examen et les débats sont continués sans interruption, et le président ne peut les suspendre que pendant les intervalles nécessaires pour le repos des juges, des témoins et des accusés.

Les débats peuvent être encore suspendus si un témoin dont la déposition est essentielle ne s'est pas présenté, ou si, la déclaration d'un témoin ayant paru fausse, son arrestation a été ordonnée, ou lorsqu'un fait important reste à éclaircir.

Le conseil prononce sur la suspension des débats à la majorité des voix, et, dans le cas où la suspension dure plus de quarante-huit heures, les débats sont recommencés en entier.

ART. 160.

Le président procède à l'interrogatoire de l'accusé et reçoit les dépositions des témoins.

---

[1] Voir Circulaire du 11 septembre 1871 (R) [*Redressement d'erreurs*] au paragraphe intitulé : *Débats.*

Le commissaire impérial est entendu dans ses réquisitions et développe les moyens qui appuient l'accusation.

L'accusé et son défenseur sont entendus dans leur défense.

Le commissaire impérial réplique s'il le juge convenable; mais l'accusé et son défenseur ont toujours la parole les derniers.

Le président demande à l'accusé s'il n'a rien à ajouter à sa défense, et déclare ensuite que les débats sont terminés.

ART. 161 [1].

Le président fait retirer l'accusé.

Les juges se rendent dans la chambre du conseil, ou, si les localités ne le permettent pas, le président fait retirer l'auditoire.

Les juges ne peuvent plus communiquer avec personne ni se séparer avant que le jugement ait été rendu. Ils délibèrent hors la présence du commissaire du gouvernement et du greffier.

Ils ont sous les yeux les pièces de la procédure, mais ils ne peuvent recevoir communication d'aucune pièce qui n'aurait pas été communiquée à la défense et au ministère public.

Il est voté au scrutin secret tant sur le fait principal et les circonstances aggravantes, que sur l'existence des circonstances atténuantes et l'application, s'il y a lieu, de la loi de sursis. Chaque juge exprime son opinion en déposant dans l'urne un bulletin portant un des mots : oui ou non.

ART. 162 [2].

Les questions sont posées par le président dans l'ordre suivant pour chacun des accusés :

1° L'accusé est-il coupable du fait qui lui est imputé?

2° Ce fait a-t-il été commis avec telle ou telle circonstance aggravante?

3° Ce fait a-t-il été commis dans telle ou telle circonstance qui le rend excusable d'après la loi?

---

[1] Ainsi modifié par la loi du 13 mai 1918.

[2] Voir Circulaires des :

11 décembre 1858 (R.) [*Instructions complémentaires sur l'application de l'article 162*];

19 avril 1859 (R.), paragraphe intitulé : *Position des questions*; 4 juin 1859 (R.); 25 juin 1859 (R.); 2 juillet 1859 (R.); 7 juillet 1859 (R.);

22 novembre 1860 (R.) [*Rappel des circulaires antérieures sur la position des questions*];

Dépêche du 10 novembre 1876 (R.);

27 juin 1882 (R.) [*Lorsque la question de culpabilité spécifiant le fait principal a été résolue négativement, les questions accessoires ne doivent pas être posées*];

Arrêt du 23 juin 1905, *B. O.*, p. 697 (*Question complexe*);

Arrêt du 13 avril 1911, notifié le 5 juillet 1911, *B. O.*, p. 53 (*Questions résultant des débats*).

Si l'accusé est âgé de moins de dix-huit ans, le président pose cette question : « L'accusé a-t-il agi avec discernement ? » [1].

ART. 163 [2].

Les questions indiquées par l'article précédent ne peuvent être résolues contre l'accusé qu'à la majorité de cinq voix contre deux, si le conseil se compose de sept juges, ou trois voix contre deux, si le conseil se compose de cinq juges.

ART. 164 [3].

Si l'accusé est déclaré coupable, le conseil de guerre délibère sur l'application de la peine.

Dans le cas où la loi autorise l'admission de circonstances atténuantes, si le conseil de guerre reconnaît qu'il en existe en faveur de l'accusé, il le déclare à la majorité absolue des voix.

La peine est prononcée à la majorité de cinq voix contre deux ou de trois voix contre deux, selon les distinctions de l'article 163.

Si aucune peine ne réunit cette majorité, l'avis le plus favorable sur l'application de la peine est adopté.

ART. 165.

En cas de conviction de plusieurs crimes ou délits, la peine la plus forte est seule prononcée.

ART. 166 [4].

Le jugement est prononcé en séance publique.

Le président donne lecture des motifs et du dispositif.

Si l'accusé n'est pas reconnu coupable, le conseil prononce son acquittement, et le président ordonne qu'il soit mis en liberté, s'il n'est retenu pour autre cause.

Si le conseil de guerre déclare que le fait commis par l'accusé ne donne lieu à l'application d'aucune peine, il prononce son absolution, et le président ordonne qu'il sera mis en liberté à l'expiration du délai fixé pour le recours en revision.

---

[1] La majorité pénale a été fixée à l'âge de dix-huit ans par la loi du 12 avril 1906.

[2] Ainsi modifié par la loi du 9 avril 1895, *B. O.*, p. 608.

[3] Article 164. Voir : Note du 11 mai 1874 (**R.**) [*Votation sur l'application de la peine*];

Dépêche du 10 novembre 1876 (**R.**) [*Délibération sur l'application de la peine*];

Loi du 19 juillet 1901, notifiée par Circulaire du 26 juillet 1901, *B. O.* p. 71, rendant applicable l'article 463 du Code pénal, relatif aux *circonstances atténuantes*, à tous les crimes et délits prévus par les deux Codes de justice militaire.

[4] Voir Circulaires des 6 janvier 1873 (**R.**), et 14 mai 1910, *B. O.*, p. 1068 (*L'acquitté ou l'absous peut être l'objet d'une sanction disciplinaire*).

ART. 167 [1].

Tout individu acquitté ou absous ne peut être repris ni accusé à raison du même fait.

ART. 168 [2].

Si le condamné est membre de l'ordre impérial de la Légion d'honneur ou décoré de la médaille militaire, le jugement déclare, dans les cas prévus par les lois, qu'il cesse de faire partie de la Légion d'honneur ou d'être décoré de la médaille militaire.

ART. 169 [3].

Le jugement qui prononce une peine contre l'accusé le condamne aux frais envers l'État. Il ordonne, en outre, dans les cas prévus par la loi, la confiscation des objets saisis, et la restitution, au profit de l'État ou des propriétaires, de tous objets saisis ou produits au procès comme pièces de conviction.

ART. 170 [4].

Le jugement fait mention de l'accomplissement de toutes les formalités prescrites par la présente section.

Il ne reproduit ni les réponses de l'accusé ni les dépositions des témoins.

Il contient les décisions rendues sur les moyens d'incompétence, les exceptions et les incidents.

Il énonce, à peine de nullité :

1° Les noms et grades des juges ;

2° Les nom, prénoms, âge, profession et domicile de l'accusé ;

3° Le crime ou le délit pour lequel l'accusé a été traduit devant le conseil de guerre ;

---

[1] Voir Circulaires citées sous l'article 166.

[2] Voir Circulaires des 26 mai 1860 (**R.**) et 21 mars 1900, *B. O.*, p. 568 (*Pièces à transmettre au ministre quand le condamné est décoré*).

[3] Voir : Décret du 7 octobre 1895 ci-après, page 227. (*Dépenses du service de la justice maritime*) ;

Circulaires des :

11 septembre 1871 (**R.**), paragraphe intitulé : *Peines accessoires* ;

5 novembre 1879 (**R.**) (*Recouvrement des frais*).

[4] Voir Circulaires des :

19 avril 1859 (**R.**) [*Instruction sur divers points de procédure,* notamment le paragraphe intitulé : *Enonciation du domicile*] ;

2 août 1859 (**R.**) [*Grades des juges et des officiers du parquet à mentionner aux pièces de procédure et aux jugements*] ;

23 août 1889 (**R.**) [*Enonciation des textes appliqués*].

4° La prestation de serment des témoins ;
5° Les réquisitions du commissaire impérial ;
6° Les questions posées, les décisions et le nombre des voix ;
7° Le texte de la loi appliquée ;
8° La publicité des séances ou la décision qui a ordonné le huis clos ;
9° La publicité de la lecture du jugement faite par le président.

Le jugement, écrit par le greffier, est signé sans désemparer par le président, les juges et le greffier.

ART. 171 [1].

Le commissaire impérial fait donner lecture du jugement à l'accusé par le greffier, en sa présence et devant la garde rassemblée sous les armes.

Aussitôt après cette lecture, il avertit le condamné que la loi lui accorde vingt-quatre heures pour exercer son recours devant le conseil de revision.

Le greffier dresse du tout un procès-verbal signé par lui et par le commissaire impérial.

ART. 172 [2].

Lorsqu'il résulte, soit des pièces produites , soit des dépositions des témoins entendus dans les débats, que l'accusé peut être poursuivi pour d'autres crimes ou délits que ceux qui ont fait l'objet de l'accusation, le conseil de guerre, après le prononcé du jugement, renvoie, sur les réquisitions du commissaire impérial, ou même d'office, le condamné au préfet maritime qui a donné l'ordre de mise en jugement, pour être procédé, s'il y a lieu, à l'instruction. S'il y a eu condamnation, il est sursis à l'exécution du jugement.

S'il y a eu acquittement ou absolution, le conseil de guerre ordonne que l'accusé demeure en état d'arrestation jusqu'à ce qu'il ait été statué sur les faits nouvellement découverts.

ART. 173 [3].

Le délai de vingt-quatre heures accordé au condamné pour se pourvoir en revision court à partir de l'expiration du jour où le jugement lui a été lu.

La déclaration du recours est reçue par le greffier ou par le directeur de l'établissement où est retenu le condamné. La déclaration peut être faite par le défenseur du condamné.

---

[1] Le délai de 24 heures est porté à trois jours quand le recours est formé contre le jugement du conseil de guerre siégeant à terre en temps de paix (Loi du 17 avril 1906, *B. O.*, p. 671).
[2] Voir Circulaires des :
21 août 1858 (**R.**) [*Différence entre le fait modificatif et le fait nouveau*] ;
19 avril 1859 (**R.**), § intitulé : *Direction des débats*.
[3] Voir Circulaire du 10 avril 1860 (**R.**) [*Recours en revision*].

ART. 174 [1].

Dans le cas d'acquittement ou d'absolution de l'accusé, l'annulation du jugement ne pourra être poursuivie par le commissaire impérial que conformément aux articles 409 et 410 du Code d'instruction criminelle.

Le recours du commissaire impérial est formé au greffe, dans le délai prescrit par l'article précédent.

ART. 175 [2].

S'il n'y a pas de recours en revision et si, aux termes de l'article 110 du présent Code, le pourvoi en cassation est interdit, le jugement est exécutoire dans les vingt-quatre heures après l'expiration du délai fixé pour le recours.

S'il y a recours en revision, il est sursis à l'exécution du jugement.

ART. 176 [3].

Si le recours en revision est rejeté et si, aux termes de l'article 110 du présent Code, le pourvoi en cassation est interdit, le jugement de condamnation est exécuté dans les vingt-quatre heures après la réception du jugement qui a rejeté les recours.

ART. 177 [4].

Lorsque la voie du pourvoi en cassation est ouverte, aux termes de l'article 111 du présent Code, le condamné doit former son pourvoi dans les trois jours qui suivent la notification de la décision du conseil de revision, et, s'il n'y a pas eu recours devant ce conseil, dans les trois jours qui suivent l'expiration du délai accordé pour l'exercer.

Le pourvoi en cassation est reçu par le greffier ou par le directeur de l'établissement où est détenu le condamné.

ART. 178.

Dans le cas où le pourvoi en cassation est autorisé par l'article 111 du présent Code, s'il n'y a pas eu pourvoi, le jugement de condamnation est exécuté dans les vingt-quatre heures après l'expiration du délai fixé pour le pourvoi, et s'il y a eu pourvoi, dans les vingt-quatre heures après la réception de l'arrêt qui l'a rejeté.

---

[1] Voir Arrêt du 11 mars 1911, *B. O.*, p. 909 (*Dérogation à la règle posée par le § 1er quand l'accusation n'a pas été complètement purgée*).

[2] [3] [4] Articles 175, 176, 177. Voir Circulaire du 10 avril 1860 (**R.**).
Et Arrêts des :
6 novembre 1862 (**R.**);
24 novembre 1864 (**R.**);
23 novembre 1871 (**R.**) [*Pourvoi tardif*].

ART. 179.

Le commissaire impérial rend compte au préfet maritime, suivant les cas, soit du jugement de rejet du conseil de revision, soit de l'arrêt de rejet de la Cour de cassation, soit du jugement du conseil de guerre, s'il n'y a eu, dans les délais, ni recours en revision ni pourvoi en cassation. Il requiert l'exécution du jugement.

ART. 180 [1].

Le préfet maritime peut suspendre l'exécution du jugement, à la charge d'en informer sur-le-champ le ministre de la marine.

ART. 181 [2].

Les jugements des conseils de guerre sont exécutés sur les ordres du préfet maritime et à la diligence du commissaire impérial, en présence du greffier, qui dresse procès-verbal.

La minute de ce procès-verbal est annexée à la minute de ce jugement, en marge de laquelle il est fait mention de l'exécution.

Dans les trois jours de l'exécution, le commissaire impérial est tenu de transmettre au ministre de la marine une expédition et un extrait du jugement ; une expédition est, en outre, envoyée au chef du corps dont le condamné faisait partie, au commandant du bâtiment, pour les individus embarqués, et au quartier d'immatriculation pour ceux qui appartiennent à l'inscription maritime.

---

[1] Voir Circulaire du 29 mars 1884 (**R.**) [*Surseoir à l'exécution de tout jugement à la suite duquel un recours en grâce a été formé par les juges*].

[2] Voir Circulaires des :

26 août 1858 (**R.**) [*Exécution des jugements sur les ordres d'une autorité autre que celle qui a donné l'ordre d'informer*] ;

26 mai 1860 (**R.**) et 21 mars 1900 *B. O.* p. 568 (*Pièces à transmettre au ministre quand le condamné est décoré*) ;

24 janvier 1872 (**R.**) [*Antécédents judiciaires*] ;

19 décembre 1877 (**R.**) [*Jugement à transmettre, quelle que soit l'issue de la poursuite*] ;

11 juin 1878 (**R.**) [*Mode d'envoi des extraits exécutoires*] ;

23 avril 1881 (**R.**) [*Bulletin judiciaire*] ;

21 mars 1884 (**R.**) [*Envoi des copies et extraits de jugements, ainsi que des bulletins du casier central*] ;

7 novembre 1890 (**R.**) [*Établissement d'un avis d'écrou lors de toute condamnation*] ;

22 janvier 1901, *B. O.* p. 55 (*Pièces qui doivent accompagner les condamnés débarqués pour subir leur peine*) ;

27 mai 1905, *B. O.*, p. 578 (*Notices individuelles à établir pour tout individu condamné à une peine criminelle, et, comme tel, remis à l'autorité civile*) ;

Circulaire du 13 mai 1913, *B. O.*, p. 627 (*Établir deux exemplaires de l'extrait exécutoire*).

4.

Les expéditions et les extraits du jugement de condamnation font mention de l'exécution.

SECTION II.

Procédure devant les conseils de guerre dans les corps expéditionnaires.

ART. 182.

La procédure établie pour les conseils de guerre dans les arrondissements maritimes est suivie dans les corps expéditionnaires, sauf les modifications suivantes :

1° Sont applicables les dispositions contenues aux articles 153, 154, 155, 156, 158, 173 et 174 du Code de justice militaire pour l'armée de terre ;

2° Le commandant en chef du corps expéditionnaire a, dans l'étendue de son commandement, toutes les attributions dévolues au préfet maritime dans son arrondissement, et celles qui sont réservées au ministre de la marine.

SECTION III.

Procédure devant les conseils de revision dans les arrondissements maritimes et les corps expéditionnaires.

ART. 183 [1].

Après la déclaration de recours, le commissaire impérial près le conseil de guerre adresse sans retard au commissaire impérial près le conseil de revision une expédition du jugement et de l'acte de recours. Il y joint les pièces de la procédure et la requête de l'accusé, si elle a été déposée.

ART. 184.

Le commissaire impérial près le conseil de revision envoie sur-le-champ les pièces de la procédure au greffe du conseil, où elles restent déposées pendant vingt-quatre heures.

Le défenseur de l'accusé peut en prendre communication sans déplacement, et produire, avant le jugement, les requêtes, mémoires et pièces qu'il juge utiles.

Le greffier tient un registre sur lequel il mentionne, à leur date, les productions faites par le commissaire impérial et par le condamné.

---

[1] Voir Circulaire du 10 avril 1860 (**R.**) [*Recours en revision*].

ART. 185.

A l'expiration du délai de vingt-quatre heures, les pièces de l'affaire sont renvoyées par le président à l'un des juges pour en faire le rapport.

ART. 186.

Le conseil de revision prononce dans les trois jours à dater du dépôt des pièces.

ART. 187.

Dans le cas d'une des incapacités prévues par l'article 31 du présent Code, l'exception doit être proposée avant l'ouverture des débats, et elle est jugée par le conseil de revision, dont la décision est sans recours.

ART. 188 [1].

Le rapporteur expose les moyens de recours; il présente ses observations, sans toutefois faire connaître son opinion. Après le rapport, le défenseur choisi ou nommé d'office est entendu; il ne peut plaider sur le fond de l'affaire.

Le commissaire impérial discute les moyens présentés dans la requête ou à l'audience, ainsi que ceux qu'il croit devoir proposer d'office, et il donne ses conclusions, sur lesquelles le défenseur est admis à présenter des observations.

ART. 189.

Les juges se retirent dans la chambre du conseil; si les localités ne le permettent pas, ils font retirer l'auditoire; ils délibèrent hors de la présence du commissaire impérial et du greffier.

Ils statuent, sans désemparer, et à la majorité des voix, sur chacun des moyens proposés.

Le président recueille les voix en commençant par le grade inférieur. Toutefois, le rapporteur opine toujours le premier.

Le jugement est motivé. En cas d'annulation, le texte de la loi violé ou faussement appliqué est transcrit dans le jugement.

Le jugement est prononcé par le président en audience publique.

La minute est signée par le président et par le greffier.

ART. 190.

Si le recours est rejeté, le commissaire impérial transmet le jugement du conseil de revision et les pièces au commissaire impérial près le conseil de

---

[1] Voir Circulaire du 2 juillet 1859 (**R.**) [*Examen critique d'un jugement*; § 11]

guerre qui a rendu le jugement, et il en donne avis à l'autorité qui a ordonné l'information.

ART. 191 [1].

Si le conseil de revision annule pour incompétence le jugement, il prononce le renvoi devant la juridiction compétente et, s'il l'annule pour tout autre motif, il renvoie l'affaire devant le conseil de guerre de l'arrondissement qui n'en a pas connu ou, à défaut d'un second conseil de guerre dans l'arrondissement, devant celui d'un des arrondissements voisins.

Si le conseil de revision reconnaît que la procédure et le jugement ont été réguliers en la forme, mais s'il estime que le condamné se trouve dans l'un des cas prévus par l'article 443 du Code d'instruction criminelle, modifié par la loi du 8 juin 1895, comme donnant ouverture à la revision des procès criminels et correctionnels, il peut ordonner qu'il soit sursis à l'exécution du jugement jusqu'à l'accomplissement des formalités prescrites par l'article 444 du Code d'instruction criminelle.

Nul n'a le droit de provoquer cette mesure. Le conseil ne peut que l'ordonner d'office.

Dans le cas prévu au paragraphe 2 ci-dessus, le conseil de revision peut également ordonner, sur la demande du condamné, qu'il sera mis en liberté provisoire.

Les décisions ordonnant qu'il soit sursis à l'exécution du jugement, ou que le condamné soit mis en liberté provisoire, cesseront d'avoir effet si, dans les deux mois qui auront suivi la signification du jugement au condamné, celui-ci n'a pas fait inscrire sa demande de revision au ministère de la justice, ou si le ministre de la justice, au cas où il a seul qualité pour introduire la demande en revision, l'a écartée après avis de la commission prévue par l'article 444 du Code d'instruction criminelle.

Toute décision d'un conseil de revision ordonnant qu'il soit sursis à l'exécution du jugement rendu par un conseil de guerre, ou que le condamné soit mis en liberté provisoire, est, par les soins du commissaire du gouvernement, immédiatement transmise au préfet maritime de l'arrondissement où siège le conseil, au ministre de la marine et au ministre de la justice.

Il n'est dérogé en rien aux dispositions des articles 443 à 447 du Code d'instruction criminelle.

ART. 192.

Le commissaire impérial près le conseil de revision envoie au commissaire impérial près le conseil de guerre dont le jugement est annulé une expédition du jugement d'annulation.

Ce jugement est, à la diligence du commissaire impérial, transcrit sur les registres du conseil de guerre. Il en est fait mention en marge du jugement annulé.

---

[1] Ainsi modifié par la loi du 22 décembre 1917.

ART. 193.

Le commissaire impérial près le conseil de revision transmet sans délai les pièces du procès, avec une expédition du jugement d'annulation, au commissaire impérial près le conseil de guerre, ou près le tribunal maritime devant lequel l'affaire est renvoyée.

Si l'affaire est renvoyée devant un conseil de guerre à bord des bâtiments de l'État ou devant un conseil de justice, les pièces sont transmises à l'autorité qui avait donné l'ordre d'informer.

Si le jugement a été annulé pour cause d'incompétence des juridictions maritimes, les pièces sont transmises, suivant les cas, au commissaire impérial près le conseil de guerre de l'armée de terre, ou au procureur impérial près le tribunal du lieu où siège le conseil de revision. Il est procédé, pour le surplus, comme au premier paragraphe de l'article 128 du présent Code.

ART. 194 [1].

Si l'annulation a été prononcée pour inobservation des formes, la procédure est recommencée à partir du premier acte nul. Il est procédé à de nouveaux débats.

Néanmoins, si l'annulation n'est prononcée que pour fausse application de la peine aux faits dont l'accusé a été déclaré coupable, la déclaration de la culpabilité est maintenue, et l'affaire n'est renvoyée devant le nouveau conseil de guerre que pour l'application de la peine.

ART. 195.

Si le deuxième jugement est annulé, l'affaire est renvoyée devant un conseil de guerre qui n'en a pas connu.

ART. 196.

Les dispositions des articles 140, 143, 144 et 145 du présent Code, relatifs aux conseils de guerre, sont applicables aux conseils de revision.

Dans les cas prévus par l'article 146, il est procédé comme au dernier paragraphe de cet article.

Dans tous les cas, les décisions sont prises à la majorité des voix.

---

[1] Voir Circulaire du 19 avril 1859 (**R.**) [notamment le paragraphe intitulé : *Dégénérescence du délit, objet de la prévention, in fine*];
Circulaire du 2 juillet 1859 (**R.**);
Arrêt du 7 avril 1865 (**R.**).

CHAPITRE II.

PROCÉDURE DEVANT LES TRIBUNAUX MARITIMES ET LES TRIBUNAUX DE REVISION.

SECTION PREMIÈRE.

*Procédure devant les tribunaux maritimes permanents
dans les arrondissements maritimes.*

ART. 197.

Les dispositions de la section Iʳᵉ du chapitre 1ᵉʳ du présent livre, relatives aux conseils de guerre des arrondissements maritimes, sont applicables aux tribunaux maritimes de ces arrondissements, sauf les modifications portées aux articles suivants.

ART. 198.

Les commissaires impériaux rapporteurs près les tribunaux maritimes, les maîtres entretenus et les conducteurs de travaux procèdent comme officiers de police judiciaire, concuremment avec les fonctionnaires désignés en l'article 114 du présent Code.

ART. 199.

Si l'inculpé n'est pas justiciable des tribunaux maritimes, il est procédé comme il est dit à l'article 128 du présent Code.

ART. 200.

Les jugements des tribunaux maritimes sont rendus à la majorité absolue des voix.

ART. 201.

La chaîne du forçat ne lui est pas enlevée lorsqu'il comparaît devant les tribunaux de la marine.

SECTION II.

*Procédure devant les tribunaux maritimes dans les sous-arrondissements maritimes
et les établissements de la marine hors des ports.*

ART. 202.

La procédure établie pour les tribunaux maritimes dans les arrondissements est suivie dans les tribunaux maritimes des sous-arrondissements et des établissements de la marine hors des ports.

Les attributions dévolues au préfet maritime sont exercées par le chef du service ou le directeur, sauf en ce qui concerne les ordres d'informer, de mise en jugement et de convocation du tribunal.

SECTION III.
Procédure devant les tribunaux de revision.

ART. 203.

Les dispositions de la section III du chapitre 1ᵉʳ du présent livre, relatives aux conseils de revision des arrondissements maritimes, sont applicables aux tribunaux de revision.

TITRE II.
PROCÉDURE DEVANT LES JURIDICTIONS MARITIMES SIÉGEANT À BORD.

CHAPITRE PREMIER.
PROCÉDURE DEVANT LES CONSEILS DE GUERRE ET LES CONSEILS DE REVISION À BORD DES BÂTIMENTS DE L'ÉTAT.

SECTION PREMIÈRE.
Procédure devant les conseils de guerre à bord des bâtiments de l'État.

ART. 204 [1].

Lorsqu'un crime ou un délit de la compétence des conseils de guerre a été commis à bord d'un bâtiment de l'État, ou a été commis à terre par un individu embarqué sur un bâtiment de l'État, le commandant désigne un officier pour procéder comme il est dit aux articles 116, 119, 121 et 122 du présent Code.

La désignation de cet officier appartient au commandant supérieur dans les cas prévus aux articles 95, 96, 97 et 98, lorsque le fait n'a pas eu lieu à bord d'un bâtiment de l'État.

Dans les cas de désertion d'individus embarqués sur les bâtiments de l'État, le commandant dresse la plainte, en se conformant aux dispositions de l'article 124 du présent Code.

ART. 205.

Lorsque, hors de France, sur un territoire étranger occupé militairement, et dans les cas prévus par les articles 119 et 121 du présent Code, l'officier

---

[1] Voir : Circulaire du 14 mai 1903, *B. O.,* p. 120 (*Exercice de la police judiciaire maritime*);

Circulaire du 17 mai 1905, *B. O.,* p. 509 (*Possibilité de désigner un officier du commissariat pour procéder, à bord, à l'enquête de police judiciaire*).

désigné conformément à l'article précédent doit pénétrer dans un établissement civil ou dans une habitation particulière, et qu'il ne se trouve sur les lieux aucune autorité chargée de l'assister, il peut passer outre, et mention en est faite dans le procès-verbal.

Si ce territoire étranger n'est pas occupé militairement, il est rendu compte au commandant supérieur, qui avise, de concert avec le consul français, s'il y en a un sur les lieux.

ART. 206.

L'officier désigné conformément à l'article 204 remet sans délai au commandant ou au commandant supérieur qui l'a commis les actes et procès-verbaux qu'il a dressés, avec les pièces et documents à l'appui.

ART. 207.

Si le bâtiment se trouve dans l'enceinte d'un arsenal maritime, l'inculpé est immédiatement renvoyé, avec toutes les pièces, à la disposition du préfet maritime, pour qu'il soit procédé, conformément aux articles 128 et suivants de la première section du chapitre 1er, titre Ier, du présent livre.

Si le bâtiment ne se trouve pas dans l'enceinte d'un arsenal maritime, l'inculpé est renvoyé, avec toutes les pièces et les témoins, à la disposition du ministre de la marine, dans les cas prévus aux articles 267, 268 et 269 du présent Code, et, dans tous les autres cas, à la disposition de l'autorité qui est appelée à donner l'ordre d'informer.

ART. 208 [1].

La poursuite des crimes et délits ne peut avoir lieu, à peine de nullité, que sur un ordre d'informer donné, soit d'office, soit d'après les rapports, actes ou procès-verbaux dressés conformément aux articles précédents.

L'ordre d'informer est donné, savoir :

Si le bâtiment fait partie d'une armée navale, d'une escadre ou d'une division, par le commandant de cette force navale ;

Si le bâtiment est soumis à l'autorité d'un préfet maritime ou d'un gouverneur de colonie, par ce préfet maritime ou ce gouverneur ;

Dans les autres cas, si plusieurs bâtiments sont réunis, par le commandant supérieur, et si le bâtiment est isolé, par le commandant.

ART. 209.

L'autorité qui a ordonné l'information nomme immédiatement le commissaire impérial, le rapporteur et le greffier près le conseil de guerre.

---

[1] Voir Circulaire du 15 décembre 1879 (**R.**) [*Recours en grâce*].

Les fonctions de commissaire impérial et de rapporteur peuvent être confiées à l'officier mentionné en l'article 204.

Il est procédé comme il est dit aux articles 130, 131, 132, 133, 134, 135, 136 et 137 du présent Code.

ART. 210.

Les mandats de comparution ou d'amener et les citations de témoins, lorsqu'il s'agit d'individus résidant en pays étranger, sont remis au commandant supérieur, qui s'adresse aux autorités compétentes, par l'intermédiaire du consul, s'il en existe un sur les lieux, ou directement dans le cas contraire.

ART. 211.

L'instruction terminée, le rapporteur transmet les pièces, avec son rapport et son avis, au commissaire impérial, qui les adresse immédiatement, avec ses conclusions, à l'autorité qui a donné l'ordre d'informer.

L'autorité qui a ordonné l'information prononce sur la mise en jugement, nomme, s'il y a lieu, le président et les juges du conseil de guerre, et fixe le lieu de la réunion.

Il est procédé pour le surplus comme il est dit aux articles 139, 140, 141 et 152 du présent Code.

ART. 212.

L'accusé peut être traduit directement et sans instruction préalable devant le conseil de guerre à bord des bâtiments de l'État.

ART. 213 [1].

L'examen et le jugement, dans le conseil de guerre à bord des bâtiments de l'État, ont lieu comme il est dit au paragraphe 3 de la section Ire, chapitre 1er, titre Ier du présent livre, sauf les modifications suivantes :

1° Les attributions conférées au préfet maritime sont dévolues à l'autorité qui a donné l'ordre d'informer ;

2° Il est statué séance tenante sur tous les crimes et les délits commis à l'audience, alors même que le coupable ne serait pas justiciable des conseils de guerre de la marine ;

3° L'exécution du jugement a lieu à bord du bâtiment auquel appartient

---

[1] Voir notes sous les articles 143 à 181 inclus ;

Arrêté ministériel du 28 octobre 1910 sur le service à bord, art. 551 (*Exécution des jugements*) ;

Circulaire du 17 mars 1860 (**R.**) [*Renvoi en France des marins condamnés à l'emprisonnement*].

le condamné, et, en cas d'empêchement, à bord de tout autre bâtiment de l'État.

SECTION II.

Procédure devant les conseils de revision à bord des bâtiments de l'État.

ART. 214[1].

L'autorité désignée en l'article 208 du présent Code nomme les membres et le greffier du conseil de revision, en même temps qu'elle nomme les membres du conseil de guerre, conformément à l'article 67.

ART. 215.

La procédure établie pour les conseils de revision des arrondissements maritimes et des corps expéditionnaires est suivie dans les conseils de revision à bord des bâtiments de l'État.

Si le jugement du conseil de guerre est annulé pour tout autre motif que l'incompétence, l'affaire est renvoyée devant un autre conseil de guerre, et les pièces mentionnées à l'article 193 sont transmises immédiatement à l'autorité qui a donné l'ordre d'informer, pour qu'il soit donné suite au renvoi.

CHAPITRE II.

PROCÉDURE DEVANT LES CONSEILS DE JUSTICE.

ART. 216.

Lorsqu'un délit de la compétence des conseils de justice a été commis par un individu embarqué sur un bâtiment de l'État, le commandant transmet la plainte, avec toutes les pièces à l'appui, soit au commandant de force navale, soit au préfet maritime ou au gouverneur de colonie, soit au commandant supérieur, selon les distinctions établies à l'article 208 du présent Code.

ART. 217[2].

Si l'autorité à laquelle la plainte a été transmise estime qu'il y a lieu d'y donner suite, elle nomme les membres et le greffier du conseil de justice; elle désigne le lieu, le jour et l'heure de la réunion.

---

[1] Voir Circulaire du 19 avril 1859 (**R.**) [*Observations sur **divers** points de procédure*, notamment le paragraphe intitulé : *Formation des conseils de revision*].
[2] Voir Circulaire du 15 décembre 1879 (**R.**) [*Recours en grâce*].

Le conseil est saisi par le renvoi qui lui est fait de la plainte et des pièces à l'appui.

ART. 218.

Le président du conseil de justice renvoie les pièces à l'un des juges pour faire le rapport de l'affaire.

Le rapporteur fait citer, pour le jour indiqué, les témoins tant à charge qu'à décharge.

ART. 219 [1].

Dès que la séance est déclarée ouverte, le président fait introduire l'inculpé.

Le rapporteur donne lecture de la plainte et des pièces à l'appui; il présente ses observations, sans toutefois faire connaître son opinion.

L'instruction est orale.

Le président interroge l'inculpé. Si celui-ci décline la compétence, le conseil statue par une décision motivée. Le conseil peut aussi déclarer d'office son incompétence, et renvoyer devant qui de droit, avec un procès-verbal de la séance.

Les témoins tant à charge qu'à décharge sont introduits séparément, et font leur déposition après avoir prêté serment.

L'inculpé peut demander qu'il soit posé aux témoins les questions qu'il juge utiles à sa défense; il peut se faire assister d'un défenseur.

Après l'audition des témoins, l'inculpé ou son défenseur présente la défense.

Le président demande à l'inculpé s'il n'a rien à ajouter pour sa défense et ordonne qu'il en soit délibéré.

ART. 220.

Si un assistant, un témoin ou un accusé se rend coupable de voies de fait ou d'outrages ou de menaces, par propos ou gestes, envers le conseil ou l'un de ses membres, il est passible des peines indiquées aux articles 145 (§§ 5 et 6) et 149 (§§ 2 et 3) du présent Code.

Le président, après avoir fait dresser procès-verbal des faits et des dépositions des témoins, renvoie les pièces et l'auteur du crime ou du délit à

---

[1] Voir au sujet du 4ᵉ alinéa de cet article, les Circulaires des
30 octobre 1860 (**R.**).
15 février 1861 (**R.**).
25 janvier 1867 (**R.**).
11 janvier 1868 (**R.**).
15 décembre 1868 (**R.**) [*Incompétence du conseil déclarée d'office*] et notes sous l'article 102, p. 28 ci-dessus.

l'autorité qui a nommé le conseil de justice, pour qu'il soit statué par un conseil de guerre.

Le président procède de la même manière lorsque, d'après les débats, la déposition d'un témoin paraît fausse.

ART. 221.

Dans les cas prévus par l'article 146 du présent Code, il est procédé de la manière suivante :

1° S'il s'agit d'un délit dont la peine n'excède pas la compétence du conseil de justice, l'auteur de ce délit est jugé immédiatement ;

2° S'il s'agit de tout autre crime ou délit, le président, après avoir fait dresser procès-verbal des faits et des dépositions des témoins, renvoie les pièces et l'auteur du crime ou du délit devant l'autorité qui a nommé le conseil de justice.

ART. 222.

Le conseil délibère à huis clos, hors la présence du greffier.

Le président recueille les voix, en commençant par le grade inférieur : il émet son opinion le dernier.

Après la délibération, le conseil rentre en séance publique, où, en présence de l'inculpé, le président fait connaître sa décision.

Si le prévenu est acquitté ou absous, le président le déclare renvoyé de la plainte, et ordonne qu'il soit mis sur-le-champ en liberté, s'il n'est détenu pour autre cause.

Si le prévenu est condamné, le président donne lecture du jugement qui énonce le délit et ses circonstances, la peine prononcée, le nombre des voix et le texte de la loi appliquée.

Le jugement est écrit séance tenante, sur un registre spécial ; il est signé par le président, par tous les juges et par le greffier.

ART. 223.

Toutes les décisions des conseils de justice sont prises à la majorité des voix.

ART. 224 [1].

L'autorité qui a saisi le conseil peut, dans les limites posées en l'article 366 du présent Code, commuer la peine prononcée par le conseil de justice ; sa décision est écrite au bas de la minute du jugement.

---

[1] Voir Circulaire du 17 mars 1860 (**R.**) [*Renvoi en France des marins de l'État condamnés à l'emprisonnement*].

ART. 225 [1].

Les jugements des conseils de justice sont exécutés dans les vingt-quatre heures, sur les ordres de l'autorité qui a saisi le conseil et à la diligence du commandant du bâtiment, en présence du greffier, qui mentionne l'exécution au bas de la minute.

Dans les trois jours de l'exécution, une expédition et un extrait du jugement sont transmis au ministre de la marine par les soins du président; il y est joint un procès-verbal de la séance, lorsque le jugement a prononcé la peine de l'emprisonnement.

Une expédition est, en outre, transmise au port d'immatriculation ou au quartier d'inscription du condamné.

Ces expéditions et extraits font mention de la commutation, si elle est prononcée, et de l'exécution.

ART. 226.

Les dispositions des articles 140, 143, 144, 145 (§§ 1 et 3), 147, 148 (§ 1er), 149 (§ 1er), 155, 159, 164 (§ 2), 167, 169 et 213 (§ 4) du présent Code, relatifs aux conseils de guerre, sont applicables aux conseils de justice.

TITRE III.

DE LA CONTUMACE ET DES JUGEMENTS PAR DÉFAUT.

ART. 227.

Lorsqu'après l'ordre de mise en jugement l'accusé d'un fait qualifié crime n'a pu être saisi, ou lorsqu'après avoir été saisi il s'est évadé, le président du conseil de guerre ou du tribunal maritime rend une ordonnance indiquant le crime pour lequel l'accusé est poursuivi, et portant qu'il sera tenu de se présenter dans un délai de dix jours.

Cette ordonnance est mise à l'ordre du jour, pour les hommes casernés ou embarqués; pour ceux qui ne sont ni casernés ni embarqués, l'ordonnance est affichée à la porte de leur domicile et à celle de l'établissement maritime auquel ils appartiennent.

ART. 228 [2].

Après l'expiration du délai de dix jours à partir de la mise à l'ordre du jour de l'ordonnance du président ou de l'apposition des affiches, il est pro-

---

[1] Voir notes sous l'article 181.
[2] Voir Instruction du 1er novembre 1912, *B. O.*, p. 756, article 3 (*Le déserteur ne doit être poursuivi ni par contumace, ni par défaut*).

cédé au jugement par coutumace, sur l'ordre de l'autorité à laquelle il appartient de prononcer la mise en jugement.

Nul défenseur ne peut se présenter pour l'accusé coutumax.

Les rapports et procès-verbaux, la déposition des témoins et les autres pièces de l'instruction sont lus en entier à l'audience.

Le jugement est rendu dans la forme ordinaire, et mis à l'ordre du jour ou affiché comme il est dit en l'article précédent; il est, en outre, affiché à la porte du lieu où siège le conseil de guerre ou le tribunal maritime, et à la mairie du domicile du condamné.

Le greffier et le maire dressent procès-verbal, chacun en ce qui le concerne.

Ces formalités tiennent lieu de l'exécution du jugement par effigie.

ART. 229.

Le recours en revision contre les jugements par contumace n'est ouvert qu'au commissaire impérial.

ART. 230 [1].

Les articles 471, 474, 475, 476, 477 du Code d'instruction criminelle sont applicables aux jugements rendus par les conseils de guerre.

Le contumax qui, après s'être présenté, obtiendra son renvoi de l'accusation, pourra être dispensé du payement des frais occasionnés par la contumace.

Dans le même cas, les mesures de publicité prescrites par l'article 228 du présent Code s'appliqueront à toute décision de justice rendue au profit du coutumax.

ART. 231 [2].

Lorsqu'il s'agit d'un fait qualifié délit par la loi, si l'accusé n'est pas présent, il est jugé par défaut.

Le jugement, rendu dans la forme ordinaire, est mis à l'ordre du jour pour les individus casernés ou embarqués, et, pour ceux qui ne sont ni casernés ni embarqués, il est affiché à la porte de l'établissement maritime auquel ils appartiennent. Dans tous les cas, le jugement est, en outre, affiché à la porte du lieu où siège le conseil de guerre, le conseil de justice ou le tribunal maritime, et signifié à l'accusé ou à son domicile.

---

[1] Ainsi modifié par la loi du 22 décembre 1917.

[2] Le dernier alinéa de cet article a été ajouté par la loi du 13 mai 1918. Voir note sous l'article 228, pour le déserteur non officier et, pour l'officier absent illégalement, l'article 24 de l'Instruction du 1er novembre 1912, *B. O.*, p. 756;

Circulaire du 2 décembre 1907, *B. O.*, p. 1282 (*Signification des jugements par défaut rendus à bord*).

Dans les cinq jours à partir de la signification, outre un jour par cinq myriamètres, l'accusé peut former opposition.

Ce délai expiré sans qu'il ait été formé d'opposition, le jugement est réputé contradictoire.

Toutefois, si la signification n'a pas été faite à personne ou s'il ne résulte pas d'actes d'exécution du jugement que le condamné en a eu connaissance, l'opposition sera recevable jusqu'à l'expiration des délais de la prescription de la peine.

TITRE IV.

DISPOSITIONS GÉNÉRALES.

ART. 232.

La reconnaissance de l'identité d'un individu condamné par un tribunal de la marine, évadé et repris, est faite de la manière suivante :

1° Si la condamnation a été prononcée par un conseil de guerre, la reconnaissance est faite, soit par le conseil de guerre de l'arrondissement dans lequel se trouve le corps dont fait partie le condamné ou le bâtiment auquel il appartenait, soit par le conseil de guerre qui a prononcé la condamnation, ou, si ce conseil a cessé ses fonctions, par celui de l'arrondissement sur le territoire duquel le condamné a été repris;

2° Si la condamnation a été prononcée par un conseil de justice, la reconnaissance est faite, soit par le conseil de guerre de l'arrondissement dans lequel se trouve le corps dont fait partie le condamné ou le bâtiment auquel il appartenait, soit par le conseil de guerre de l'arrondissement sur le territoire duquel le condamné a été repris;

3° Si la condamnation a été prononcée par un conseil de guerre ou de justice qui a cessé ses fonctions, et que le condamné soit arrêté en dehors du territoire maritime, le ministre de la marine désignera le conseil de guerre qui devra prononcer sur l'identité;

4° Si la condamnation a été prononcée par un tribunal maritime, la reconnaissance est faite, soit par le tribunal maritime qui a prononcé la condamnation, soit par celui de l'arrondissement sur le territoire duquel le condamné a été repris.

Le conseil de guerre ou le tribunal maritime statue sur la reconnaissance en audience publique, en présence de l'individu repris, après avoir entendu les témoins appelés, tant par le commissaire impérial que par l'individu repris; le tout à peine de nullité.

Le commissaire impérial et l'individu repris ont la faculté de se pourvoir en revision contre le jugement qui statue sur la reconnaissance de l'identité.

Les dispositions des n°ˢ 1, 2 et 3 ci-dessus sont applicables au jugement des condamnés par contumace qui se représentent ou qui sont arrêtés.

ART. 233.[1]

Lorsqu'après l'annulation d'un jugement, un second jugement rendu contre le même accusé est annulé pour les mêmes motifs que le premier, l'affaire est renvoyée, suivant les cas :

Devant un conseil de guerre ou un tribunal maritime d'un des arrondissements voisins ;

Devant un nouveau conseil de guerre dans un corps expéditionnaire ;

Devant un nouveau conseil de guerre à bord d'un bâtiment de l'État, sauf application, s'il y a lieu, du § 2 de l'article 67 ci-dessus.

Dans tous les cas, ce conseil ou ce tribunal doit se conformer à la décision du conseil ou du tribunal de revision sur le point de droit.

Toutefois, s'il s'agit de l'application de la peine, il doit adopter l'interprétation la plus favorable à l'accusé.

Le troisième jugement ne peut plus être attaqué par les mêmes moyens, si ce n'est par la voie de cassation dans l'intérêt de la loi, aux termes des articles 441 et 442 du Code d'instruction criminelle.

ART. 234 [2]

Lorsque les conseils de guerre ou de revision, dans les corps expéditionnaires, cessent leurs fonctions, les affaires dont l'information est commencée sont portées devant les conseils de guerre des arrondissements maritimes désignés par le ministre de la marine.

Lorsqu'un bâtiment de l'État entre en désarmement, les affaires de la compétence des conseils de guerre dont l'information est commencée sont portées devant un conseil de guerre de l'arrondissement maritime dans le ressort duquel désarme le bâtiment.

ART. 235.

Toutes assignations, citations et notifications aux témoins, inculpés ou accusés sont faites sans frais par la gendarmerie ou par tous autres agents de la force publique.

---

[1] Voir Circulaire du 10 avril 1860 (**R.**) [*Recours en revision*].

[2] Article 234, § 2. Voir Arrêts des :
30 novembre 1860, notifié le 12 janvier 1861 (**R.**) ;
9 juillet 1863 (**R.**) ;
15 juin 1911, notifié le 2 septembre 1911 (*B. O.*, p. 579).

ART. 236 [1].

Les dispositions du chapitre v du titre VII du livre II du Code d'instruction criminelle, relatives à la prescription, sont applicables à l'action publique résultant d'un crime ou d'un délit de la compétence des juridictions maritimes, ainsi qu'aux peines prononcées par ces juridictions.

Toutefois la prescription contre l'action publique résultant de la désertion ne commence à courir que du jour où le déserteur a atteint l'âge de cinquante ans, quand il appartient à l'inscription maritime, ou, dans le cas contraire, à l'âge de quarante-sept ans.

A quelque époque que le déserteur soit arrêté, il est mis à la disposition du ministre de la marine, pour compléter, s'il y a lieu, le temps de service qu'il doit encore à l'État.

---

[1] Voir ci-après, p. 275, les articles 635 à 643 du C. I. Cr. et l'Instruction du 1er novembre 1912, article 3 (*B. O.*, p. 756).

LIVRE IV.

DES CRIMES, DES DÉLITS ET DES PEINES.

TITRE PREMIER.

DES PEINES ET DE LEURS EFFETS.

ART. 237.

Les peines qui peuvent être appliquées par les tribunaux de la marine en matière de crime sont :

La mort,
Les travaux forcés à perpétuité,
La déportation,
Les travaux forcés à temps,
La détention,
La reclusion,
Le bannissement,
La dégradation militaire.

ART. 238.

Les peines en matière de délit sont :

La destitution,
Les travaux publics,
L'emprisonnement,
La privation de commandement,
L'inaptitude à l'avancement,
La réduction de grade ou de classe,
Le cachot ou double boucle,
L'amende.

ART. 239 [1].

En temps de paix, les condamnés à mort par un conseil de guerre ou par un tribunal de la marine siégeant dans la métropole auront la tête tranchée.

Néanmoins, seront fusillés ceux qui auront commis un crime exclusivement militaire.

---

[1] Ainsi modifié par la loi du 30 décembre 1911.

ART. 240 [1].

Les peines des travaux forcés, de la déportation, de la détention, de la reclusion et du bannissement sont appliquées conformément aux dispositions du Code pénal ordinaire.

Elles ont les effets déterminés par ce Code, et emportent, en outre, la dégradation militaire.

ART. 241 [1].

Tout marin, tout militaire embarqué qui doit subir la dégradation militaire, soit comme peine principale, soit comme accessoire d'une peine autre que la mort, est conduit devant l'équipage assemblé ou la troupe sous les armes. Après la lecture du jugement, le commandant prononce ces mots à haute voix : « N** N** (nom et prénoms du condamné), vous êtes indigne de porter les armes; de par l'Empereur, nous vous dégradons ».

Aussitôt après, tous les insignes militaires et les décorations dont le condamné est revêtu sont enlevés, et, s'il est officier, son épée est brisée et jetée à terre devant lui.

ART. 242.

La dégradation militaire entraîne :

1° La privation du grade et du droit d'en porter les insignes et l'uniforme;

2° L'incapacité absolue de servir dans les armées de terre et de mer, à quelque titre que ce soit, et les autres incapacités prononcées par les articles 28 et 34 du Code pénal ordinaire;

3° La privation du droit de porter aucune décoration, et la déchéance de tout droit à pension et à récompense pour les services antérieurs.

ART. 243.

La dégradation militaire, prononcée comme peine principale, est toujours accompagnée d'un emprisonnement, dont la durée, fixée par le jugement, n'excède pas cinq années.

ART. 244.

La destitution entraîne la privation du grade ou du rang et du droit d'en porter les insignes distinctifs et l'uniforme.

L'officier destitué ne peut obtenir ni pension ni récompense à raison de ses services antérieurs.

---

[1] Voir : Arrêt du 7 avril 1865, notifié le 30 mai 1865 (R.), notamment ce qui concerne la *dégradation militaire;*

Circulaire du 11 septembre 1871 (R.), notamment le paragraphe intitulé : *Peines accessoires.*

ART. 245.

Le condamné à la peine des travaux publics est conduit à l'inspection ou à la parade revêtu de l'habillement déterminé par les règlements.

Il y entend, devant des détachements des équipages ou devant les troupes , la lecture de son jugement.

Il est employé aux travaux d'utilité publique. Il ne peut, en aucun cas, être placé dans les mêmes ateliers que les condamnés aux travaux forcés.

La durée de la peine est de deux ans au moins et de dix ans au plus.

ART. 246.

La durée de l'emprisonnement est de six jours au moins et de cinq ans au plus.

ART. 247.

La durée de la privation de commandement est de trois ans au moins et de cinq ans au plus.

ART. 248.

L'inaptitude à l'avancement est prononcée pour six mois ou pour un an.

Cette peine est toujours accompagnée :

1° De la retenue du tiers de la solde intégrale pour les officiers-mariniers et quartiers-maîtres, du quart pour les matelots, ouvriers chauffeurs, novices ou apprentis-marins et mousses, pendant un temps qui est fixé par le jugement, et qui ne peut excéder la durée de la peine principale, sans que, dans aucun cas, cette retenue puisse porter sur la portion de solde déléguée à la famille ;

2° De la peine du cachot ou double boucle.

L'inaptitude à l'avancement peut être accompagnée de la peine de la réduction de grade ou de classe, dont l'effet continuera après l'expiration de la peine principale.

ART. 249 [1].

La réduction de grade ou de classe peut faire descendre le coupable d'un ou plusieurs grades, ou d'une ou plusieurs classes, jusqu'à la position de novice ou d'apprenti-marin.

Lorsque le coupable n'est que novice ou apprenti-marin, ou est déjà réduit à cette position, cette peine est remplacée par celle du cachot ou double boucle.

---

[1] Voir Circulaire du 11 septembre 1871 (**R.**), notamment le paragraphe intitulé *Peine appliquée.*

ART. 250 [1].

La durée de la peine du cachot ou double boucle est de cinq jours au moins et de trente jours au plus.

Cette peine emporte la suspension de la solde, sans préjudice de la portion de cette solde déléguée à la famille.

ART. 251.

Lorsque les lois pénales prononcent la peine de l'amende, les tribunaux de la marine peuvent remplacer cette peine, à l'égard des marins, militaires ou assimilés de l'armée de mer, par un emprisonnement de six jours à six mois.

ART. 252 [2].

Les tribunaux de la marine appliquent à leurs justiciables les peines prononcées par le présent Code, et celles qui sont maintenues par le deuxième paragraphe de l'article 374, sauf les cas prévus aux articles 324 et 330 du présent Code.

Toutefois ils n'appliquent ces peines aux militaires ou assimilés des armées de terre et de mer non embarqués, et aux individus justiciables des conseils de guerre dans les corps expéditionnaires, qu'à défaut de peines applicables dans les lois militaires pour l'armée de terre.

ART. 253 [3].

Dans les cas de complicité prévus par les articles 103, 104, 105 et 106 du présent Code, le tribunal compétent applique :

1° Aux justiciables des tribunaux de la marine, les peines prononcées par les lois maritimes ou militaires, selon les distinctions établies à l'article précédent ;

2° Aux militaires et aux assimilés aux militaires, appartenant à l'armée de terre, les peines prononcées par les lois militaires pour l'armée de terre ;

3° A tous autres individus, les peines prononcées par les lois ordinaires,

---

[1] Voir Décret du 31 janvier 1900, *B. O.*, p. 652 (*Double boucle infligée disciplinairement, suppression*).

[2] Voir Circulaire du 26 mai 1882 (**R.**) [*Pour le jugement d'un militaire, par les conseils de guerre maritimes, ne recourir au Code de justice militaire du 9 juin 1857 qu'en ce qui touche la pénalité; pour la procédure et la compétence, le Code maritime est seul applicable*].

[3] Article 253. Voir : Arrêté des ministres de la justice, de l'intérieur, de la guerre et de la marine en date du 3 janvier 1859 (**R.**) ;

Circulaires des ministres de la justice, du 21 avril 1870 et de la marine du 3 mai 1870 [**R.**] (*Marins ou militaires comparaissant devant les tribunaux ordinaires*).

à moins qu'il n'en soit autrement ordonné par une disposition expresse de la loi.

Les peines prononcées contre les marins, militaires ou assimilés sont exécutées conformément aux dispositions du présent Code et à la diligence des autorités maritimes ou militaires.

ART. 254.

Dans les mêmes cas de complicité, si des individus n'appartenant ni à l'armée de mer ni à l'armée de terre sont déclarés coupables d'un crime ou d'un délit non prévu par les lois pénales ordinaires, ils sont condamnés aux peines portées par le présent Code.

ART. 255.

Dans tous les cas, lorsque, à raison de la nature de la peine et de la qualité du justiciable, les peines maritimes ne peuvent être appliquées, elles sont remplacées ainsi qu'il suit :

1° La dégradation militaire prononcée comme peine principale, par la dégradation civique;

2° La destitution et les travaux publics, par un emprisonnement d'un an à cinq ans;

3° L'inaptitude à l'avancement, par un emprisonnement qui ne peut excéder six mois;

4° La réduction de grade ou de classe, par un emprisonnement qui ne peut excéder trois mois.

ART. 256 [1].

Lorsque des individus n'appartenant ni à l'armée de mer ni à l'armée de terre sont traduits, soit devant un tribunal de la marine, soit devant les tribunaux ordinaires pour des faits prévus par le présent Code, il peut leur être fait application de l'article 463 du Code pénal ordinaire.

ART. 257.

Les dispositions des articles 66, 67 et 69 du Code pénal ordinaire, concernant les individus âgés de moins de seize ans, sont observées par les tribunaux de la marine.

S'il est décidé que l'accusé a agi sans discernement, les peines de la dégradation militaire, de la destitution et des travaux publics sont remplacées par

---

[1] Voir ci-après Loi du 19 juillet 1901, p. 326, rendant applicable l'article 463 du Code pénal à tous les crimes et délits prévus par les deux Codes de justice militaire.

un emprisonnement d'un an à cinq ans dans une maison de correction ; les peines de l'inaptitude à l'avancement et de la réduction de grade ou de classe sont remplacées par celle du cachot ou double boucle.

ART. 258 [1].

Les peines prononcées par les tribunaux de la marine commencent à courir, savoir :

Celles des travaux forcés, de la déportation, de la détention, de la reclusion et du bannissement, à partir du jour de la dégradation militaire ;

Celle des travaux publics, à partir du jour de la lecture du jugement devant l'équipage ou devant la troupe ;

Celles de l'emprisonnement et du cachot ou double boucle, à partir du jour où le condamné est détenu en vertu de la condamnation, devenue irrévocable, qui prononce la peine ;

Celles de la dégradation militaire, de la destitution et de la privation de commandement, prononcées comme peines principales, à partir du jour où la condamnation est devenue irrévocable. Quand les peines de la dégradation militaire ou de la destitution sont encourues accessoirement à une autre peine, elles commencent à courir le même jour que la peine principale.

Quand il y a une détention préventive suivie d'une condamnation aux travaux forcés, à la déportation, à la détention, à la reclusion, au bannissement, aux travaux publics ou à l'emprisonnement, cette détention préventive est intégralement déduite de la durée de la peine qu'a prononcée le jugement, à moins que les juges n'aient ordonné, par disposition spéciale et motivée, que cette imputation n'ait point lieu ou qu'elle n'ait lieu que pour partie. En ce qui concerne la détention préventive comprise entre la date du jugement et

---

[1] Ainsi modifié par la loi du 9 avril 1895. Consulter la Circulaire d'envoi (*B. O.*, p. 608).

Voir Circulaires ou Dépêches des :

17 mars 1860 [R.] (*Renvoi en France des marins de l'État condamnés à l'emprisonnement*) ;

20 novembre 1877 [R.] (*L'entrée à l'hôpital d'un détenu n'interrompt pas le cours de sa peine*) ;

14 septembre 1882 [R.] (*Exécution de la peine des travaux publics prononcée contre les détenus en cours de peine*) ;

15 juillet 1896 [R.] (*Erreur commise dans l'application de cet article*) ;

31 mai 1901, *B. O.*, p. 783 (*Définition de la détention préventive*) ;

23 juin 1906, *B. O.*, p. 588 (*Préciser, dans les copies et extraits de jugements, le point de départ de la détention préventive*) ;

7 décembre 1906, *B. O.*, p. 1021 (*Point de départ de l'emprisonnement quand il n'y a pas eu détention préventive*).

Voir Arrêt de cassation du 17 septembre 1896 [R.] (*Refus de considérer comme prison préventive la détention pour cause de condamnation antérieure*).

le moment où la condamnation commence à courir, elle est toujours imputée dans les deux cas suivants :

1° Si le condamné n'a point exercé de recours contre le jugement ;

2° Si, ayant exercé un recours, sa peine a été réduite.

Est réputé en état de détention préventive, tout individu privé de sa liberté sous l'inculpation d'un crime ou d'un délit.

ART. 259.

Toute condamnation prononcée contre un officier, par quelque tribunal que ce soit, pour l'un des délits prévus par les articles 401, 402, 403, 405, 406, 407 et 408 du Code pénal ordinaire, entraîne la perte du grade.

ART. 260 [1].

Les articles 2, 3, 59, 60, 61, 62, 63, 64 et 65 du Code pénal ordinaire, relatifs à la tentative de crime ou de délit, à la complicité et aux cas d'excuses, sont applicables devant les tribunaux de la marine, sauf les dérogations prévues par le présent Code.

ART. 261.

Les fonctionnaires, agents, employés militaires et autres assimilés aux marins ou militaires de l'armée de mer, ainsi que les individus embarqués sur les bâtiments de l'État, sont, pour l'application des peines, considérés comme officiers, officiers-mariniers ou matelots, suivant le grade auquel leur rang correspond, ou suivant le rang auquel les place à bord leur ordre d'embarquement.

TITRE II.

DES CRIMES, DES DÉLITS ET DE LEUR PUNITION.

CHAPITRE PREMIER.

TRAHISON, ESPIONNAGE ET EMBAUCHAGE.

ART. 262.

Est puni de mort tout marin français ou au service de la France, tout militaire embarqué, tout individu faisant partie de l'équipage d'un bâtiment

---

[1] Voir notes des :

2 mai 1868 [R.] et 21 juin 1869 [R.] (*Tentatives de délits non spécifiées*).

Les articles 62 et 63 du Code pénal ont été abrogés par la loi du 22 mai 1915 sur le recel (*B. O.*, p. 995).

de l'État ou d'un navire convoyé, qui porte les armes contre la France, ou tout prisonnier de guerre qui, ayant faussé sa parole, est repris les armes à la main.

ART. 263.

Est puni de mort :

1° Tout individu au service de la marine ou embarqué sur un bâtiment de l'État ou sur un navire convoyé :

Qui livre à l'ennemi, soit un ou plusieurs des bâtiments qu'il commande, soit les approvisionnements de l'armée navale, soit les plans des fortifications, arsenaux, places de guerre, ports ou rades, soit l'explication des signaux, soit le secret d'une opération, d'une expédition ou d'une négociation ;

Qui entretient des intelligences avec l'ennemi dans le but de favoriser ses entreprises ;

Qui participe à des complots dans le but de forcer le commandant d'un bâtiment à amener son pavillon ;

Qui provoque à la fuite ou empêche le ralliement en présence de l'ennemi ;

2° Tout individu, Français ou au service de la France, qui prête volontairement son concours pour piloter un bâtiment ennemi.

ART. 264.

Est considéré comme espion et puni de mort :

1° Tout individu au service de la marine qui procure à l'ennemi des documents ou renseignements susceptibles de nuire aux opérations maritimes ou de compromettre la sûreté des bâtiments de guerre ou de commerce, des arsenaux et établissements de la marine ;

2° Tout individu au service de la marine qui sciemment recèle ou fait recéler les espions ou les ennemis envoyés à la découverte ;

3° Tout individu qui s'introduit sur les bâtiments de guerre ou de convoi, dans un arsenal ou un établissement de la marine, pour s'y procurer des documents ou renseignements dans l'intérêt de l'ennemi ;

4° Tout ennemi qui s'introduit déguisé, soit sur un des bâtiments ou dans un des lieux désignés au présent article, soit au milieu d'un convoi ou de plusieurs bâtiments armés ou désarmés.

ART. 265.

Est considéré comme embaucheur et puni de mort quiconque est convaincu d'avoir provoqué des individus au service de la marine à passer à l'ennemi ou aux rebelles armés, de leur en avoir sciemment facilité les moyens, ou d'avoir fait des enrôlements pour une puissance en guerre avec la France.

ART. 266.

Dans les cas prévus au présent chapitre, la peine de mort est accompagnée de la dégradation militaire, lorsque le coupable est marin ou militaire.

CHAPITRE II.

CRIMES ET DÉLITS CONTRE LE DEVOIR MARITIME ET LE DEVOIR MILITAIRE [1].

ART. 267.

Tout officier général ou chef de division, tout commandant coupable d'avoir perdu un bâtiment de l'État placé sous ses ordres ou d'avoir occasionné la perte ou la prise de ce bâtiment, est puni :

1° De la peine de mort, avec dégradation militaire, s'il a agi volontairement;

2° De la destitution, si le fait a été le résultat de sa négligence;

3° De la privation de commandement, si le fait a été le résultat de son impéritie ;

ART. 268.

Tout commandant d'une portion quelconque des forces navales de l'Empire coupable d'avoir amené son pavillon lorsqu'il était encore en état de le défendre, ou d'avoir abandonné son commandement dans une circonstance périlleuse, est puni de mort, avec dégradation militaire.

ART. 269.

Tout officier en second ou chef de quart, tout individu embarqué coupable d'avoir occasionné la perte ou la prise d'un bâtiment de l'État, est puni :

1° De la peine de mort, avec dégradation militaire, s'il a agi volontairement;

2° De la destitution, ou, lorsqu'il n'est pas officier, de deux ans à cinq ans de travaux publics, si le fait a été le résultat de sa négligence.

ART. 270.

Est puni de mort, avec dégradation militaire, tout commandant d'un bâtiment de l'État qui, sciemment et volontairement, en cas de perte de son bâtiment, ne l'abandonne pas le dernier.

---

[1] Article 267 et suivants. Voir Circulaires des :

27 février 1860 [R.] (*Échouage ou naufrage, pilote à bord, responsabilité du commandant*);

29 juin 1867 [R.] (*Tenue de l'officier qui comparaît pour répondre de la perte de son bâtiment*).

ART. 271.

Est puni de mort, avec dégradation militaire, tout individu embarqué sur un bâtiment de l'État coupable d'avoir, sans l'ordre du commandant, amené le pavillon pendant le combat.

ART. 272.

Est puni de la détention tout individu embarqué sur un bâtiment de l'État qui, pendant le combat et sans ordre du commandant, a crié de se rendre, d'amener le pavillon ou de cesser le feu.

ART. 273.

Est puni de la destitution tout commandant d'une portion quelconque des forces navales de l'Empire :

1° Qui, pouvant attaquer et combattre un ennemi égal ou inférieur en forces, secourir un bâtiment français ou allié poursuivi par l'ennemi ou engagé dans un combat, ou détruire un convoi ennemi, ne l'a pas fait, lorsqu'il n'en a pas été empêché par des instructions spéciales ou des motifs graves :

2° Qui, sans y avoir été obligé par des forces supérieures ou des raisons légitimes, a suspendu la poursuite, soit de vaisseaux de guerre ou de bâtiments marchands fuyant devant lui, soit d'un ennemi battu ;

3° Qui a, sans motifs légitimes, refusé des secours à un ou plusieurs bâtiments amis ou ennemis implorant son assistance dans la détresse.

ART. 274.

Est puni de la privation de commandement tout commandant d'un bâtiment de l'État qui, au moment de l'échouage, de l'incendie ou du naufrage, ne prend pas toutes les mesures propres à sauver le bâtiment de sa perte totale.

ART. 275.

Est puni de la privation de commandement tout commandant d'un bâtiment de l'État qui, par négligence ou impéritie, se laisse surprendre par l'ennemi, ou occasionne un incendie, un abordage, un échouage ou une avarie grave.

Est puni d'un emprisonnement de deux mois à deux ans tout officier en second ou chef de quart, tout individu embarqué sur un bâtiment de l'État qui, par sa négligence, occasionne un des accidents mentionnés au précédent paragraphe.

ART. 276.

Tout commandant coupable de n'avoir pas maintenu son bâtiment au poste de combat est puni de mort.

ART. 277.

Tout commandant d'une portion quelconque des forces navales de l'Empire coupable de s'être séparé de son chef, tout officier en second ou chef de quart, tout individu embarqué sur un bâtiment de l'État, coupable d'avoir occasionné cette séparation, est puni, dans le cas où il a agi volontairement :

1° De la peine de mort avec dégradation militaire, si le fait a eu lieu en présence de l'ennemi ;

2° De la dégradation militaire, ou, lorsqu'il n'est pas officier, de cinq à dix ans de travaux publics, si le fait a eu lieu en temps de guerre, hors de la présence de l'ennemi ;

3° De la destitution, ou, lorsque le coupable n'est pas officier, de deux ans à cinq ans de travaux publics, si le fait a eu lieu en temps de paix.

Dans le cas où la séparation a été le résultat de la négligence, le coupable est puni :

1° De la destitution, ou, lorsqu'il n'est pas officier, de deux ans à cinq ans de travaux publics, si le fait a eu lieu en temps de guerre ;

2° De la privation de commandement, ou, lorsqu'il n'est pas commandant, d'un emprisonnement de deux mois à deux ans, si le fait a eu lieu en temps de paix.

Dans le cas où le commandant a occasionné la séparation par son impéritie, il est puni de la privation de commandement.

ART. 278.

En cas de séparation forcée, le commandant qui n'a pas fait tout ce qui dépendait de lui pour rallier son chef dans le plus bref délai est puni, en temps de guerre, de deux ans à cinq ans d'emprisonnement, et, en temps de paix, de la privation de commandement.

ART. 279.

Tout officier chargé de la conduite d'un convoi coupable de l'avoir abandonné volontairement est puni, en temps de guerre, de mort avec dégradation militaire, et, en temps de paix, de la destitution.

Si, par suite de sa négligence, l'officier chargé de la conduite du convoi s'est trouvé séparé de tout ou partie des bâtiments confiés à son escorte, il est puni, en temps de guerre, de la destitution, et, en temps de paix, de la privation de commandement.

Si la séparation a été le résultat de l'impéritie, la peine est celle de la privation de commandement.

ART. 280.

Tout commandant d'une portion quelconque des forces navales de l'Empire qui, volontairement, n'a pas rempli la mission dont il était chargé est puni de mort, si la mission a été donnée en temps de guerre ou si elle était relative à des opérations de guerre. Dans tous les autres cas, il est puni de la destitution.

Lorsque la mission a été manquée par négligence, le coupable est puni de la destitution, si la mission a été donnée en temps de guerre ou si elle était relative à des opérations de guerre. Dans tous les autres cas, la peine est celle de la privation de commandement.

Lorsque la mission a été manquée par impéritie, le coupable est également puni de la privation de commandement.

ART. 281.

Tout officier embarqué sur un bâtiment de l'État coupable de s'être écarté volontairement des ordres reçus, et d'avoir, par là, fait échouer la mission dont il était chargé, est puni d'un emprisonnement de deux mois à deux ans.

ART. 282.

Tout chef de quart coupable de s'être livré au sommeil pendant son quart est puni :

1° De six mois à deux ans d'emprisonnement, s'il était en présence de l'ennemi ou de rebelles armés ;

2° De deux mois à six mois d'emprisonnement, si le fait a eu lieu en temps de guerre hors de la présence de l'ennemi, ou à la mer en temps de paix.

ART. 283 [1].

Tout marin placé en faction, soit à terre, soit à bord dans la mâture, aux bossoirs, à la sonde, aux mouilleurs, aux stoppeurs, soit dans les embarcations de ronde ou de veille, qui abandonne son poste ou qui ne remplit pas sa consigne, est puni :

1° De la peine de mort, s'il était en présence de l'ennemi ou de rebelles armés ;

2° De deux ans à cinq ans de travaux publics, si, hors le cas prévu par le paragraphe précédent, l'abandon a eu lieu, soit sur un territoire en état de guerre ou de siège, soit à bord, en temps de guerre, ou dans un incendie, un échouage, un abordage, une épidémie, une manœuvre intéressant la sûreté d'un bâtiment ;

3° De l'inaptitude à l'avancement, dans tous les autres cas.

S'il est trouvé endormi, il est puni :

De deux à cinq ans de travaux publics, dans les cas du n° 1 ci-dessus ;

---

[1] Voir Circulaire du 20 octobre 1859 (R.) [*Le sommeil en faction doit être entendu dans un sens limitatif*].

De l'inaptitude à l'avancement, dans les cas du n° 2 :
De la réduction de grade ou de classe, dans les autres cas.

ART. 284 [1].

Tout marin, tout militaire embarqué, tout individu faisant partie de l'équipage d'un bâtiment de l'État, qui abandonne son quart ou son poste, est puni :

1° De la peine de mort, si l'abandon a eu lieu en présence de l'ennemi ou de rebelles armés ;

2° De deux ans à cinq ans d'emprisonnement, si, hors le cas prévu par le paragraphe précédent, l'abandon a eu lieu, soit sur un territoire en état de guerre ou de siège, soit, à bord, dans un incendie, un échouage, un abordage, une épidémie, une manœuvre intéressant la sûreté d'un bâtiment ;

3° De la réduction de grade ou de classe dans tous les autres cas, ou de deux mois à six mois d'emprisonnement, si le coupable est officier.

Si le coupable est chef de quart ou de poste, le maximum de la peine lui est toujours infligé.

ART. 285.

Tout marin ou militaire embarqué, tout individu faisant partie de l'équipage d'un bâtiment de l'État, qui abandonne sa corvée ou son embarcation, est puni :

1° D'un an à deux ans d'emprisonnement, dans les cas prévus aux n°s 1 et 2 de l'article précédent ;

2° De la réduction de grade ou de classe dans tous les autres cas, ou de deux mois à six mois d'emprisonnement, si le coupable est officier.

Si le coupable est chef de corvée ou patron d'embarcation, le maximum de la peine lui est toujours infligé.

ART. 286.

Tout individu embarqué sur un bâtiment de l'État qui, au moment du naufrage, abandonne sans ordre le bâtiment ou s'éloigne de la plage sans autorisation, est puni, s'il est officier, de la destitution ; s'il est marin, de deux ans à cinq ans de travaux publics ; s'il n'est pas marin, de deux mois à deux ans d'emprisonnement.

ART. 287.

Tout individu porté au rôle d'équipage d'un bâtiment de l'État, coupable d'avoir embarqué ou permis d'embarquer sans ordre des marchandises, est puni de la réduction de grade ou de classe ; si le coupable est officier, la peine

---

est de six mois à un an d'emprisonnement, et, s'il est passager, d'un mois à trois mois d'emprisonnement.

Dans tous les cas, les marchandises sont confisquées.

ART. 288 [1].

Est puni d'un emprisonnement de deux mois à deux ans tout individu porté au rôle d'équipage d'un bâtiment de l'État ou d'un navire convoyé, coupable de s'être servi, sans autorisation, d'une embarcation appartenant à un bâtiment de l'État ou à un navire convoyé au mouillage.

ART. 289.

Tout individu employé dans les ateliers de la marine, qui y fabrique des ouvrages pour son compte ou pour le compte d'autrui, est puni d'un emprisonnement de deux mois à six mois, sans préjudice des peines portées contre le vol, s'il a employé des matières appartenant à l'État.

Les ouvrages fabriqués sont confisqués.

ART. 290.

Tout officier ou officier-marinier qui, hors le cas d'excuse légitime, ne se rend pas au tribunal de la marine où il est appelé à siéger, est puni d'un emprisonnement de deux mois à six mois.

En cas de refus, si le coupable est officier il peut être puni de la destitution.

ART. 291.

Les dispositions des articles 237, 238, 239, 240, 241, 242, 243, 247 et 248 du Code pénal ordinaire sont applicables aux individus appartenant au service de la marine qui laissent évader des prisonniers de guerre ou d'autres personnes arrêtées, détenues ou confiées à leur garde, qui favorisent ou procurent l'évasion de ces personnes, qui les recèlent ou les font recéler.

CHAPITRE III.

RÉVOLTE, INSUBORDINATION ET RÉBELLION.

ART. 292.

Sont considérés comme en état de révolte et punis de mort :

1° Les marins ou militaires de l'armée de mer sous les armes qui, réunis

---

[1] Voir note du 2 mai 1868 [**R.**] (*Tentative de délit non spécifiée*).

au nombre de quatre au moins et agissant de concert, refusent, à la première sommation, d'obéir aux ordres de leurs chefs ;

2° Les individus au service de la marine ou embarqués sur un bâtiment de l'État qui, réunis au nombre de quatre au moins, se livrent à des violences en faisant usage d'armes et refusent, à la voix des chefs, de se disperser ou de rentrer dans l'ordre.

Néanmoins, dans tous les cas prévus par le présent article, la peine de mort n'est infligée qu'aux instigateurs ou aux chefs de la révolte, et au marin ou militaire le plus élevé en grade. Les autres coupables sont punis de cinq à dix ans de travaux publics ou, s'ils sont officiers, de la destitution avec emprisonnement de deux à cinq ans.

Dans le cas prévu par le n° 2 du présent article, si les coupables se livrent à des violences sans faire usage d'armes, ils sont punis de cinq ans à dix ans de travaux publics ou, s'ils sont officiers, de la destitution, avec emprisonnement de deux à cinq ans.

ART. 293.

Tous individus embarqués sur un bâtiment de l'État coupables d'avoir formé un complot contre l'autorité du commandant ou contre la sûreté du bâtiment sont punis de la détention.

ART. 294 [1].

Est puni de mort avec dégradation militaire tout commandant d'une portion quelconque des forces navales de l'Empire, tout marin, tout militaire embarqué, tout individu faisant partie de l'équipage d'un bâtiment de l'État, qui refuse d'obéir à un ordre ou à un signal lorsqu'il est commandé pour un service en présence de l'ennemi ou de rebelles armés.

Si, hors le cas prévu par le paragraphe précédent, la désobéissance a lieu, soit sur un territoire en état de guerre ou de siège, soit, à bord, dans un incendie, un abordage, un échouage ou une manœuvre intéressant la sûreté d'un bâtiment, la peine est de cinq ans à dix ans de travaux publics ; si le coupable est officier, il est puni de la destitution avec emprisonnement de deux ans à cinq ans.

Dans tous les autres cas, la peine est celle de l'emprisonnement d'un an à deux ans, ou, si le coupable est officier, celle de la destitution.

ART. 295.

Tout individu au service de la marine non désigné en l'article précédent, et employé dans un établissement maritime, qui refuse d'obéir lorsqu'il est commandé pour un service, soit en présence de l'ennemi ou de rebelles

---

[1] Voir Circulaires des 23, 25 et 28 juin 1859 [R].

armés, soit dans un incendie ou un danger menaçant la sûreté de l'établissement dans lequel il est employé, est puni d'un emprisonnement de deux mois à deux ans.

ART. 296.

Tout individu au service de la marine ou embarqué sur un bâtiment de l'État qui viole ou force une consigne est puni :

1° De la peine de la détention, si la consigne a été violée ou forcée en présence de l'ennemi ou de rebelles armés ;

2° De deux ans à dix ans de travaux publics ou, si le coupable est officier, de la destitution avec emprisonnement d'un an à cinq ans, lorsque, hors le cas prévu par le paragraphe précédent, le fait a eu lieu, soit sur un territoire en état de guerre ou de siège, soit, à bord, dans un incendie, un échouage, un abordage, une épidémie, une manœuvre intéressant la sûreté d'un bâtiment ;

3° De l'inaptitude à l'avancement dans tous les autres cas, ou, si le coupable est officier, d'un emprisonnement de deux mois à trois ans.

ART. 297.

Est puni de mort tout individu au service de la marine ou embarqué sur un bâtiment de l'État, coupable de violence à main armée envers une sentinelle.

Si les violences n'ont pas eu lieu à main armée et ont été commises par deux ou plusieurs personnes, la peine est de cinq ans à dix ans de travaux publics. Si parmi les coupables il se trouve un officier, il est puni de la destitution avec emprisonnement de deux à cinq ans.

La peine est réduite à l'inaptitude à l'avancement, ou, si le coupable est officier, à un emprisonnement d'un an à cinq ans, si les violences ont été commises par un individu seul et sans armes.

Est puni de la réduction de grade ou de classe, ou, s'il est officier, d'un emprisonnement de six jours à un an, tout individu au service de la marine ou embarqué sur un bâtiment de l'État qui insulte une sentinelle par paroles, gestes ou menaces.

ART. 298.

Est puni de mort, avec dégradation militaire, tout marin, tout militaire embarqué, tout individu faisant partie de l'équipage d'un bâtiment de l'État, coupable de voie de fait, avec préméditation ou guet-apens, envers son supérieur.

ART. 299.

Est puni de mort tout marin, tout militaire embarqué, tout individu faisant partie de l'équipage d'un bâtiment de l'État, coupable de voie de fait, sous les armes, envers son supérieur.

ART. 3oo [1].

Est puni de mort tout marin, tout militaire embarqué, tout individu faisant partie de l'équipage d'un bâtiment de l'État, coupable de voie de fait envers son supérieur, soit à bord, soit pendant le service ou à l'occasion du service du bord.

Si la voie de fait n'a pas eu lieu dans l'un des cas indiqués par le paragraphe précédent, le coupable est puni de cinq ans à dix ans de travaux publics ou, s'il est officier, de la destitution avec emprisonnement de deux ans à cinq ans.

ART. 3o1 [1].

Tout individu au service de la marine non désigné aux trois articles précédents, coupable de voie de fait envers son supérieur pendant le service ou à l'occasion du service, est puni :

1° S'il y a eu préméditation ou guet-apens, de la reclusion ;

2° Dans les autres cas, d'un emprisonnement de deux mois à deux ans.

ART. 3o2 [1].

Tout marin, tout militaire embarqué, tout individu faisant partie de l'équipage d'un bâtiment de l'État, qui, soit à bord, soit pendant le service ou à l'occasion du service hors du bord, outrage son supérieur par paroles, gestes ou menaces, est puni de cinq ans à dix ans de travaux publics, ou, s'il est officier, de la destitution avec emprisonnement d'un an à cinq ans.

Si l'outrage n'a pas eu lieu dans l'un des cas indiqués par le paragraphe précédent, la peine est d'un an à cinq ans d'emprisonnement.

ART. 3o3 [1].

En dehors des cas prévus par les cinq articles précédents, tout passager à bord d'un bâtiment de l'État, coupable de voie de fait envers un officier de service, est puni de deux ans à cinq ans d'emprisonnement.

L'outrage est puni de l'emprisonnement de deux mois à deux ans.

---

[1] Articles 3oo et suivants, voir Circulaires des :
1 4 mai 185g [R.] (*Supérieur en rang*);
2 5 et 2 8 juin 185g [R.] (*Observations et critiques sur deux jugements rendus à bord*) ;
7 juillet 185g [R.] ;
1 9 janvier 188o [R.] (*Outrages par écrits*).

ART. 304.

Tout marin, tout militaire embarqué, tout individu faisant partie de l'équipage d'un bâtiment de l'État, coupable de rébellion envers la force armée et les agents de l'autorité, est puni de la réduction de grade ou de classe ; la peine est celle de l'inaptitude à l'avancement, si la rébellion a eu lieu avec armes.

Si la rébellion a été commise par plus de deux personnes, sans armes, les coupables sont punis de deux ans à cinq ans d'emprisonnement ; de la réclusion, si la rébellion a eu lieu avec armes.

Le n° 2 et le dernier paragraphe de l'article 292 sont applicables à toute rébellion commise par des marins ou militaires armés au nombre de huit au moins.

Le maximum de la peine est toujours infligé aux instigateurs ou chefs de rébellion et au marin ou militaire le plus élevé en grade.

CHAPITRE IV.

ABUS D'AUTORITÉ.

ART. 305.

Est puni de mort tout commandant d'une portion quelconque des forces navales de l'Empire qui, sans provocation, ordre ou autorisation, dirige ou fait diriger une attaque à main armée contre les bâtiments, des troupes ou des sujets quelconques d'une puissance alliée ou neutre.

Est puni de la destitution tout commandant d'une portion quelconque des forces navales de l'Empire qui, sans provocation, ordre ou autorisation, commet un acte d'hostilité quelconque, soit contre des bâtiments alliés ou neutres, soit sur un territoire allié ou neutre.

ART. 306.

Est puni de mort tout commandant d'une portion quelconque des forces navales de l'Empire qui prolonge les hostilités après avoir reçu l'avis officiel de la paix, d'une trêve ou d'un armistice.

ART. 307.

Est puni de mort tout marin, tout individu embarqué sur un bâtiment de l'État, qui prend un commandement sans ordre ou motif légitime, ou qui le retient contre l'ordre de ses chefs.

ART. 3o8 [1].

Est puni d'un emprisonnement de deux mois à cinq ans tout marin, tout militaire embarqué qui frappe son inférieur, hors le cas de la légitime défense de soi-même ou d'autrui, du ralliement des fuyards, de manœuvres urgentes et de la nécessité d'arrêter, soit le pillage ou la dévastation, soit des désordres graves de nature à compromettre la sûreté du bâtiment.

CHAPITRE V.

DÉSERTION.

SECTION PREMIÈRE.

Désertion à l'intérieur.

ART. 3o9 [2].

Sont considérés comme insoumis et punis d'un emprisonnement d'un mois à un an les engagés volontaires et les hommes appelés par la loi qui, n'ayant pas déjà servi, ne sont pas rendus à leur destination, hors le cas de force majeure, dans le mois qui suit le jour fixé par leur ordre de route.

Sont également considérés comme insoumis et punis de la même peine les hommes de la disponibilité et de la réserve de l'armée active, à quelque catégorie qu'ils appartiennent, qui, ayant déjà servi et étant appelés à l'activité par ordre individuel, ne sont pas rendus à leur destination, hors le cas de force majeure, dans les quinze jours qui suivent celui fixé par leur ordre de route.

Les délais ci-dessus déterminés sont portés :

1° A deux mois pour les hommes demeurant en Algérie et en Europe :

2° A six mois pour ceux demeurant dans tout autre pays.

En temps de guerre ou en cas de mobilisation par voie d'affiches et de

---

[1] Voir Circulaires des 28 avril et 4 juin 1859 [R.].

[2] Ainsi modifié par application de la loi du 31 décembre 1875; Circulaire du 14 février 1876 [R.].

Voir en ce qui concerne l'insoumission : Circulaire du 18 mars 1891 [R.] (*Un rengagé qui ne rejoint pas son corps dans les délais est insoumis*).

En ce qui concerne la désertion :

Circulaire du 9 juillet 1878 [R.] (*Interprétation du mot* PERMISSION);

Circulaire du 11 mai 1894 [R.] (*Le délai d'un mois n'est pas applicable aux marins réadmis ou rengagés*);

Instruction du 1er novembre 1912 (*sur la désertion dans l'armée de mer*), B. O., p. 756.

publications sur la voie publique, les délais ci-dessus sont réduits à deux jours pour les hommes dont il est parlé aux 1er et 2e paragraphes du présent article et diminués de moitié pour ceux que le 3e paragraphe concerne.

En temps de guerre, la peine est de deux à cinq ans d'emprisonnement, sans préjudice des dispositions spéciales édictées par l'article 61 de la loi du 27 juillet 1872 [1].

Conformément au dernier paragraphe de l'article 68 de cette même loi [2], les peines prononcées par le présent article pourront être modifiées par l'application de l'article 463 du Code pénal.

Est considéré comme déserteur à l'intérieur :

1° Six jours après celui de l'absence constatée, tout officier-marinier, quartier-maître, matelot, ouvrier-chauffeur, novice ou apprenti-marin ; tout individu non officier faisant partie de l'équipage d'un bâtiment de l'État ; tout ouvrier inscrit qui, sans autorisation, s'absente du bâtiment, du corps, du détachement ou de l'établissement maritime auquel il appartient. Néanmoins celui qui n'a pas trois mois de service ne peut être considéré comme déserteur qu'après un mois d'absence ;

2° Tout individu désigné au précédent paragraphe, voyageant isolément d'un point à un autre, ou dont le congé ou la permission est expiré, *tout inscrit maritime levé pour le service de l'État,* qui, dans les quinze jours qui suivent l'époque fixée pour son retour ou son arrivée au port, ne s'y est pas présenté [3].

ART. 310 [4].

Tout individu coupable de désertion aux termes de l'article précédent est puni de deux ans à cinq ans d'emprisonnement, si la désertion a eu lieu en temps de paix, et de deux ans à cinq ans de travaux publics, si la désertion a eu lieu, soit en temps de guerre, soit d'un territoire en état de guerre ou de siège.

L'emprisonnement ou les travaux publics ne peuvent être prononcés pour moins de trois ans, dans les circonstances suivantes :

1° Si le coupable a emporté une arme, un objet d'équipement, ou si, pour déserter, il s'est emparé d'une embarcation appartenant à l'État ;

2° S'il était redevable d'avances de solde envers l'État ;

---

[1] Remplacé par l'article 83 de la loi du 21 mars 1905, *B. O.*, p. 301.

[2] Remplacé par l'article 88 de la loi du 21 mars 1905, *B. O.*, p. 301.

[3] La phrase en italique a été rendue sans objet par l'article 73 de la loi du 24 décembre 1896, sur l'inscription maritime : Circulaire du 1er juillet 1897 [R.].

[4] Voir Circulaire du 19 mai 1860 [R.] (*Avances en habillement ; circonstance aggravante*) et, au sujet du § 5°, Circulaire du 26 juin 1915. *B. O.*, p. 1015 (*La désertion antérieure n'est pas une circonstance aggravante*).

3° S'il a déserté étant de service, sauf les cas prévus par les articles 283 et 284 du présent Code ;

4° S'il a pris du service à bord d'un navire du commerce français ;

5° S'il a déserté antérieurement.

ART. 311 [1].

Est puni de six mois à un an d'emprisonnement tout officier absent de son bâtiment, de son corps ou de son poste, sans autorisation, depuis plus de six jours, ou qui ne s'y présente pas quinze jours après l'expiration de son congé ou de sa permission, sans préjudice de l'application, s'il y a lieu, des dispositions de l'article premier de la loi du 19 mai 1834 (**R.**) sur l'état des officiers.

Tout officier qui abandonne son bâtiment en temps de guerre, son corps ou son poste sur un territoire en état de guerre ou de siège, est déclaré déserteur après les délais déterminés par le paragraphe précédent, et puni de la destitution avec emprisonnement de deux ans à cinq ans.

ART. 312 [2].

En temps de guerre, tous les délais fixés par les articles 309 et 311 précédents sont réduits des deux tiers.

SECTION II.
Désertion à l'étranger.

ART. 313 [3].

Est déclaré déserteur à l'étranger :

1° En temps de paix, trois jours, et en temps de guerre, un jour, après celui de l'absence constatée, tout marin, tout individu faisant partie de l'équipage d'un bâtiment de l'État, tout ouvrier de l'inscription maritime employé dans les établissements de la marine, *tout inscrit maritime levé pour le service de l'État* [4] qui franchit, sans autorisation, les limites du territoire français

---

[1] Voir l'article 24 de l'Instruction du 1er novembre 1912, *B. O.*, p. 756.

[2] Ainsi modifié par application de la loi du 31 décembre 1875 ; Circulaire du 14 février 1876 [**R.**].

[3] Ainsi modifié conformément à la loi du 31 décembre 1875 ; Circulaire du 14 février 1876 [**R.**].

Voir note sous l'article 6, § 4, de l'Instruction du 1er novembre 1912, *B. O.*, p. 756 (*Les territoires soumis au protectorat de la France sont des pays étrangers*).

[4] Les mots en italique ont été implicitement supprimés par les articles 73 et 91 de la loi du 24 décembre 1896, sur l'inscription maritime : Circulaire du 1er juillet 1897 [**R.**].

ou qui, hors de France, abandonne le bâtiment ou le corps auquel il appartient ;

2° Tout individu désigné au précédent paragraphe, qui prend du service sur un navire étranger ou dans une troupe étrangère, ou qui est trouvé à bord d'un bâtiment étranger sans une permission ou un motif légitime.

ART. 314 [1].

Tout individu non officier, coupable de désertion à l'étranger aux termes de l'article précédent, est puni de deux ans à cinq ans de travaux publics si la désertion a eu lieu en temps de paix.

Il est puni de cinq ans à dix ans de la même peine si la désertion a eu lieu, soit en temps de guerre, soit d'un territoire en état de guerre ou de siège.

La peine ne peut être moindre de trois ans de travaux publics dans le cas prévu par le paragraphe 1er ci-dessus, et de sept ans dans le cas du paragraphe 2, dans les circonstances suivantes :

1° Si le coupable a emporté une arme, un objet d'équipement, ou si, pour déserter, il s'est emparé d'une embarcation appartenant à l'État ;

2° S'il était redevable d'avances de solde envers l'État ;

3° S'il a déserté étant de service, sauf les cas prévus par les articles 283 et 284 du présent Code ;

4° S'il a pris du service sur un bâtiment étranger ;

5° S'il a déserté antérieurement.

ART. 315.

Tout officier coupable de désertion à l'étranger est puni de la destitution, avec un emprisonnement d'un an à cinq ans, si la désertion a eu lieu en temps de paix, et de la détention, si la désertion a eu lieu, soit en temps de guerre, soit d'un territoire en état de guerre ou de siège.

SECTION III.

Désertion à l'ennemi ou en présence de l'ennemi.

ART. 316.

Est puni de mort avec dégradation militaire tout officier, tout individu faisant partie de l'équipage d'un bâtiment de l'État ou d'un navire convoyé, tout marin ou ouvrier inscrit levé pour le service de l'État ou appartenant au service de l'État, coupable de désertion à l'ennemi.

---

[1] Voir note sous l'article 310.

ART. 317.

Est puni de la détention tout déserteur en présence de l'ennemi.

SECTION IV.
Dispositions communes aux sections précédentes.

ART. 318.

Est réputée désertion avec complot toute désertion effectuée de concert par plus de deux marins, militaires ou ouvriers inscrits.

ART. 319.

Est puni de mort :

1° Le coupable de désertion avec complot en présence de l'ennemi ;

2° Le chef du complot de désertion à l'étranger.

Le chef du complot de désertion à l'intérieur est puni de cinq ans à dix ans de travaux publics, ou, s'il est officier, de la détention.

Dans tous les autres cas, le coupable de désertion avec complot est puni du maximum de la peine portée aux sections précédentes, suivant la nature et les circonstances du crime ou du délit.

ART. 320 [1].

Tout individu, non officier, faisant partie de l'équipage d'un bâtiment de l'État, qui en France ou à l'étranger, au moment du départ du bâtiment auquel il appartient, se trouve absent sans permission, est réputé, suivant les cas, déserteur à l'intérieur ou à l'étranger, et puni comme tel, encore qu'il se soit présenté à l'autorité avant l'expiration des délais portés aux articles 309 et 313.

ART. 321.

Tout marin, tout militaire embarqué qui provoque ou favorise la désertion est puni de la peine encourue par le déserteur, selon les distinctions établies au présent chapitre.

Tout autre individu qui, sans être embaucheur pour l'ennemi ou pour les rebelles, provoque ou favorise la désertion, est puni par le tribunal compétent d'un emprisonnement de deux mois à cinq ans.

---

[1] Voir Circulaires interprétatives du 28 septembre 1858 [**R.**] et du 23 septembre 1904, *B. O.*, p. 943.

ART. 322.

Dans tous les cas de désertion, le jugement prononce la confiscation des sommes dues par l'État au déserteur, et celle des parts de prises qui pourraient revenir à ce déserteur.

ART. 323 [1].

Si un individu, reconnu coupable de désertion, est condamné par le même jugement pour un fait entraînant une peine plus grave, cette peine ne peut être réduite par l'admission de circonstances atténuantes.

ART. 324.

Tous les militaires embarqués qui se rendent coupables de désertion restent soumis aux dispositions du Code de justice militaire pour l'armée de terre.

CHAPITRE VI.

VENTE, DÉTOURNEMENT, DESTRUCTION, MISE EN GAGE ET RECEL DES EFFETS MILITAIRES.

ART. 325.

Est puni d'un an à cinq ans d'emprisonnement tout marin qui vend des effets d'armement ou d'équipement, des munitions ou tout autre objet à lui confié pour le service.

Est puni de la même peine tout marin qui sciemment achète ou recèle lesdits effets.

La peine est de six mois à un an d'emprisonnement, s'il s'agit d'effets composant le sac du marin.

ART. 326 [2].

Est puni de six mois à deux ans d'emprisonnement tout marin :

1° Qui dissipe ou détourne les armes, munitions et autres objets à lui remis pour le service ;

2° Qui, acquitté du fait de désertion, ne représente pas les armes ou objets appartenant à l'État qu'il aurait emportés ou détournés.

---

[1] Implicitement abrogé par la loi du 19 juillet 1901 (reproduite ci-après, p. 326) relative à l'application des circonstances atténuantes par les tribunaux de l'armée de terre et de l'armée de mer.

[2] Voir Arrêt de cassation du 11 mars 1911, *B. O.*, p. 909 (*Obligation pour le Conseil de guerre qui acquitte le prévenu sur le chef de désertion de statuer sur le délit d'emport d'armes ou objets*).

ART. 327.

Est puni de six mois à un an d'emprisonnement tout marin qui met en gage tout ou partie de ses effets d'armement ou d'équipement, ou tout autre objet à lui confié pour le service.

La peine est de deux mois à six mois d'emprisonnement s'il s'agit d'effets composant le sac du marin.

ART. 328.

Tout marin qui, volontairement, détruit, lacère ou jette à la mer des effets entrant dans la composition de son sac est puni d'un emprisonnement de deux mois à un an.

Tout marin, tout individu embarqué sur un bâtiment de l'État qui, volontairement, détruit, lacère ou jette à la mer des effets entrant dans la composition du sac d'un marin est puni d'un emprisonnement d'un an à deux ans.

ART. 329 [1].

Tout individu qui achète, recèle ou reçoit en gage des armes, munitions, effets d'équipement, effets composant le sac du marin, ou tout autre objet militaire, dans des cas autres que ceux où les règlements autorisent leur mise en vente, est puni par le tribunal compétent de la même peine que l'auteur du délit.

ART. 330.

Tous les militaires embarqués restent soumis aux dispositions du Code de justice militaire pour l'armée de terre, en ce qui concerne la vente, le détournement, la mise en gage et le recel des effets militaires.

CHAPITRE VII.

VOL.

ART. 331 [2].

Le vol des armes, munitions et tous autres objets appartenant à l'État, celui de l'argent de la gamelle et de l'ordinaire, de la solde, des deniers ou

---

[1] Voir Arrêt du 11 juin 1863 [**R.**].

[2] Voir Arrêt du 13 mai 1859 [**R.**] (*L'état de récidive n'est pas une circonstance aggravante*) ;

Arrêt du 20 juillet 1860 [**R.**] (*Interprétation du dernier alinéa de cet article*) ;

Circulaire du 15 février 1861 [**R.**] (*Seuls, les vols prévus au dernier alinéa de cet article peuvent être déférés aux conseils de justice*) ;

Note du 21 juin 1869 [**R.**] (*La tentative des vols prévus par le dernier alinéa de cet article n'est pas punissable*) ;

Circulaire du 3 mars 1905, *B. O.*, p. 222 (*Vols au préjudice des marchands à bord; non application de cet article*).

effets quelconques appartenant, soit à des marins et militaires[1] ou à des individus embarqués sur un bâtiment de l'État, soit à l'État ou à la caisse des invalides de la marine, lorsqu'il a été commis par des individus qui en sont comptables, est puni des travaux forcés à temps.

Si le coupable n'en est pas comptable, la peine est celle de la reclusion.

S'il existe des circonstances atténuantes, la peine est celle de la reclusion ou d'un emprisonnement de trois ans à cinq ans dans le cas du premier paragraphe, et celle d'un emprisonnement d'un an à cinq ans dans le cas du deuxième paragraphe.

En cas de condamnation à l'emprisonnement, le coupable, s'il est officier, est, en outre, puni de la destitution.

Est puni de la reclusion et, en cas de circonstances atténuantes, d'un emprisonnement d'un an à cinq ans, tout marin, tout individu porté au rôle d'équipage d'un bâtiment de l'État qui commet un vol au préjudice de l'habitant chez lequel il est logé.

Les dispositions du Code pénal ordinaire sont applicables aux vols prévus par les paragraphes précédents, toutes les fois que, en raison des circonstances, les peines qui y sont portées sont plus fortes que les peines prescrites par le présent Code.

Lorsque la valeur de l'objet volé n'excède pas quarante francs, et qu'il n'y a aucune des circonstances aggravantes prévues par le Code pénal ordinaire, la peine est celle de l'emprisonnement de six mois à deux ans.

ART. 332.

Tout vol commis à bord d'une prise non encore amarinée est puni d'un emprisonnement de deux mois à deux ans, ou, si le coupable est officier, de la destitution.

ART. 333.

La soustraction ou la destruction frauduleuse des papiers de bord d'un bâtiment saisi ou capturé est punie de deux ans à cinq ans de travaux publics, ou, si le coupable est officier, de la dégradation militaire.

ART. 334 [2].

Tout individu qui, dans la zone d'opérations d'une force navale, dépouille un militaire ou un marin blessé, malade ou naufragé, est puni de la reclusion, sans préjudice de l'application de l'avant-dernier paragraphe de l'article 331 du présent Code ;

---

[1] Voir Arrêt du 10 février 1870 [R.] (*ce mot désigne seulement les militaires de l'armée de mer*).

[2] Ainsi modifié par la loi du 24 juillet 1913, *B. O.* 1914, p. 1.

Exerce sur un militaire ou marin blessé, malade ou naufragé, pour le dépouiller, des violences aggravant son état, est puni de mort ;

Commet par cruauté des violences sur un militaire ou un marin blessé, malade ou naufragé, hors d'état de se défendre, est puni d'un emprisonnement de deux à cinq ans. Les articles du Code pénal relatifs aux coups et blessures volontaires, au meurtre et à l'assassinat sont applicables, toutes les fois qu'à raison des circonstances les peines qui y sont portées sont plus fortes que la peine prescrite au présent paragraphe.

CHAPITRE VIII.

PILLAGE, DESTRUCTION, DÉVASTATION DE BÂTIMENTS, D'ÉDIFICES OU DE MATÉRIEL NAVAL.

ART. 335.

Le pillage en bande est puni de la reclusion dans tous les autres cas.

Néanmoins si, dans les cas prévus par le premier paragraphe, il existe parmi les coupables un ou plusieurs instigateurs, un ou plusieurs marins ou militaires pourvus de grades, la peine de mort n'est infligée qu'aux instigateurs et aux marins ou militaires les plus élevés en grade. Les autres coupables sont punis de la peine des travaux forcés à temps.

S'il existe des circonstances atténuantes, la peine de mort est réduite à celle des travaux forcés à temps, la peine des travaux forcés à temps à celle de la reclusion, et la peine de la reclusion à celle d'un emprisonnement d'un an à cinq ans.

En cas de condamnation à l'emprisonnement, l'officier coupable est, en outre, puni de la destitution.

ART. 336.

Est puni de mort tout individu qui, volontairement, incendie par un moyen quelconque, ou détruit, par l'emploi de matières explosives, des vaisseaux ou tous autres bâtiments ou embarcations de l'État, des édifices, ouvrages militaires, magasins, ateliers ou chantiers appartenant à la marine.

S'il existe des circonstances atténuantes, la peine est celle des travaux forcés à temps.

ART. 337.

Est puni des travaux forcés à temps tout individu qui, volontairemant, détruit, désempare ou dévaste, par d'autres moyens que l'incendie ou l'emploi de matières explosives, des vaisseaux, bâtiments ou embarcations de l'État, des édifices, des ouvrages militaires, magasins, ateliers ou chantiers appartenant à la marine.

S'il existe des circonstances atténuantes, la peine est celle de la reclusion ou même de deux ans à cinq ans d'emprisonnement et, en outre, de la destitution, si le coupable est officier.

ART. 338.

Est puni de mort tout individu qui, dans un but coupable, détruit ou fait détruire, en présence de l'ennemi, des moyens de défense, tout ou partie d'un matériel de guerre, des approvisionnements en armes, vivres, munitions, matières, effets ou autres objets du matériel naval.

La peine est celle de la détention si le crime n'a pas eu lieu en présence de l'ennemi.

ART. 339.

Est puni de six mois à cinq ans d'emprisonnement tout individu coupable d'avoir, par négligence, occasionné un incendié dans les rades, ports, arsenaux et établissements de la marine.

ART. 340.

Tout individu embarqué sur un bâtiment de l'État qui, en temps de guerre et sans autorisation, allume ou tient allumé un feu pendant la nuit, est puni d'un emprisonnement de six mois à deux ans.

Si le feu a été allumé malgré une défense spéciale, ou si un feu couvert par ordre a été découvert, la peine est de trois ans à cinq ans de travaux publics ou, si le coupable est officier, celle de la destitution.

ART. 341.

Tout individu coupable d'avoir, sans autorisation, allumé ou tenu allumé un feu hors du lieu destiné à cet usage, soit dans les ports, arsenaux et établissements de la marine, soit à bord d'un bâtiment de servitude ou d'un bâtiment désarmé, est puni d'un emprisonnement de six mois à deux ans.

ART. 342.

Tout individu coupable d'avoir introduit à bord d'un bâtiment de l'État, sans autorisation, de la poudre, du soufre, de l'eau-de-vie ou autre matière inflammable ou spiritueuse, est puni d'un emprisonnement de deux mois à un an.

ART. 343.

Tout individu qui à bord d'un bâtiment de l'État, volontairement, détruit, jette à la mer ou, par un moyen quelconque, rend impropre à un service immédiat des armes, des câbles, manœuvres, voiles et agrès, des pièces de machines, des vivres, munitions de guerre ou autres objets d'armement, d'équipement et d'approvisionnement, est puni :

1° Des travaux forcés à temps, si le fait a eu lieu, soit en temps de guerre,

soit dans un incendie, un échouage, un abordage, une épidémie, une manœuvre intéressant la sûreté d'un bâtiment ;

2° De cinq ans à dix ans de travaux publics, ou, si le coupable est officier,
de la dégradation militaire, dans tous les autres cas.

S'il existe des circonstances atténuantes, la peine est réduite, dans les cas
du premier paragraphe, à celle de la reclusion, et, dans les cas du deuxième
paragraphe, à celle de deux ans à cinq ans de travaux publics, ou, si le coupable est officier, à celle de la destitution.

ART. 344.

Tout individu qui, dans les ports, arsenaux et établissements de la
marine, se rend coupable de l'un des faits prévus par l'article précédent ; tout
marin non embarqué qui, volontairement, détruit ou brise des armes, des
effets de casernement ou d'équipement, soit que ces objets lui aient été confiés
pour le service, ou qu'ils soient à l'usage d'autres marins, est puni de deux
ans à cinq ans de travaux publics ; si le coupable est un officier, la peine est
celle de la destitution ou d'un emprisonnement de deux ans à cinq ans.

S'il existe des circonstances atténuantes, la peine est réduite à un emprisonnement de deux mois à cinq ans.

ART. 345.

Est puni d'un emprisonnement de deux mois à cinq ans tout individu au
service de la marine qui, volontairement, détruit, lacère ou met hors de
service des bois, métaux, toiles ou autres matières à lui confiées pour être
travaillées.

ART. 346.

Est puni de la reclusion tout individu qui, volontairement, détruit, brûle
ou lacère des registres, minutes ou actes originaux de l'autorité maritime.

S'il existe des circonstances atténuantes, la peine est celle d'un emprisonnement de deux ans à cinq ans, et, en outre, celle de la destitution, si le
coupable est officier.

ART. 347.

Tout marin, tout individu porté au rôle d'équipage d'un bâtiment de l'État
coupable de meurtre sur l'habitant chez lequel il reçoit le logement, sur sa
femme ou sur ses enfants, est puni de mort.

ART. 348.

Dans les cas prévus au présent chapitre, la peine de mort est accompagnée
de la dégradation militaire, lorsque le coupable est marin ou militaire.

CHAPITRE IX.

FAUX EN MATIÈRE D'ADMINISTRATION MARITIME.

ART. 349.

Est puni des travaux forcés à temps, tout administrateur, comptable ou autre individu au service de la marine, tout militaire embarqué, qui, dans l'exercice de ses fonctions, porte sciemment sur les rôles, contrôles ou casernets, états de situation ou de revues, un nombre d'hommes ou de journées de présence au delà de l'effectif réel ; qui exagère le montant des consommations ou commet tout autre faux dans ses comptes.

S'il existe des circonstances atténuantes, la peine est la reclusion ou un emprisonnement de deux ans à cinq ans.

En cas de condamnation, le coupable, s'il est officier, est, en outre, puni de la destitution.

ART. 350.

Est puni d'un an à cinq ans d'emprisonnement tout administrateur, comptable, ou autre individu au service de la marine, tout militaire embarqué, qui fait sciemment usage, dans son service, de faux poids ou de fausses mesures.

ART. 351.

Est puni de la reclusion tout administrateur, comptable ou autre individu au service de la marine, tout militaire embarqué, qui contrefait ou tente de contrefaire les sceaux, timbres ou marques destinés à être apposés, soit sur les actes ou pièces authentiques relatives au service maritime ou militaire, soit sur des effets ou objets quelconques appartenant à l'État, ou qui en fait sciemment usage.

ART. 352.

Est puni de la dégradation militaire tout administrateur, comptable ou autre individu au service de la marine, tout militaire embarqué, qui, s'étant procuré les vrais sceaux, timbres ou marques ayant l'une des destinations indiquées à l'article précédent, en fait ou tente d'en faire, soit une application frauduleuse, soit un usage préjudiciable aux droits ou aux intérêts de l'État ou des marins et militaires.

ART. 353.

Est puni d'un emprisonnement de deux mois à deux ans tout individu qui, dans un but coupable, efface ou fait disparaître les marques ou timbres appliqués sur les objets du matériel maritime.

Si le coupable est comptable des objets démarqués, il est puni de deux ans à cinq ans de la même peine.

CHAPITRE X.

CORRUPTION, PRÉVARICATION ET INFIDÉLITÉ DANS LE SERVICE ET DANS L'ADMINISTRATION MARITIME.

ART. 354.

Est puni de la dégradation militaire tout administrateur, comptable ou autre individu au service de la marine, tout militaire embarqué, coupable de l'un des crimes de corruption ou de contrainte prévus par les articles 177 et 179 du Code pénal ordinaire.

Dans le cas où la corruption ou la contrainte aurait pour objet un fait criminel emportant une peine plus forte que la dégradation militaire, cette peine plus forte est appliquée au coupable.

S'il existe des circonstances atténuantes, le coupable est puni de trois mois à deux ans d'emprisonnement.

Toutefois, si la tentative de contrainte ou de corruption n'a eu aucun effet, la peine est de trois mois à six mois d'emprisonnement.

ART. 355.

Est puni d'un an à quatre ans d'emprisonnement tout officier de santé de la marine qui, dans l'exercice de ses fonctions et pour favoriser quelqu'un, certifie faussement ou dissimule l'existence des maladies ou infirmités. Il peut, en outre, être puni de la destitution.

S'il a été mû par des dons ou promesses, il est puni de la dégradation militaire. Les corrupteurs sont, en ce cas, punis de la même peine.

ART. 356.

Est puni des travaux forcés à temps tout administrateur, comptable ou autre individu au service de la marine, tout militaire embarqué, qui s'est rendu coupable des crimes ou délits prévus par les articles 169, 170, 174 et 175 du Code pénal ordinaire.

S'il existe des circonstances atténuantes, la peine est celle de la réclusion ou de deux ans à cinq ans d'emprisonnement et, dans ce dernier cas, de la destitution, si le coupable est officier.

ART. 357.

Tout administrateur, comptable ou autre individu au service de la marine, tout militaire embarqué, qui, hors les cas prévus par l'article précédent, trafique, à son profit, des fonds ou des deniers appartenant à l'État, à la caisse des invalides de la marine, à des marins ou militaires, est puni d'un emprisonnement d'un an à cinq ans.

ART. 358.

Est puni de la reclusion tout administrateur, comptable ou autre individu au service de la marine, tout militaire embarqué, qui falsifie ou fait falsifier des substances, matières, denrées ou liquides confiés à sa garde ou placés sous sa surveillance, ou qui, sciemment, distribue ou fait distribuer lesdites substances, matières, denrées ou liquides falsifiés.

La peine de la reclusion est également prononcée contre tout administrateur, comptable ou autre individu au service de la marine, contre tout militaire embarqué, qui, dans un but coupable, distribue ou fait distribuer des viandes provenant d'animaux atteints de maladies contagieuses ou des matières, substances, denrées ou liquides corrompus ou gâtés.

S'il existe des circonstances atténuantes, la peine de la reclusion est réduite à celle de l'emprisonnement d'un an à cinq ans, avec destitution si le coupable est officier.

CHAPITRE XI.

USURPATION D'UNIFORMES, COSTUMES, INSIGNES, DÉCORATIONS ET MÉDAILLES.

ART. 359 [1].

Est puni d'un emprisonnement de deux mois à deux ans tout marin, tout militaire embarqué, tout individu faisant partie de l'équipage d'un bâtiment de l'État, qui porte publiquement des décorations, médailles, insignes, uniformes ou costumes français sans en avoir le droit.

La même peine est prononcée contre tout marin, tout militaire embarqué, tout individu faisant partie de l'équipage d'un bâtiment de l'État, qui porte des décorations, médailles ou insignes étrangers sans y avoir été préalablement autorisé.

---

[1] Voir l'article 11 de la loi du 24 juillet 1913, *B. O.* 1914, p. 1, dont les dispositions essentielles sont ainsi conçues :

« L'article 359 du Code de justice militaire pour l'armée de mer est applicable en cas de guerre avec des puissances signataires de la convention pour l'adaptation de la convention de Genève à la guerre maritime signée à la Haye, le 18 octobre 1907 : — 1° à tout individu qui, dans la zone des opérations d'une force navale, emploie publiquement, sans en avoir le droit, le brassard, le pavillon ou l'emblème de la Croix-Rouge, ou des brassards ou emblèmes y assimilés en exécution de l'article 16 ci-après ; — 2° A tout capitaine ou patron qui emploie indûment les peintures distinctives réservées par l'article 5 de ladite convention de la Haye aux bâtiments hôpitaux ou bâtiments hospitaliers et à leurs embarcations. »

CHAPITRE XII.

CRIMES OU DÉLITS COMMIS PAR LES MARINS DU COMMERCE DANS LEURS RAPPORTS,
AVEC LES BÂTIMENTS DE L'ÉTAT.

ART. 360.

Tout pilote coupable d'avoir perdu volontairement un bâtiment de l'État
ou un navire de commerce convoyé est puni de mort; si c'est par négligence,
d'un emprisonnement d'un an à cinq ans.

S'il a échoué volontairement le bâtiment, il est puni des travaux forcés à
temps; si c'est par négligence, d'un emprisonnement de six mois à deux ans.

S'il a abandonné le bâtiment après s'être chargé de le conduire, il est puni
d'un emprisonnement de deux ans à cinq ans.

Si l'abandon a lieu en présence de l'ennemi, le coupable est puni de mort;
s'il a lieu en présence d'un danger imminent, la peine est celle de la reclusion.

ART. 361.

Tout capitaine d'un navire de commerce convoyé, coupable d'avoir perdu
volontairement le navire placé sous son commandement, est puni de mort.

S'il a abandonné volontairement le convoi dont il faisait partie, il est puni
d'un emprisonnement de deux mois à cinq ans.

S'il a désobéi aux ordres ou aux signaux du commandant du convoi, il est
puni d'un emprisonnement de deux mois à six mois.

ART. 362.

Tout capitaine d'un navire de commerce français qui refuse de porter assistance à un bâtiment de l'État dans la détresse est puni d'un emprisonnement
de six mois à deux ans.

ART. 363.

Tout individu qui, au moyen d'une embarcation, favorise l'évasion, du
bord, de marins ou autres individus embarqués sur un bâtiment de l'État
est puni, par le tribunal compétent, d'un emprisonnement de six jours à six
mois.

TITRE III.

DISPOSITIONS GÉNÉRALES.

ART. 364 [1].

Les tribunaux de la marine appliquent les peines portées par les lois pénales ordinaires à tous les crimes ou délits qui ne sont pas prévus par le présent Code, et, dans le cas où les lois autorisent l'admission des circonstances atténuantes, il peut être fait application de l'article 463 du Code pénal.

ART. 365.

Dans les cas de crimes de lâcheté devant l'ennemi, de rebellion ou de sédition, ou de tous autres crimes commis dans un danger pressant, le commandant d'un bâtiment de l'État, sous sa responsabilité, peut punir ou faire punir, sans formalité, les coupables suivant l'exigence des cas.

Toutefois le commandant est tenu de dresser procès-verbal de l'événement, et de justifier, devant un conseil d'enquête, de la nécessité où il s'est trouvé de faire usage de la faculté à lui donnée par le présent article.

ART. 366.

Le droit de commutation attribué à l'autorité maritime par l'article 224 du présent Code est exercé dans les limites suivantes :

1° Lorsque la peine prononcée est celle de l'emprisonnement pour une durée qui n'excède pas un an, en y substituant celle de l'inaptitude à l'avancement pendant un an ou six mois, sans que la durée de la retenue de la solde ou celle du cachot ou double boucle puisse excéder le temps de l'emprisonnement prononcé;

2° Lorsque la peine prononcée est celle de l'inaptitude à l'avancement, en faisant remise de la retenue de solde ou en abrégeant la durée de cette peine accessoire et en agissant, pour la réduction de grade ou de classe, si elle accompagne la peine principale, comme il est dit au paragraphe suivant;

3° Lorsque la peine prononcée est celle de la réduction de grade ou de classe, en diminuant, jusqu'à concurrence de moitié, le nombre des grades ou classes enlevés par le jugement, et, dans le cas où le jugement n'a prononcé la réduction que d'un seul grade ou d'une seule classe, en remplaçant cette peine par cinq à vingt jours de cachot ou double boucle;

---

[1] Voir ci-après, page 326, le texte de la loi du 19 juillet 1901 qui rend l'article 463 du Code pénal applicable à tous les crimes et délits réprimés par les deux Codes de justice militaire.

4° Lorsque la peine prononcée est celle du cachot ou double boucle, en réduisant cette peine jusqu'à concurrence de la moitié de sa durée.

ART. 367.

Tous les individus embarqués sur un bâtiment de l'État restent soumis, en cas de perte du bâtiment, aux dispositions du présent Code, jusqu'à ce qu'ils aient pu être régulièrement débarqués.

ART. 368.

Tout crime ou délit commis à bord d'un bâtiment pris et amariné est considéré et puni comme s'il avait été commis à bord d'un bâtiment de l'État.

ART. 369 [1].

Sont laissées à la répression de l'autorité maritime et punies de peines disciplinaires, qui pour l'emprisonnement ne peuvent excéder deux mois, et pour le cachot ou double boucle, dix jours :

1° Les contraventions de police commises par des marins ou militaires, ou par des individus embarqués sur un bâtiment de l'État;

2° Les infractions aux règlements relatifs à la discipline.

Toutefois, l'autorité maritime peut toujours, suivant la gravité des faits, déférer le jugement des contraventions de police aux tribunaux de la marine, qui appliquent la peine déterminée par le présent article.

ART. 370.

Si, dans le cas prévu par l'article précédent, il y a une partie plaignante, l'action en dommages-intérêts est portée devant la juridiction civile.

ART. 371.

Le produit des confiscations et amendes prononcées en vertu du présent Code est attribué à la Caisse des invalides de la marine.

---

[1] Voir Décret du 21 juin 1858 (**R.**), ci-après, p. 224, rendu pour l'exécution de cet article (*Police et discipline*);

Arrêt du 10 juin 1859 [**R.**] (*Incompétence des conseils de justice pour prononcer des peines disciplinaires*);

Décret du 11 janvier 1908 et Arrêté du 27 janvier 1908, *B. O.* (*Pouvoirs disciplinaires, arsenaux et ports de guerre*).

ART. 372.

Ne sont pas soumises à la juridiction des tribunaux de la marine les infractions commises par des marins ou militaires aux lois sur la chasse, la pêche, les douanes, les contributions indirectes, les octrois, les forêts et la grande voirie.

ART. 373 [1].

Le régime et la police des compagnies de discipline, des chiourmes, des établissements pénitentiaires et des lieux de détention maritimes sont réglés par des décrets impériaux.

ART. 374.

Sont abrogées toutes les dispositions législatives et réglementaires relatives à l'organisation, à la compétence et à la procédure des tribunaux de la marine, ainsi qu'à la pénalité en matière de crimes ou de délits maritimes ou militaires.

Ne sont pas compris dans cette abrogation les lois, décrets, ordonnances et réglements concernant le crime de piraterie [2] et les peines applicables aux crimes et délits commis par les forçats.

DISPOSITIONS TRANSITOIRES.

ART. 375.

Les commissaires, rapporteurs et les greffiers près les tribunaux de la marine, actuellement en exercice, peuvent être maintenus dans leurs fonctions.

ART. 376.

Lorsque les peines déterminées par le présent Code sont moins rigoureuses que celles portées par les lois antérieures, elles sont appliquées aux crimes et délits non encore jugés au moment de sa promulgation.

Délibéré en séance publique, à Paris, le 22 avril 1858.

Le Président, Signé : Comte DE MORNY.

Les Secrétaires, Signé : Comte HENRI DE KERSAINT, comte JOACHIM MURAT, marquis DE CHAUMONT-QUITRY, TESNIÈRE.

---

[1] Voir Décret, Règlement et Circulaires des 7, 8 et 12 avril 1873 [R.] (*Prisons maritimes*).

[2] Voir Loi du 10 avril 1825 (R.).

Extrait du procès-verbal du Sénat.

Le Sénat ne s'oppose pas à la promulgation de la loi relative au Code de justice militaire pour l'armée de mer.

Délibéré et voté en séance, au palais du Sénat, le 15 mai 1858.

Le Président, Signé : TROPLONG.

Les Secrétaires, Signé : Général DE MAC MAHON, général marquis DE GROUCHY, baron T. DE LACROSSE.

Vu et scellé du sceau du Sénat :

Le Sénateur Secrétaire,

Signé : Baron T. DE LACROSSE.

MANDONS et ORDONNONS que les présentes, revêtues du sceau de l'État et insérées au *Bulletin des lois*, soient adressées aux cours, aux tribunaux et aux autorités administratives, pour qu'ils les inscrivent sur leurs registres, les observent et les fassent observer, et notre ministre secrétaire d'État au département de la justice est chargé d'en surveiller la publication.

Fait au palais de Fontainebleau, le 4 juin 1858.

Signé : NAPOLÉON.

Vu et scellé du grand sceau :

Le Garde des sceaux, Ministre secrétaire d'État au département de la justice,

Signé : E. DE ROYER.

Par l'Empereur,

Le Ministre d'État,

Signé : ACHILLE FOULD.

TABLE DES MATIÈRES

DU CODE DE JUSTICE MILITAIRE

POUR L'ARMÉE DE MER.

LIVRE PREMIER.

DE L'ORGANISATION DES TRIBUNAUX DE LA MARINE.

LIVRE DEUXIÈME.

DE LA COMPÉTENCE DES TRIBUNAUX DE LA MARINE.

LIVRE TROISIÈME.

DE LA PROCÉDURE DEVANT LES TRIBUNAUX DE LA MARINE.

LIVRE QUATRIÈME.

DES CRIMES, DES DÉLITS ET DES PEINES.

NOMENCLATURE ALPHABÉTIQUE DES CRIMES ET DÉLITS MARITIMES OU AUTRES AVEC INDICATION DES PEINES QUI Y SONT ATTACHÉES.

CRIMES OU DÉLITS.			PEINES.	ARTICLES du Code maritime ou pénal, etc.
Abandon..	de la faction	en présence de l'ennemi ou de rebelles armés....... dans les circonstances graves dans tous les autres cas....	Mort..................... Travaux publics de 2 à 5 ans. Inaptitude à l'avancement..	283
	du quart ou du poste	en présence de l'ennemi ou de rebelles armés....... dans les circonstances graves dans tous les autres cas....	Mort...................... Emprisonnement de 2 à 5 ans Réduction de grade ou de classe.................	284
	de la corvée ou de l'embarcation	en présence de l'ennemi ou de rebelles armés et dans les circonstances graves.. dans tous les autres cas....	Emprisonnement de 1 à 2 ans Réduction de grade ou de classe.................	285
	du bâtiment naufragé ou de la plage......		Travaux publics de 2 à 5 ans.	286
Absence..	du tribunal où l'on est appelé à siéger.....		Emprisonnement de 2 à 6 mois..................	290
	au moment du départ du bâtiment........		Peine portée contre la désertion.................	320
Abus d'autorité sur un inférieur...................			Emprisonnement de 2 mois à 5 ans..............	308
Acceptation en gage d'armes, munitions, effets d'équipement, effets composant le sac du marin ou autres objets militaires ....--			Emprisonnement de 2 mois à 1 an...............	329
Accident grave occasionné par négligence............			Emprisonnement de 2 mois à 2 ans..............	275
Achat ou recel.........	d'effet d'armement ou d'équipement, de munitions et autres objets confiés pour le service...........		Emprisonnement de 1 à 5 ans	325
	d'effets composant le sac du marin..............		Emprisonnement de 6 mois à 1 an..............	
Armes portées contre la France....................			Mort avec dégradation militaire.................	262 et 266
Commandement pris ou retenu sans ordre ou motifs légitimes.			Mort.....................	507
Complot contre l'autorité du commandement ou la sûreté du bâtiment...................................			Détention de 5 à 20 ans...	293
Concussion			Travaux forcés, réclusion ou emprisonnement........	356
Contrefaçon de sceaux, timbres ou marques maritimes..			Réclusion de 5 à 10 ans...	351
Corruption ou contrainte	dans le service de l'administration........		Dégradation militaire.....	
	ayant pour objet un fait criminel emportant une peine plus forte que la dégradation militaire..................		Peine portée contre ce fait criminel..............	354
	avec circonstances atténuantes...........		Emprisonnement de 3 mois à 2 ans..............	
	resté à l'état de tentative...............		Emprisonnement de 3 à 6 mois..............	
Corruption d'un officier de santé, par dons ou promesses.			Dégradation militaire.....	355
Cri d'amener le pavillon, de se rendre ou de cesser le feu.			Détention de 5 à 20 ans...	272
Dépouillement d'un blessé.........................			Réclusion de 5 à 10 ans...	384

CRIMES ET DÉLITS.	PEINES.	ARTICLES du Code maritime ou pénal, etc.
DÉPOUILLEMENT d'un blessé auquel il est fait de nouvelles blessures....................	Mort..................	384
DÉSERTION. à l'intérieur — en temps de paix.........	Emprisonnement de 2 à 5 ans......... (avec confiscation des sommes dues.)	310 et 322
à l'intérieur — en temps de guerre, ou d'un territoire en état de guerre ou de siège...........	Travaux publics de 2 à 5 ans.........	310 et 322
à l'étranger — en temps de paix.........	Travaux publics de 2 à 5 ans.........	314 et 322
à l'étranger — en temps de guerre, ou d'un territoire en état de guerre ou de siège...........	Travaux publics de 5 à 10 ans.........	314 et 322
à l'ennemi.....................	Mort avec dégradation militaire...........	321 et 322
en présence de l'ennemi.................	Détention de 5 à 20 ans	317 et 322
avec complot — en présence de l'ennemi... à l'étranger, étant chef de complot...............	Mort..............	319 et 322
avec complot — à l'intérieur étant chef de complot...............	Travaux publics de 5 à 10 ans.........	319 et 322
avec complot — dans tous les autres cas....	Maximum de la peine portée contre la désertion......	519
DESTRUCTION DE MOYENS DE DÉFENSE, MATÉRIEL DE GUERRE OU APPROVISIONNEMENTS — en présence de l'ennemi...	Mort avec dégradation militaire.................	338 et 348
hors la présence de l'ennemi.	Détention de 5 à 20 ans...	338
DESTRUCTION ou DÉVASTATION DES VAISSEAUX ET ÉDIFICES DE L'ÉTAT — par l'incendie ou l'emploi de matières explosives.....	Mort avec dégradation militaire..................	336 et 348
————— avec circonstances atténuantes...	Travaux forcés de 5 à 20 ans.	336
par d'autres moyens que l'incendie ou les matières explosives.............	Travaux forcés de 5 à 20 ans.	337
————— avec circonstances atténuantes...	Réclusion de 5 à 10 ans ou emprisonnement de 2 à 5 ans.	337
DESTRUCTION ou LACÉRATION — d'effets — entrant dans la composition de son sac.............	Emprisonnement de 2 mois à 1 an.................	328
d'effets — entrant dans la composition du sac d'un autre marin.	Emprisonnement de 1 à 2 ans.	328
de registres, minutes ou actes originaux de l'autorité maritime...........	Réclusion de 5 à 10 ans...	340
————— avec circonstances atténuantes	Emprisonnement de 2 à 5 ans.	340
DESTRUCTION, BRIS, JET À LA MER, MISE HORS DE SERVICE — d'armes ou objets d'armement, équipement et approvisionnement, — à bord, dans les circonstances graves.............	Travaux forcés de 5 à 20 ans.	343
————— avec circonstances atténuantes	Réclusion de 5 à 10 ans...	343
à bord, dans tous les autres cas	Travaux publics de 5 à 10 ans	343
————— avec circonstances atténuantes	Travaux publics de 2 à 5 ans.	343
à terre.............	Travaux publics de 2 à 5 ans.	344
————— avec circonstances atténuantes.............	Emprisonnement de 2 mois à 5 ans.............	344
de matières confiées pour être travaillées...	Emprisonnement de 2 mois à 5 ans.............	343

CRIMES OU DÉLITS.	PEINES.	ARTICLES du Code maritime ou pénal, etc.
DESTRUCTION OU SOUSTRACTION DES PAPIERS DE BORD d'un bâtiment saisi ou capturé............................	Travaux publics de 2 à 5 ans	333
DÉTOURNEMENT OU DISSIPATION d'armes, munitions et autres objets remis pour le service.....................	Emprisonnement de 6 mois à 2 ans..............	320
DISTRIBUTION DE SUBSTANCES falsifiées, corrompues ou gâtées	Réclusion de 5 à 10 ans...	358
————————— avec circonstances atténuantes...................................	Emprisonnement de 1 à 5 ans................	
EMBAUCHAGE pour l'ennemi ou les rebelles armés	Mort avec dégradation militaire..................	265 et 266
ENLÈVEMENT D'UNE EMBARCATION par un homme embarqué...................................	Emprisonnement de 2 mois à 2 ans..............	288
ESPIONNAGE et recel d'espions	Mort avec dégradation militaire..................	264 et 266
ÉVASION de prisonniers de guerre ou détenus (Auteurs et complices d'). { En cas de négligence	Emprisonnement de 6 jours à 5 ans..............	291
En cas de connivence	Réclusion de 5 à 10 ans, travaux forcés de 5 à 20 ans, travaux forcés à perpétuité.............	
FABRICATION ILLICITE d'ouvrages.....................	Emprisonnement de 2 à 6 mois..............	289
FALSIFICATION DE SUBSTANCES par celui qui est préposé à leur garde ou surveillance.......	Réclusion de 5 à 10 ans...	338
————————— avec circonstances atténuantes...................................	Emprisonnement de 1 à 5 ans..............	
FAUX sur les rôles, contrôles, états de situation ou de revue et dans les comptes	Travaux forcés de 5 à 20 ans	349
————————— avec circonstances atténuantes.....................................	Réclusion de 5 à 10 ans ou emprisonnement de 2 à 5 ans...............	
FEUX ALLUMÉS à bord, pendant la nuit, en temps de guerre...................................	Emprisonnement de 6 mois à 2 ans..............	340
FEUX ALLUMÉS { à bord, pendant la nuit, en temps de guerre, malgré une défense spéciale, ou feux couverts par ordre, découverts	Travaux publics de 3 à 5 ans	340
dans les établissements de la marine et sur les bâtiments de servitude ou désarmés, hors du lieu destiné à cet usage........	Emprisonnement de 6 mois à 2 ans..............	341
FRAUDES OU MANŒUVRES en matière de levée (auteurs ou complices)	Emprisonnement de 1 mois à 1 an..............	Art. 69 de la loi du 24 déc. 1896.
INCENDIE occasionné par négligence...................	Emprisonnement de 6 mois à 5 ans..............	339
INEXÉCUTION de consigne......................	Mort, travaux publics ou inaptitude à l'avancement	283

CRIMES OU DÉLITS.	PEINES.	ARTICLES du Code maritime ou pénal, etc.
INSOUMISSION. — En temps de paix. — En cas d'appel individuel. — En France après 1 mois de retard. En Algérie, en Tunisie ou en Europe, après 2 mois… En tous autres pays, après 6 mois… — En cas de mobilisation par voie d'affiches. — En France, après 2 jours de retard. En Algérie, en Tunisie ou en Europe, après un mois. En tous autres pays, après 3 mois…	Emprisonnement de 1 mois à 1 an…	Art. 82 de la loi du 21 mars 1905 et 73 de la loi du 24 déc. 1896
En temps de guerre, mêmes délais qu'en cas de mobilisation par voie d'affiches…	Emprisonnement de 2 à 5 ans	
INSULTES envers une sentinelle…	Réduction de grade ou de classe…	297
INTRODUCTION À BORD — de marchandises,…	Réduction de grade ou de classe et confiscation des marchandises…	287
de matières spiritueuses ou inflammables…	Emprisonnement de 2 mois à 1 an…	342
IVRESSE manifeste dans un lieu public…	Amende de 1 à 5 franc …	Loi du 1er octob. 1917
— en récidive…	Emprisonnement de 6 jours à 1 mois…	
MEURTRE sur l'hôte, sa femme ou ses enfants…	Mort avec dégradation militaire…	337 et 348
MISE EN GAGE — d'effets d'armement ou d'équipement et autres objets remis pour le service…	Emprisonnement de 6 mois à 1 an…	327
d'effets entrant dans la composition de son sac.	Emprisonnement de 2 à 6 mois…	
MUTILATION VOLONTAIRE dans le but de se soustraire au service militaire…	Emprisonnement de 1 mois à 1 an…	Art. 70 de la loi du 24 déc. 1896.
NAVIGATION sous pavillon étranger sans autorisation préalable. — En temps de paix…	Emprisonnement de 1 mois à 1 an…	Art. 82 de la loi du 24 déc. 1896.
En temps de guerre…	Emprisonnement de 1 an à 4 ans…	
NAVIGATION sous pavillon d'une puissance en guerre avec la France…	Emprisonnement de 2 à 4 ans	
NAVIGATION sous pavillon de guerre ennemi…	Mort…	Art. 75 du Code pénal.
OUTRAGES ENVERS UN SUPÉRIEUR — pendant le service ou à l'occasion du service…	Travaux publics de 5 à 10 ans	30
dans tous les autres cas…	Emprisonnement de 1 à 5 ans	
PAVILLON AMENÉ pendant le combat…	Mort avec dégradation militaire…	271
PERTE OU PRISE DU BÂTIMENT, occasionnée — volontairement.	Mort avec dégradation militaire…	269
par négligence.	Travaux publics de 2 à 5 ans	
PILLAGE EN BANDES — soit avec armes ou à force ouverte, soit avec bris de clôture ou violences…	Mort avec dégradation militaire ou travaux forcés de 5 à 20 ans…	335 et 348

CRIMES ET DÉLITS.	PEINES.	ARTICLES du Code maritime ou pénal, etc.
PILLAGE EN BANDES (*suite*). — soit avec armes ou à force ouverte, soit avec bris de clôture ou violences, avec circonstances atténuantes	Travaux forcés de 5 à 20 ans ou réclusion de 5 à 10 ans	335
— dans tous les autres cas	Réclusion de 5 à 10 ans	335
— — avec circonstances atténuantes	Emprisonnement de 1 à 5 ans	335
PORT ILLÉGAL DE DÉCORATION, uniformes ou insignes	Emprisonnement de 2 mois à 2 ans	359
PROVOCATION à la fuite en présence de l'ennemi	Mort avec dégradation militaire	263
PROVOCATION à passer à l'ennemi	Mort avec dégradation militaire	266
PROVOCATION OU ASSISTANCE À LA DÉSERTION	Peine portée contre la désertion	321
RÉBELLION ENVERS LA FORCE ARMÉE ET LES AGENTS DE L'AUTORITÉ — sans armes	Réduction de grade ou de classe	304
— avec armes	Inaptitude à l'avancement	304
— par plus de 2 personnes : sans armes	Emprisonnement de 2 à 5 ans	304
— par plus de 2 personnes : avec armes	Réclusion de 5 à 10 ans	304
— par des hommes armés au nombre de 8 au moins : ayant fait usage d'armes	Mort	304
— par des hommes armés au nombre de 8 au moins : n'ayant pas fait usage d'armes	Travaux publics de 5 à 10 ans	304
RECEL d'effets militaires	Emprisonnement de 6 mois à 5 ans	325 et 329
RECEL d'un insoumis	Emprisonnement de 6 mois en plus ou amende de 50 à 500 francs	Art. 84 de la loi du 21 mars 1905 et 77 de la loi du 24 déc. 1896.
REFUS D'OBÉISSANCE — en présence de l'ennemi ou de rebelles armés	Mort avec dégradation militaire	294
— dans les circonstances graves	Travaux publics de 5 à 10 ans	295
— dans tous les autres cas	Emprisonnement de 1 à 2 ans	
RENONCIATION À L'INSCRIPTION MARITIME, SANS EN FAIRE LA DÉCLARATION À LA MAIRIE. — en temps de paix	Amende de 10 à 200 francs, à laquelle peut être ajouté un emprisonnement de 15 jours à 3 mois	Art. 86 de la loi du 21 mars 1905.
— en temps de guerre	La peine est doublée	Art. 86 de la loi du 21 mars 1905.
RÉSIDENCE À L'ÉTRANGER. — en temps de paix	Emprisonnement de 15 jours à 2 mois	Art. 82 de la loi du 24 déc. 1896.
— en temps de guerre	Emprisonnement de 2 mois à 6 mois	Art. 82 de la loi du 24 déc. 1896.
RÉVOLTE	Mort ou travaux publics de 5 à 10 ans	299
SÉPARATION À LA MER occasionnée — volontairement : en présence de l'ennemi	Mort avec dégradation militaire	
— volontairement : en temps de guerre, hors la présence de l'ennemi	Travaux publics de 5 à 10 ans	277
— volontairement : en temps de paix	Travaux publics de 1 à 5 ans	
— par la négligence : en temps de guerre	Travaux publics de 2 à 5 ans	
— par la négligence : en temps de paix	Emprisonnement de 2 mois à 2 ans	

CRIMES ET DÉLITS.	PEINES.	ARTICLES du Code maritime ou pénal, etc.
SOMMEIL.. du chef de quart — en présence de l'ennemi ou de rebelles armés..........	Emprisonnement de 6 mois à 2 ans.............	282
SOMMEIL.. du chef de quart — en temps de guerre, hors la présence de l'ennemi, ou à la mer en temps de paix....	Emprisonnement de 2 à 6 mois	
SOMMEIL.. du factionnaire — en présence de l'ennemi ou de rebelles armés..........	Travaux publics de 2 à 5 ans	283
SOMMEIL.. du factionnaire — dans les circonstances graves...	Inaptitude à l'avancement ..	
SOMMEIL.. du factionnaire — dans tous les autres cas....	Réduction de grade ou de classe...............	
SOUSTRACTION, concussion et immixtion dans les affaires ou commerces incompatibles avec sa qualité.........	Travaux forcés de 5 à 20 ans.	356
— — — avec circonstances atténuantes...........	Réclusion de 5 à 10 ans ou emprisonnement de 2 à 5 ans.	
SUPPRESSION DES MARQUES APPOSÉES SUR LES OBJETS DU MATÉRIEL — si le coupable en est comptable	Emprisonnement de 2 à 5 ans	353
SUPPRESSION DES MARQUES APPOSÉES SUR LES OBJETS DU MATÉRIEL — si le coupable n'en est pas comptable...	Emprisonnement de 2 mois à 2 ans...........	
TRAFIC à son profit des fonds ou deniers de l'État, de la Caisse des invalides et des marins et militaires.......	Emprisonnement de 1 à 5 ans	357
TRAHISON...	Mort avec dégradation militaire.................	263 et 264
USAGE.... illicite d'une embarcation...............	Emprisonnement de 2 mois à 2 ans..........	288
USAGE.... frauduleux des sceaux, timbres ou marques maritimes.....................	Dégradation militaire......	352
USAGE.... de faux poids ou mesures..............	Emprisonnement de 1 à 5 ans	350
USURPATION de commandement à bord	Mort................. " .	307
VENTE.... des effets d'armement ou d'équipement, munitions et autres objets remis pour le service	Emprisonnement de 1 à 5 ans	325
VENTE.... des effets entrant dans la composition de son sac.............	Emprisonnement de 6 mois à 1 an..............	
VIOLATION DE CONSIGNE — en présence de l'ennemi ou de rebelles armés	Détention de 5 à 20 ans...	296
VIOLATION DE CONSIGNE — dans les circonstances graves.............	Travaux publics de 2 à 10 ans	
VIOLATION DE CONSIGNE — dans tous les autres cas.............	Inaptitude à l'avancement..	
VIOLENCES ENVERS UNE SENTINELLE — à main armée.....................	Mort..................	297
VIOLENCES ENVERS UNE SENTINELLE — sans armes par plusieurs personnes......	Travaux publics de 5 à 10 ans	
VIOLENCES ENVERS UNE SENTINELLE — sans armes par un individu seul	Inaptitude à l'avancement..	
VOIES DE FAIT envers un supérieur — avec préméditation ou guet-apens.	Mort avec dégradation militaire.................	298
VOIES DE FAIT envers un supérieur — sous les armes...............	Mort.................	299
VOIES DE FAIT envers un supérieur — pendant le service ou à l'occasion du service..............	Mort..................	
VOIES DE FAIT envers un supérieur — dans tous les autres cas........	Travaux publics de 5 à 10 ans	300
VOIES DE FAIT envers un inférieur, sans motifs légitimes..	Emprisonnement de 2 mois à 5 ans..............	
VOLS..... des armes, munitions, argent ou effets quelconques appartenant soit à l'État ou à la Caisse des Invalides, soit à des marins, militaires ou individus embarqués — si le coupable en est comptable	Travaux forcés de 5 à 20 ans	331
— avec circonstances atténuantes........	Réclusion de 5 à 10 ans ou emprisonnement de 3 à 5 ans	
— si le coupable n'en est pas comptable	Réclusion de 5 à 10 ans....	
— avec circonstances atténuantes........	Emprisonnement de 1 à 5 ans	

CRIMES OU DÉLITS.	PEINES.	ARTICLES du Code maritime ou pénal, etc.
VOLS..... *(suite).* S'être fait servir des aliments, boissons, sachant qu'on ne peut payer............	Emprisonnement de 6 jours à 6 mois, avec amende..	Loi du 26 juillet 1873.
chez l'hôte.......................... — avec circonstances atténuantes...	Réclusion de 5 à 10 ans... Emprisonnement de 1 à 5 ans	
qualifiés (effraction, escalade, fausses clefs, etc.)..........................	Peine portée par le Code pénal ordinaire..........	331
sans circonstances aggravantes, d'un objet dont la valeur n'excède pas 40 francs...	Emprisonnement de 6 mois à 2 ans...............	
à bord d'une prise non amarinée..........	Emprisonnement de 2 mois à 2 ans...............	332
DISPOSITIONS PÉNALES SPÉCIALES À LA RÉSERVE DE L'ARMÉE ACTIVE ET AUX HOMMES ENVOYÉS EN CONGÉ.		
CONVOCATION pour exercices ou manœuvres (retard non justifié) première fois......	Punition disciplinaire......	Art. 85 de la loi du 21 mars 1905 et 76 de la loi du 24 déc. 1896.
deuxième fois.....	Emprisonnement de 1 mois à 1 an................	
en cas de mobilisation (retard de plus de 2 jours) en temps de paix...	Emprisonnement de 1 mois à 1 an................	
en temps de guerre.	Emprisonnement de 2 à 5 ans	309
MANQUE de respect à un supérieur hiérarchique, toutes les fois qu'on est en uniforme....................	Pénalité militaire........	294
RASSEMBLEMENT tumultueux (Présence en uniforme dans un)	Peine de la rébellion......	Art. 60 de la loi du du 24 déc. 1896.
UNIFORME (Port de l'). Il rend passible de la pénalité militaire	....	Art. 44 de la loi du 21 mars 1905 et 59 de la loi du 24 déc. 1896.

NOTA. — Pendant la durée des manœuvres, exercices ou revues, et, en cas de mobilisation, à compter de l'appel jusqu'au jour du congédiement, les hommes de la réserve et ceux en disponibilité seront considérés comme militaires au point de vue de la compétence, de la pénalité et de la discipline.

MODÈLES DE FORMULES

POUR

LA JUSTICE MILITAIRE DE L'ARMÉE DE MER.

SÉRIE A.

SERVICE À TERRE [1].

		Plainte. (Voir formule n° 1, série B.)
N°	1.	Procès-verbal de constat du corps du délit.
—	2.	Ordre d'informer.
—	2 *bis.*	Déclaration qu'il n'y a pas lieu d'informer.
—	3.	Mandat de comparution.
—	3 *bis.*	Mandat d'amener.
—	4.	Mandat d'extraction.
—	5.	Procès-verbal d'interrogatoire.
—	6.	Mandat de dépôt.
—	6 *bis.*	Mandat d'arrêt.
—	7 et 20.	Cédule à témoin (sans taxe).
—	7 *bis* et 20 *bis.*	Cédule à témoin (avec taxe).
—	7 *ter* et 20 *ter.*	Original de signification de cédule pour l'information.
—	8.	Procès-verbal d'information.
—	9.	Procès-verbal d'expertise.
—	10.	Commission rogatoire.
—	11.	Conclusions du commissaire du Gouvernement.

[1] Les formules d'un emploi commun à terre et à bord ont seules été reproduites ci-après.

MANDAT

DE COMPARUTION.

RÉPUBLIQUE FRANÇAISE.

MARINE NATIONALE.

Nous,   Rapporteur près le

séant à

mandons et ordonnons à tous agents de la force publique de citer à comparaître devant nous en notre cabinet sis à

le   19   , à   heure   du

le nommé

pour être entendu sur l'inculpation portée contre

Et de l   déclarer que, faute de comparaître, il sera décerné contre
    un mandat d'amener.
A l'effet de quoi nous avons signé le présent, scellé de notre sceau.
            Fait en notre cabinet, le   19

L'an mil neuf cent   , le

requis de M.

au port d

Je, soussigné,   , gendarme de la compagnie

de   , ai notifié le mandat de l'autre part,

dont j'ai exhibé l'original, dûment signé et scellé, à

afin qu'   à comparaître le   dans le cabinet

d'instruction   à   heure

du   , à peine d'y être contraint par mandat d'amener,

conformément à l'article 91 du Code d'instruction criminelle, et laissé copie

tant dudit mandat de comparution que du présent, en parlant à

JUSTICE MARITIME.

Loi du 4 juin 1858.

Série A. — Mod. n° 3 bis.

Service à terre et à bord.

(Format tellière.)

MANDAT

D'AMENER.

RÉPUBLIQUE FRANÇAISE.

MARINE NATIONALE.

Nous,   Rapporteur près le

séant à

mandons et ordonnons à tous agents de la force publique d'amener par-
devant nous, en notre cabinet sis à

le   19   , à   heure   du

en se conformant à la loi, le nommé

pour être entendu sur l'inculpation portée contre

Requérons tout dépositaire de la force publique de prêter main-forte pour
l'exécution du présent mandat, s'il en est requis par le porteur; à l'effet de
quoi nous l'avons signé et scellé de notre sceau.

Fait en notre cabinet, le   19

SIGNALEMENT

Signalement du nommé   . — Taille d'un
mètre   millimètres; cheveux   ; sourcils   ;
front   ; yeux   ; nez   ; bouche   ;
menton   ; visage   ; marques particulières
et renseignements de nature à faciliter les recherches :

L'an mil neuf cent   ; le
sur la réquisition de M. le   Rapporteur près le
                    séant à   je, soussigné,
                    , gendarme attaché au Service maritime,
demeurant en cette ville, ai signifié et délivré copie du mandat de l'autre
part, dont j'ai exhibé l'original dûment signé et scellé, à

                              , en parlant à sa personne. En
conséquence, je l'ai amené à comparaître devant M. le
Rapporteur, en son cabinet, dont acte.

PROCÈS-VERBAL

D'INTERROGATOIRE.

RÉPUBLIQUE FRANÇAISE.

MARINE NATIONALE.

JUSTICE MARITIME.

Loi du 4 juin 1858.
(Article 131.)

Série A. — Mod. n° 5.

Service à terre et à bord.

(Format tellière.)

L'an mil neuf cent   , le

à   heure   du   , en la chambre d'instruction

devant nous   Rapporteur près le   ,

séant à   assisté du greffier de ladite juridiction,

A comparu, en vertu de notre   du   19

le dénommé ci-après, prévenu d

Nous l'avons interrogé comme il suit :

Demande. — Quels sont vos nom, prénoms, date et lieu de naissance, profession, domicile? A quel titre êtes-vous lié au service?

Réponse. —

RÉPUBLIQUE FRANÇAISE.

—

MARINE NATIONALE.

Rapporteur près le

Nous

séant à

requérons le sieur

de comparaître (A)

le   19   , à   heure   du
pour y déposer en personne sur les faits relatifs au nommé

Le témoin requis est prévenu que, faute par lui de se conformer à la présente citation, il y sera contraint par les voies de droit, conformément à l'article 133 du Code de justice maritime.

Donné à   , le   19

SIGNIFICATION.

L'an mil neuf cent   , le
à la requête de M. le   Rapporteur près le

nous   , soussigné,
avons signifié la cédule ci-dessus au sieur

en son domicile
parlant à
ainsi déclaré ; et, à ce qu'il n'en ignore, nous lui avons laissé la présente.

Dont acte, à   , les jour, mois et an que dessus.

CÉDULE

À TÉMOIN.
(avec taxe).

La présente formule, qui est spéciale pour la citation des témoins non militaires ni marins, devra être apportée en venant déposer.

(ᴀ) Devant nous en notre cabinet ou à l'audience du

Indiquer en quel point de la ville se trouve le local de la juridiction maritime, ou bien sur quel navire doit se rendre le témoin, où est le bâtiment, quel moyen on aura d'y accéder, etc.

RÉPUBLIQUE FRANÇAISE.

MARINE NATIONALE.

JUSTICE MARITIME.

Loi du 4 juin 1858.
(Art. 132, 133 et 235.)

Série A.

Mod. Nᵒˢ 7 *bis* et 20 *bis*.

Service à terre et à bord.

(Format tellière.

Nous

séant

Rapporteur près le

requérons le sieur

de comparaître (ᴀ)

le   19   heure   du

pour y déposer en personne sur les faits relatifs au nommé.

Le témoin requis est prévenu que, faute par lui de se conformer à la présente assignation, il y sera contraint par les voies de droit, conformément à l'article 133 du Code de justice maritime.

Donné à   , le   19

SIGNIFICATION. — L'an mil neuf cent   , le

à la requête de M. le   Rapporteur

près le   nous

soussigné, avons signifié la cédule ci-dessus au sieur

en son domicile

parlant à

ainsi déclaré; et, à ce qu'il n'en ignore, nous lui avons laissé la présente.

Dont acte, à   , les jour, mois et an que dessus.

MANDAT DE PAYEMENT DE LA TAXE D'UN TÉMOIN.

Monsieur le Receveur de l'enregistrement à

est invité et, au besoin, requis de payer, sur la présentation de ce mandat,

au sieur

la somme de

qui lui a été allouée, sur sa demande, pour sa comparution, en qualité
de

Fait à   , le   19

Le (1)

BON POUR

Le témoin   sait signer.

Pour acquit :

Taxe de

Le Greffier,

(1) Rapporteur ou Commissaire rapporteur, *ou*
Président.

RÉPUBLIQUE FRANÇAISE.

MARINE NATIONALE.

L'an mil neuf cent   , le

à la requête de M. le   près le

séant à   , nous

soussigné, avons signifié : 1° au sieur

en son domicile à

parlant à   ainsi déclar

l   cédule   d'assignation en date du   19   , décernée
par M. le   , à l'effet de comparaître
le   19   , à   heure   du
à

et à ce que le   susnommé   n'en ignore   , nous   avons laissé
l   dite   cédule   , dont acte.

PROCÈS-VERBAL

D'INFORMATION.

RÉPUBLIQUE FRANÇAISE.

MARINE NATIONALE.

JUSTICE MARITIME.

Loi du 4 juin 1858.
(Article 132.)

Série A. — Mod. n° 8.
Service à terre et à bord.

(Format tellière.)

L'an mil neuf cent   le

à   heure   du   en la chambre d'instruction

devant nous,   Rapporteur près le

séant à   assisté du greffier de ladite juridiction,

A comparu, en vertu de notre cédule du   19

le témoin ci-après nommé, lequel, hors de la présence d   prévenu   et
des autres témoins, après avoir représenté la citation à lui donnée, avoir
prêté serment de dire toute la vérité, rien que la vérité, et interrogé par
nous sur ses nom, prénoms, âge, état, profession et demeure, s'il est domestique, parent ou allié des parties, à quel degré,

A répondu se nommer

PROCÈS-VERBAL

D'EXPERTISE.

RÉPUBLIQUE FRANÇAISE.

MARINE NATIONALE.

JUSTICE MARITIME.

Loi du 4 juin 1858.
(Article 391, § 7.)

Série A. — Mod. n° 9.
Service à terre et à bord.

(Format tellière.)

L'an mil neuf cent   , le

Nous   Rapporteur près le

séant à
assisté du greffier de ladite juridiction, procédant par suite de

Pour constater, par experts, la nature, l'état et la valeur d   objet
mentionné

et déposé   au greffe comme pièce.   de conviction dans l'affaire d
nommé
prévenu   d

Nous avons nommé d'office et cité par cédules du   19
en ladite qualité d'experts, les sieurs

Lesquels, après que nous leur avons fait connaître le motif de leur commission, en présence d   prévenu   , ont prêté le serment de donner leur avis
en honneur et conscience, en levant la main et en prononçant : *Je le jure;*
et l   prévenu   ayant déclaré, sur notre interpellation, n'avoir aucun
moyen de reproche ou de récusation à produire contre lesdits experts, ces
derniers, après un examen attentif des objets soumis à leur expertise, nous
ont déclaré :

COMMISSION

ROGATOIRE.

RÉPUBLIQUE FRANÇAISE.

MARINE NATIONALE.

JUSTICE MARITIME.

Loi du 4 juin 1858.
(Article 132.)

Série A. — Mod. n° 10.
Service à terre et à bord.

(Format tellière.)

Nous   Rapporteur près le

séant à

Vu la procédure commencée contre le nommé

inculpé de

Attendu qu'il importe d'informer et

Vu l'article 132 du Code de justice maritime et les articles 83 et 85 du Code d'instruction criminelle,

Prions et requérons au besoin M.

auquel nous adressons la présente commission rogatoire, de vouloir bien citer à comparaître devant lui, et d'entendre comme témoin, sur les faits et circonstances qui peuvent être à   connaissance relativement au délit ci-dessus mentionné, le   sieur et tous autres dont les dépositions seraient utiles à la manifestation de la vérité.

Le quel, après avoir prêté serment *de dire toute la vérité, rien que la vérité,* avoir déclaré   nom, prénoms, âge, état, profession et demeure, s'il domestique , parent ou allié des parties et à quel degré, déposer   sur les questions suivantes, indépendamment de celles qu'il serait jugé nécessaire de l   adresser.

Et de nous adresser, avec la présente commission rogatoire, le procès-verbal d'information qui sera dressé en conséquence, ainsi que toutes les pièces qu'il y aura lieu de rédiger pour son exécution, conformément à la loi.

Fait à   , le   19

CONCLUSIONS

DU COMMISSAIRE

DU GOUVERNEMENT.

(A) Viser l'article 138 pour le service à terre et l'article 211 pour le service à bord,

RÉPUBLIQUE FRANÇAISE.

MARINE NATIONALE.

JUSTICE MARITIME.

Loi du 4 juin 1858.
(Art. 138, § 1er et 211.)

Série A. — Mod. n° 11.
Série B. — Mod. n° 3.

Service à terre et à bord.

(Format in-4° carré.)

, le   19.

Le Commissaire du Gouvernement près le

A Monsieur le

Monsieur le.

J'ai l'honneur de vous transmettre, avec le rapport prescrit par l'article (A)   du Code de justice maritime, les pièces de l'instruction à laquelle il a été procédé contre 1   nommé

Mes conclusions

Mes·conclusions tendent à ce que[1]

---

[1] Dans le cas où les conclusions tendent à la mise en jugement, on devra qualifier le crime ou délit que les faits constituent et indiquer les articles de loi qui les répriment.

J'ai l'honneur de vous prier de vouloir bien prononcer sur la mise en jugement.

Je suis, avec un profond respect, Monsieur le

Votre très obéissant serviteur.

JUSTICE MARITIME.

Loi du 4 juin 1858.
(Article 139.)
Série A. — Mod. n°s 14.
15, 16 et 17.

Service à terre et à bord.

(Format tellière.)

PROCÈS-VERBAL

de notification de l'ordre de mise en jugement, des motifs de la poursuite, des textes de loi applicables et de la liste des témoins.

Avertissement pour le choix d'un défenseur.

RÉPUBLIQUE FRANÇAISE.

MARINE NATIONALE.

L'an mil neuf cent   , le

nous, Commissaire   près le

séant à   , assisté du Greffier près ladite juridiction, avons fait amener en notre cabinet le nommé

Lui avons notifié la décision en date du

mil neuf cent   , par laquelle M. le

a ordonné la mise en jugement du susnommé devant le

séant à   , le   mil neuf cent

, à   heure du   pour y répondre de

la prévention de

crime ou délit prévu par les articles de loi dont le texte suit :

Nous avons fait connaître en outre au susnommé les nom, prénoms, profession et demeure des témoins que nous nous proposons de faire citer, savoir :

Enfin , nous avons sommé le susnommé de nous faire connaître s'il a fait choix d'un défenseur, l'avertissant que, s'il n'a pas usé de ce droit, il lui en sera donné un d'office par le Président. Et il nous a répondu :

De tout ce qui précède, nous avons dressé le présent procès-verbal que nous avons signé, après lecture, avec le greffier et le prévenu, et nous en avons immédiatement remis à ce dernier une copie, dont acte.

NOMINATION
DU
DÉFENSEUR D'OFFICE

RÉPUBLIQUE FRANÇAISE.

MARINE NATIONALE.

JUSTICE MARITIME.

Loi du 4 juin 1858.
(Articles 139 et 141.)
Série A. — Mod. n° 18.
Service à terre et à bord.

(Format in-4° carré.)

A   , le   19

Le Président du
a Monsieur

Monsieur,

J'ai l'honneur de vous prier de vouloir bien défendre l   nommé

prévenu   d

qui sera jugé par le

le   19   , à   heure, du   , dans la salle
ordinaire des séances, à

La présente lettre vous servira pour prendre connaissance, au greffe,
de toutes les pièces du dossier et pour communiquer avec le prévenu qui
est détenu à

Recevez, Monsieur, les assurances de ma considération distinguée.

CONVOCATION.

(A) Préfet maritime ou Gouverneur.

(B) Indiquer la juridiction.

RÉPUBLIQUE FRANÇAISE.

MARINE NATIONALE.

JUSTICE MARITIME.

Loi du 4 juin 1858.
(Article 141.)
Série A. — Mod. n° 19.
Service à terre et à bord.

(Format in-4° carré.)

Le   19   .

LE COMMISSAIRE DU GOUVERNEMENT PRÈS LE

SÉANT À

A Monsieur

Vous êtes prévenu que, conformément à l'ordre du (A)

, en date du   19   ,

le (B)   , dont vous êtes membre, se réunira

le   19   , à   heure   très précise   du

à

l'effet de juger l   nommé

prévenu   d

Nota. — On siègera en petite tenue, les officiers de la marine, du génie et du commissariat ayant le chapeau monté, et les officiers de troupes en tenue de service.

EXTRAIT

DE JUGEMENT

EN FORME EXÉCUTOIRE
POUR LE TRÉSOR.

Ce document doit être transmis sans retard au Ministre de la marine, par les soins du Commissaire du Gouvernement (circulaire du 11 juin 1878. *Bulletin officiel*, p. 1055).

(A) Indiquer la juridiction.

(B) Mentionner le grade et le corps.

(C) En cas de condamnation simultanée de plusieurs prévenus, ajouter : *solidairement avec les nommés...*

RÉPUBLIQUE FRANÇAISE.

MARINE NATIONALE.

(A)

Séant à

RÉPUBLIQUE FRANÇAISE.

AU NOM DU PEUPLE FRANCAIS.

JUSTICE MARITIME.

Loi du 4 juin 1858.
(Article 181.)

SÉRIE A. - MOD. N° 23.

Service à terre et à bord.

(Format tellière.)

Le (A)

a rendu le jugement suivant :

AUJOURD'HUI   19   , le (A)

, ouï le Commissaire du Gouvernement dans ses réquisitions et ses conclusions, déclare le nommé

(B)

fils de   et de

né le   18   , à   département

d   , domicilié, avant d'entrer au service, à

département d   inscrit sur les contrôles du corps comme

coupable de

En conséquence, le condamne à

Et, vu l'article 169 du Code de justice maritime, condamne le susnommé à payer, sur ses biens présents et à venir, les frais du procès (C).

Le présent jugement a reçu son exécution le   19

pour compter du   19 ,

Pour extrait conforme: :

Vu :

Le Greffier,

Le Commissaire du Gouvernement,

(a) Les décisions de revision ne donnent lieu à aucun frais de justice.

(b) Ces frais ne sont pas perçus en cas de condamnation par les Conseils de justice.

(c) Indiquer la juridiction.

EXÉCUTOIRE [a].

Vu la procédure instruite contre le nommé
et les frais d'icelle, dont le détail suit :

1° Frais de procédure, prévus à l'article 17 du décret du
21 juin 1858 [b]..12ᶠ 00ᶜ

2° Taxe des experts et interprètes entendus pendant le cours
de l'instruction et des débats...

3° Taxes aux témoins..

4° Primes d'arrestation des déserteurs............................

5° Timbre de quittance... 0 25

Total........................

Vu le dispositif du jugement définitif, l'article 169 du Code de justice
maritime, le président du [c]

liquide les frais dont l'état est ci-dessus
à la somme de

montant de laquelle il déclare le présent exécutoire, pour le recouvrement de
ladite somme être poursuivi sur les biens présents et à venir du condamné
par les préposés de l'Administration des finances.

En conséquence le Président de la République française MANDE ET ORDONNE
à tous huissiers sur ce requis de mettre ledit jugement à exécution ; aux procureurs généraux et aux procureurs de la République près les tribunaux de
première instance d'y tenir la main ; à tous commandants et officiers de la
force publique de prêter main-forte lorsqu'ils en seront légalement requis.

Fait en la chambre du [c]   à

le   19

Le Président,

Pour extrait conforme :

Le Greffier,

Vu :

Le Commissaire du Gouvernement,

EXTRAIT DE JUGEMENT.

(A) Désigner la juridiction et, s'il s'agit d'un conseil de bord, les parages où se trouve le bâtiment.

(B) Indiquer seulement les faits compris dans la déclaration de culpabilité, et non les faits visés dans l'ordre d'informer.

(C) Indiquer pour les hommes du recrutement : le grade, le corps, le numéro d'immatriculation, la classe ou la date d'engagement;
— pour les inscrits maritimes : le grade, le quartier, le numéro d'inscription et la durée des services à l'État calculée au jour du jugement.

RÉPUBLIQUE FRANÇAISE.

MARINE NATIONALE.

(A) séant à

JUSTICE MARITIME.

Loi du 4 juin 1858.
Série A. — Mod. n° 23 bis.
Service à terre et à bord.

(Format tellière.)

EXTRAIT du jugement de condamnation rendu le 19 .

DÉSIGNATION ET SIGNALEMENT DU CONDAMNÉ.	CRIMES OU DÉLITS (B).	PRONONCÉ DU JUGEMENT.	EXÉCUTION DU JUGEMENT. — OBSERVATIONS.
1	2	3	4
(Nom) (Prénoms et surnoms) né le 18 , à département d fils de et de domicilié, avant son entrée au service, à département d . — Taille d'un mètre millimètres; cheveux ; front ; sourcils ; yeux ; nez ; bouche ; menton ; visage ; teint ; Marques particulières : SITUATION AU SERVICE (C) :		(*Pour les jugements des Conseils de guerre et des tribunaux maritimes seulement.*) Le montant des frais de justice à été liquidé à la somme de francs centimes.	Le présent jugement a reçu son exécution le 19 . pour compter du

Vu : Pour extrait conforme :

Le   Le

Antécédents judiciaires.

ANTÉCÉDENTS JUDICIAIRES.

Le Greffier,

JUSTICE MARITIME.

Loi du 4 juin 1858.
(Article 116.)
Série A. — Mod. n° 24.
Service à terre et à bord.

(Format tellière.)

**EXTRAIT
DE JUGEMENT
D'ACQUITTEMENT.**

(a) Indiquer la juridiction.
(b) Spécifier le crime ou le délit d'après les termes de la mise en jugement.

(A)

RÉPUBLIQUE FRANÇAISE.

MARINE NATIONALE.

"Séant à

RÉPUBLIQUE FRANÇAISE.

AU NOM DU PEUPLE FRANCAIS,

Le (A)

a rendu le jugement suivant :

AUJOURD'HUI   19   , le (A)

ouï le Commissaire du Gouvernement dans ses réquisitions et ses conclusions,

a déclaré le nommé

fils de   et de   né

le   18   , à   , département d

domicilié avant d'entrer au service à   département d

, inscrit sur les contrôles du corps comme

non coupable de (B)

En conséquence, ledit   , faisant application de l'article 166
du Code de justice maritime, prononce l'acquittement du susnommé et
ordonne qu'il soit mis en liberté s'il n'est retenu pour autre cause.

Antécédents judiciaires.

ANTÉCÉDENTS JUDICIAIRES.

Pour extrait conforme :

Le Greffier,

Vᴜ :

Le Commissaire du Gouvernement,

PROCÈS-VERBAL

DE RECOURS EN REVISION.

Ce procès-verbal est tou-
jours individuel, lors
même que le jugement
est collectif.

(A) Greffier de... ou Surveillant principal de la prison de...
(B) Du condamné ou de
M... défenseur.

RÉPUBLIQUE FRANÇAISE.

MARINE NATIONALE.

JUSTICE MARITIME.

Loi du 4 juin 1858.
(Articles 178 et 177.)

SÉRIE A. — MOD. n° 25
Service à terre et à bord.

(Format tellière.)

L'an mil neuf cent   le

Nous (A)

Constatons à la requête d (B)

que le nommé

détenu, condamné le   19
par le   séant à
à la peine de
pour

entend se pourvoir en revision contre le jugement de condamnation ci-
dessus mentionné, dont acte.

JUSTICE MARITIME.

(Art. 227
du Code de justice
maritime).

ORDONNANCE
ENJOIGNANT
A UN CONTUMAX
DE SE PRÉSENTER.

(A) Désigner l'arrondissement maritime, la colonie ou le bâtiment.
(B) Indiquer la juridiction.
(C) Préfet maritime, gouverneur *ou* commandant de forces navales.

RÉPUBLIQUE FRANÇAISE.

MARINE NATIONALE.

JUSTICE MARITIME.

SÉRIE A.

MODÈLE Nº 27.

Service à terre et à bord.

(Format tellière.)

Le Président du (A)

séant à   , a rendu l'ordonnance suivante :

Nous, Président du (B)

vu l'ordre de mise en jugement donné le   par

le (C)   contre

absent et contumax   accusé de

Vu l'acte de notification au dernier domicile connu dudit avec perquisition de sa personne ;

Attendu qu'il s'est écoulé plus de dix jours depuis que ledit ordre de mise en jugement a été notifié au nommé

sans qu'il se soit constitué prisonnier.

Ordonnons, en exécution de l'article 227 du Code de justice maritime, au nommé   de se présenter dans un nouveau délai

de dix jours devant le (B)   séant à

pour y être jugé sur ladite accusation ; et,

à cet effet, de se constituer en état d'arrestation dans la prison militaire de

Disons que notre présente ordonnance sera mise à l'ordre du jour de

Fait à   , le   19

RÉPUBLIQUE FRANÇAISE.

CODE DE JUSTICE
MARITIME.

Art. 170, 228, 230, 231.

Mod. n° 28. — Série A.

Service à terre.

(Format tellière.)

MARINE NATIONALE.

(A) Indiquer la juridiction.
(B) Conseil ou tribunal.
(C) Préfet maritime, gouverneur ou commandant de forces navales.

JUGEMENT PAR CONTUMACE

rendu par le (A)

séant à

RÉPUBLIQUE FRANÇAISE.

AU NOM DU PEUPLE FRANÇAIS.

Le (A)

a rendu le jugement dont la teneur suit :

Cejourd'hui   an mil neuf cent

Le (A)

composé, conformément aux articles 3 et 10 du Code de justice maritime,
de MM.   Président ;

. . . .
. . . .
. . . . } Juges,
. . . .
. . . .
. . . .

tous nommés par le (1)

M.   , Commissaire du Gouvernement ;

M.   , Greffier près ledit (B) ·

Lesquels ne se trouvent dans aucun des cas d'incompatibilité prévus par
les articles 22, 23 et 24 du Code précité

Le (B)   convoqué par l'ordre du (C)   , conformément à l'article 141 du Code de justice maritime, s'est réuni dans le lieu
ordinaire de ses séances, en audience publique,

A l'effet de juger

accusé de (2)

---

(1) Préfet maritime, gouverneur *ou* commandant de forces navales, *ou* le Ministre
de la marine, suivant les cas prévus par les articles 8 et 60 du Code de justice maritime.

(2) Indiquer, dans les termes de l'ordre de mise en jugement, le crime pour lequel
l'accusé est traduit devant le conseil de guerre (170).

La séance ayant été ouverte ; le Président a fait apporter et déposer devant lui, sur le bureau, un exemplaire des Codes de justice militaire pour les armées de terre et de mer, du Code d'instruction criminelle et du Code pénal ordinaire.

Le Président, après avoir fait lire dans leur entier par le Greffier les rapports et procès-verbaux, la déposition des témoins et toutes les autres pièces de l'accusation, ainsi que l'ordonnance enjoignant au contumax de se présenter, au nombre de

Ouï M. le Commissaire du Gouvernement en ses réquisitions tendant à ce que [1]

Le Président a déclaré les débats terminés.

Le Commissaire du Gouvernement, le Greffier et les assistants dans l'auditoire se sont retirés sur l'invitation du Président [2].

---

[1] Indiquer si les réquisitions tendent à la déclaration de culpabilité, et, dans ce cas, les articles de la loi dont l'application est demandée.

[2] S'il y a une chambre de délibération, on mettra que le tribunal s'est retiré dans la chambre des délibérations.

Le [A]   délibérant à huis-clos, le Président a posé 1
question   , conformément à l'article 162 du Code de justice maritime,
ainsi qu'il suit :

Les voix recueillies conformément aux articles 161 et 163 du Code de
justice maritime, en commençant par le grade inférieur, le Président ayant
émis son opinion le dernier, le [B]   déclare à [1]
                le

Sur quoi, et attendu les conclusions prises par le Commissaire du Gouvernement dans ses réquisitions, le Président a lu le texte de la loi et a recueilli
de nouveau les voix dans la forme prescrite par les articles 164 et 165 du
Code de justice maritime pour l'application de la peine.

Le [A]   est rentré en séance publique.

Le Président a lu les motifs et le dispositif ci-dessus.

En conséquence, le [A]   condamne par contumax
à [1]   le

[2]

(A) Conseil *ou* tribunal.
(B) Indiquer la juri-
diction.

---

[1] L'unanimité *ou* la majorité de...

[2] Énoncer le texte de la loi appliquée.

Ordonne que le présent jugement sera, conformément à l'article 228 du Code de justice maritime, et à la diligence de M. le Commissaire du Gouvernement, mis à l'ordre du jour et affiché, tant à la porte du lieu où siège le (A)   qu'à la mairie du domicile du condamné.

Fait, clos et jugé sans désemparer, en séance publique, à
les jour, mois et an que dessus, et les membres du (A)
ont signé, avec le Greffier, la minute du présent jugement.

En conséquence, le Président de la République MANDE ET ORDONNE à tous huissiers sur ce requis de mettre ledit jugement à exécution; aux procureurs généraux et aux procureurs près les tribunaux de première instance d'y tenir la main; à tous commandants et officiers de la force publique de prêter main-forte lorsqu'ils en seront légalement requis.

Vu :

Le Commissaire du Gouvernement,

Pour copie conforme :
Le Greffier,

(A) Conseil ou tribunal.

JUSTICE MARITIME.

Circulaire
du 7 novembre 1890.

Service à terre et à bord.

(Format tellière.)

AVIS D'ÉCROU.

Cet imprimé doit être établi lors de toute condamnation prononcée par une juridiction maritime. — Il accompagne le condamné jusqu'au lieu de détention où il doit subir sa peine ; la formule est alors complétée par le chef de l'établissement pénitentiaire et adressée immédiatement, sans lettre d'envoi ni bordereau, au Ministre de la Marine (Personnel, Justice maritime).

(A) Nom, prénoms, situation au service.

RÉPUBLIQUE FRANÇAISE.

MARINE NATIONALE.

Le nommé (A)

condamné le   19   , par le

séant à

à la peine de

a été écroué le   19   , à

Fait à   , le   19

Le

11.

SÉRIE B.

SERVICE À LA MER.

N° 1. Plainte.

— 2. Ordre d'informer.

— 2 *bis*. Déclaration qu'il n'y a pas lieu d'informer.

— 4. Ordre de mise en jugement, portant nomination du conseil de guerre
et du conseil de revision.

— 4 *bis*. Ordre de mise en jugement, portant renvoi à l'autorité compétente.

— 4 *ter*. Ordonnance de non-lieu.

— 5. Jugement rendu par un conseil de guerre.

— 6. Décision d'un conseil de revision.

— 7. Convocation d'un conseil de justice.

— 8. Jugement d'un conseil de justice.

Nota. La série B est complétée par les formules de la série A, énumérées ci-après :

— 3. Mandat de comparution.

— 3 *bis*. Mandat d'amener.

— 5. Procès-verbal d'interrogatoire.

— 7. Cédule à témoin (sans taxe).

— 7 *bis*. Cédule à témoin (avec taxe).

— 7 *ter*. Original de signification de cédule pour l'information.

— 8. Procès-verbal d'information.

— 9. Procès-verbal d'expertise.

— 10. Commission rogatoire.

— 11. Conclusions du Commissaire du Gouvernement.

— 14. Procès-verbal de notification de l'ordre de mise en jugement et de la
liste des témoins. — Avertissement pour le choix d'un défenseur.

— 18. Nomination du défenseur d'office.

— 19. Convocation.

<table>
<tr><td>

PLAINTE.

Nota. — Se conformer, pour les faits autres que la désertion, à l'Instruction ministérielle du 5 août 1858 (*Bulletin officiel*, page 757).

(A) Indiquer la qualité de celui qui porte la plainte.

</td><td align="center">

RÉPUBLIQUE FRANÇAISE.

———

MARINE NATIONALE.

</td><td>

JUSTICE MARITIME.

Loi du 4 juin 1858. (Articles 116 et 124.)

Séries A et B — Mod. n° 1.

Service à terre et à bord.

(Format tellière.)

</td></tr>
</table>

Le (A)

a l'honneur de représenter à Monsieur le

que le nommé

fils de   et de

domiciliés à

né le   18   , à

département de   ; taille d'un m.   mill.

cheveux   , sourcils   , front   , yeux

nez   , bouche   , menton   , visage   .

marques particulières :

Entré au service le   18   , comme

inscrit *ou* immatriculé à   n°

actuellement

Est inculpé de

Les témoins de cette infraction sont :

L'inculpé a été déposé à

Les pièces annexées sont au nombre de [A].

Pour quoi il demande qu'il en soit informé, afin que le susnommé soit jugé conformément aux lois;

Et qu'il soit donné au soussigné un récépissé de la présente plainte, afin d'en faire mention sur les registres d [B]

Fait à   , le   19

(A) En cas de désertion se conformer aux dispositions de l'article 124 du Code de justice maritime.
(B) Division, corps ou bâtiment.

ORDRE

D'INFORMER.

(A) Indiquer l'escadre, la division navale ou le bâtiment.

(B) Dans le cas prévu par le paragraphe 4 de l'article 60, le même officier peut remplir les doubles fonctions de commissaire du Gouvernement et de rapporteur.

RÉPUBLIQUE FRANÇAISE.

MARINE NATIONALE.

JUSTICE MARITIME.

Loi du 4 juin 1858.
(Articles 208 et 209.)

Série B. — Mod. n° 2.

Service à bord.

(Format tellière.)

Le   commandant (A)

Vu les articles 208 et 209 du Code de justice maritime :

Attendu qu'il résulte de

que l   nommé

aurait

crime ou délit prévu par l   article

Ordonne qu'il soit informé contre le   susnommé :

Désigne pour remplir les fonctions (B)
de Commissaire-Rapporteur, M.
de Greffier, M.

Fait à bord d

Le   19

RÉPUBLIQUE FRANÇAISE.

MARINE NATIONALE.

Le   commandant (ᴬ)

Vu l'article 208 du Code de justice maritime ;

Attendu que le   nommé

inculpé   de

Attendu qu   [1]

Déclare que, dans l'état, il n'y a pas lieu à information.

Fait à bord d

Le   19   .

[1] Indiquer les motifs qui portent à ne pas ordonner l'information ; spécifier s'ils résultent de ce que le fait ne constitue ni crime, ni délit, ou de circonstances spéciales qui enlèveraient tout caractère de gravité.

(A)

Articles 57, 60, 63, 64 67, 211 et 214 du Code de justice maritime.

RÉPUBLIQUE FRANÇAISE.

Série B.

Modèle n° 4.

ORDRE

DE MISE EN JUGEMENT
portant nomination
du conseil de guerre
et du conseil de revision.

MARINE NATIONALE.

Service à bord.

(Format tellière.)

(A) Indiquer l'escadre,
la division navale ou le bâtiment.

Le   commandant l

Vu la procédure instruite contre l   nommé

Vu le rapport, l'avis et les conclusions de M. le Commissaire-Rapporteur, tendant au renvoi devant un conseil de guerre:

Attendu qu'il existe contre
prévention suffisamment établie [1]

Vu les articles 57, 60 [2]   et 211 du Code de justice maritime,

Ordonne la mise en jugement d   nommé
devant un conseil de guerre composé de

MM.   ., Président

$\left.\begin{array}{l} \dots \\ \dots \\ \dots \\ \dots \end{array}\right\}$ Juges.

Ce conseil de guerre sera convoqué pour
à   heure   à bord

Ordonne, en outre, vu les articles 63, 64, 65, 66, 67, § 1er, et 214 du

[1] Spécifier le crime ou le délit, et indiquer les articles de loi qui le répriment.
[2] Viser l'article 59 s'il en est fait usage.

Code de justice maritime, que le conseil, appelé à connaître, s'il y a lieu, d'un recours en revision, sera composé de

MM.   Président;

.... } Juges.
........)

M.   remplira les fonctions

de Commissaire-Rapporteur.

M.   remplira celles de

greffier.

Fait à bord d

Le   19   .

JUSTICE MARITIME.

SÉRIE B.

—

MODÈLE N° 4bis.

Service à bord.

(Format tellière.)

(A)

Article 67, § 2
du Code de justice
maritime.

ORDRE

DE MISE EN JUGEMENT
portant renvoi
à l'autorité compétente.

(A) Indiquer l'escadre,
la division navale *ou* le bâtiment.

RÉPUBLIQUE FRANÇAISE.

—

MARINE NATIONALE.

Le   commandant

Vu la procédure instruite contre le   nommé

Vu le rapport et l'avis de M. le Rapporteur et les conclusions de M. le
Commissaire du Gouvernement, tendant au renvoi devant un conseil de
guerre;

Attendu qu'il existe contre

prévention suffisamment établie [1]

Vu l'article 67, § 2, du Code de justice maritime,
Renvoie, avec les pièces, le nommé

à la disposition de
pour qu'il soit statué sur les faits imputés audit

Fait à bord d

Le   19

---

[1] Spécifier le crime ou le délit et indiquer les articles de loi qui le répriment.

(A)

JUSTICE MARITIME.

Article 211
du Code de justice
maritime.

RÉPUBLIQUE FRANÇAISE.

Série B.

Modèle n° 4 ter.

ORDONNANCE

DE NON-LIEU.

MARINE NATIONALE.

Service à bord.

(Format tellière.)

(A) Indiquer l'escadre,
la division navale et le bâtiment.

Le   commandant

Vu la procédure instruite contre l   nommé

Vu le rapport et l'avis de M. le Rapporteur et les conclusions de M. le
Commissaire du Gouvernement, tendant à

Attendu [1]

Vu l'article 211 du Code de justice maritime,
Déclare qu'en l'état il n'y a pas lieu de prononcer la mise en jugement
et ordonne que l   dit
ser   sur-le-champ mis en liberté, si   n   détenu
pour autre cause.

Fait à bord d

Le   19   .

[1] Indiquer les motifs qui portent à ne pas ordonner la mise en jugement; spécifier s'ils résultent de ce que le fait ne constitue ni crime ni délit, ou du défaut de
charges suffisantes.

<table>
<tr>
<td>

AFFAIRE

d   nommé

(A) Indiquer l'escadre, la division navale et le bâtiment.

(A)

</td>
<td align="center">

RÉPUBLIQUE FRANÇAISE.

MARINE NATIONALE.

</td>
<td>

CODE

DE

JUSTICE MARITIME.

Art. 170 et 213.
MOD. N° 5. — SÉRIE B.

Service à bord.

(Format tellière.)

</td>
</tr>
</table>

JUGEMENT RENDU

par un conseil de guerre assemblé à bord d
(1)

RÉPUBLIQUE FRANÇAISE.

AU NOM DU PEUPLE FRANÇAIS.

Cejourd'hui   , an mil neuf cent
     , le conseil de guerre formé et convoqué conformément aux dispositions des articles 58, 59, 60 et 211 du Code de justice maritime et composé de :

MM.   , Président ;

     . . . .
     . . . .   Juges.
     . . . .
     . . . .

M.   , Commissaire du Gouvernement, Rapporteur ;

M.   , Greffier,

tous nommés par M. le

Lesquels ne se trouvent dans aucun des cas d'incompatibilité prévus par les articles 22, 23 et 24 du Code précité,

S'est réuni à bord d

dans   en audience publique (2)

---

(1) Indiquer le lieu où se trouve le bâtiment.

(2) Si le huis clos a été ordonné, le dire en visant l'article 143 du Code de justice maritime ; il ne peut être ordonné que pour les débats, et tous les jugements doivent être prononcés publiquement.

à l'effet de juger le nommé [1]_

prévenu [2]

La séance ayant été ouverte, le Président a fait apporter et déposer devant lui, sur le bureau, un exemplaire des Codes de justice militaire pour les armées de terre et de mer, du Code d'instruction criminelle et du Code pénal

---

[1] Indiquer les nom, prénoms, filiation, lieu et date de naissance, domicile, signalement, qualité ou grade. Mentionner le numéro matricule, le lien au service à la date du jugement, soit comme levé, appelé, engagé, réadmis ou rengagé; ne pas omettre de mentionner les décorations dont le prévenu est titulaire.

[2] Indiquer, dans les termes de l'ordre de mise en jugement, le crime ou le délit pour lequel l'accusé a été traduit devant le conseil de guerre (art. 170), ainsi que les articles de pénalité applicables.

ordinaire, et ordonné à la garde d'amener l   accusé   , qui   été introduit   , libre et sans fers, devant le conseil, accompagné d   défenseur

Interrogé   sur   nom   , prénoms, âge, lieu de naissance, état   , profession et domicile   répondu se nommer

Le Président, après avoir fait lire par le Greffier l'ordre de convocation, le rapport prescrit par l'article 138 du Code de justice maritime, et les pièces dont la lecture lui a paru nécessaire, a fait connaître a   accusé   les faits à raison desquels il   poursuivi   , et 1   a donné, ainsi qu'au   défenseur   , l'avertissement indiqué en l'article 151 dudit Code.

Après quoi il a procédé à l'interrogatoire d   accusé   , a fait entendre publiquement et séparément les témoins à charge [1]   lesdits témoins ayant au préalable prêté serment de parler sans haine et sans crainte, juré de dire toute la vérité et rien que la vérité;

---

[1] Et à décharge (s'il y en 'a).

Et le Président ayant en outre rempli à leur égard les formalités prescrites par les articles 317 et 319 du Code d'instruction criminelle; .
[1]

Ouï M. le Commissaire-Rapporteur en ses réquisitions tendant à ce que [2]

et l   accusé   entendu   dans   moyens de défense, tant par

que par   défenseur   , lesquels ont déclaré n'avoir rien à y ajouter, et ont eu la parole les derniers, le Président a déclaré les débats terminés, et il a ordonné au   défenseur   et a   accusé   de se retirer.

L   accusé   été reconduit   par l'escorte à la prison; le Commissaire-Rapporteur, le Greffier et les assistants dans l'auditoire se sont retirés sur l'invitation du Président [3].

---

[1] Indiquer si les témoins ont été entendus sans prestation de serment et pour quel motif; dire que les pièces de conviction, s'il y en a, ont été représentées. Indiquer, en outre, les incidents qui ont pu se produire, en ayant soin de préciser à quel moment du débat ils ont eu lieu, les conclusions des parties, les réquisitions du ministère public, les moyens de défense présentés par l'accusé, et enfin le jugement motivé du conseil. Dans le cas où le blanc laissé ici ne suffirait pas pour y insérer toutes ces mentions, on devra indiquer l'incident et le moment du débat où il s'est produit, en ajoutant qu'il a été statué par jugement séparé, lequel est joint et annexé au présent, et alors le jugement séparé doit indiquer la publicité de l'audience, se terminer par la même formule et être signé de la même manière que le jugement principal, en mentionnant qu'il y sera annexé comme en faisant partie.

[2] Indiquer si les réquisitions tendent à la déclaration de culpabilité et, dans ce cas, les articles de la loi dont l'application est demandée.

[3] S'il y a une chambre de délibérations, on mettra que le conseil s'est retiré dans la chambre des délibérations.

La délibération terminée, le Conseil est rentré en séance publique et le Président a prononcé le jugement suivant :

Le Conseil, après avoir délibéré à huis clos sur l   question   ci-après posée par le Président, qui a recueilli les voix en commençant par le grade infé-rieur et a émis son opinion le dernier, déclare [1]

---

[1] Voir au verso du dernier feuillet la suite de la rédaction du jugement, selon qu'il prononce condamnation (sans ou avec sursis) ou acquittement.

Fᴀɪᴛ, clos et jugé sans désemparer, en séance publique, à
les jour, mois et an que dessus.

En conséquence, le Président de la République ᴍᴀɴᴅᴇ ᴇᴛ ᴏʀᴅᴏɴɴᴇ à tous huissiers sur ce requis de mettre ledit jugement à exécution; aux procureurs généraux et aux procureurs de la République près les tribunaux de première instance d'y tenir la main; à tous commandants et officiers de la force publique de prêter main-forte lorsqu'ils en seront légalement requis.

En foi de quoi, le présent jugement a été signé par le président, les juges et le greffier.

(Signatures.)

L'an mil neuf cent   •   le   , le présent juge-ment a été lu par nous, greffier soussigné, en présence de la garde assemblée sous les armes, à
le   quel   , été averti   par le Commissaire du Gouvernement que la loi accorde vingt-quatre heures, à partir de l'expiration du présent jour,

pour se pourvoir en revision [1].

Le Greffier,

Le Commissaire du Gouvernement,

Le [2]

le présent jugement [3] a reçu son exécution, le

mil neuf cent   pour compter du [4]

mil neuf cent

Le montant des frais de justice a été liquidé à la somme de   francs

centimes.

Le Greffier,

ANTÉCÉDENTS JUDICIAIRES.

Pour copie conforme
Le Greffier,

Vu :

Le Commissaire du Gouvernement.

---

[1] Quand le condamné a obtenu le bénéfice du sursis, ajouter : «*et que le sursis accordé par le présent jugement sera révoqué par le fait d'une nouvelle condamnation à l'emprisonnement ou à une peine plus grave, si cette condamnation est encourue dans un délai de cinq ans à dater du présent jugement*».

[2] *Condamné ne s'étant pas pourvu en revision*, ou bien : *recours en revision ayant été rejeté le*

[3] Lorsqu'il a été fait application de la loi du 28 juin 1904 (loi de sursis), terminer la phrase comme suit : «*est devenu définitif, le*   ». Puis, s'il y a lieu, ajouter : «*et le condamné détenu préventivement depuis le*   , *a été mis en liberté le*   ». (Circulaire du 23 juin 1906.) Le jugement ne peut recevoir son exécution ou devenir définitif qu'à l'expiration du délai fixé par les articles 175 et 176 du Code de justice maritime.

[4] Tenir compte, dans la détermination du point de départ de la peine, des dispositions inscrites à l'article 258 du Code de justice maritime, modifié par la loi du 9 avril 1895 (voir les derniers paragraphes de la circulaire du 17 avril 1895, ainsi que les circulaires du 31 mai 1901 et du 7 décembre 1906).

SUITE DE LA FORMULE EN CAS DE *CONDAMNATION*.

Le nommé..................... *accusé de*............... (spécifier
ici le crime ou délit, indiquer la date et le lieu où il a été commis). *Est-il
coupable ? Oui, il est coupable à l'unanimité ou à la majorité de* ...... *voix*).
[1] ....
[2] ....

*Statuant ensuite sur l'application de la peine, les voix recueillies de nouveau
par le président dans la forme indiquée ci-dessus, le Conseil condamne à l'unanimité (ou à la majorité de* ..... *voix) le nommé*....................
à la peine de......................... *et aux frais envers l'État*[3],
conformément aux articles (viser ici l'article ou les articles se rapportant à la
peine prononcée et, en outre, l'article 169 du Code de justice maritime)
ainsi conçus (transcrire les articles visés).

Pour l'application de la loi du 28 juin 1904 (loi de sursis), se référer à
la Circulaire du 4 avril 1914 (B. O.); en ce cas, ajouter, immédiatement
avant la mention des articles de loi se rapportant à la peine prononcée, un
paragraphe ainsi conçu :

Mais vu les bons antécédents de l'accusé (ou tout autre motif d'indulgence)
*qui n'a pas encouru de condamnation antérieure de nature à exclure le bénéfice
du sursis (ou qui n'a pas encore encouru de condamnation), le Conseil ordonne,
à l'unanimité (ou à la majorité) qu'il sera sursis à l'exécution de la peine, le
tout conformément aux articles*..... *etc.*

En cas de condamnation à une peine criminelle *temporaire*, statuer sur
l'application de l'interdiction de séjour dans les termes fixés par la Circulaire
du 6 août 1885.

Si la détention préventive ne doit pas être déduite intégralement de la
durée de la peine, en indiquer ici les motifs, conformément aux prescriptions de l'article 258 du Code de justice maritime, modifié par la loi du
9 avril 1895.

Enjoint au Commissaire du Gouvernement de faire donner immédiatement en

---

[1] Si l'accusation comprend plusieurs crimes ou délits ou des circonstances
aggravantes, on mentionnera, à la suite de la question principale, une série de
questions portant chacune un numéro d'ordre et libellées en vue des autres crimes
ou délits et des circonstances aggravantes. Chacune de ces questions, ni complexe
ni alternative, sera suivie de sa solution exprimée comme il est dit ci-dessus, avec
indication du nombre des voix.

Chacun des accusés compris dans la même poursuite doit faire l'objet d'une question, ou d'une série de questions, distincte. L'inobservation de ces prescriptions
entraîne la nullité du jugement.

[2] Si le conseil estime qu'il y a des circonstances atténuantes, ajouter ici : *A la
majorité, il y a des circonstances atténuantes en faveur de l'accusé.*

[3] Lorsqu'il y a plusieurs accusés, auteurs ou complices du même fait, ajouter :
Solidairement avec le nommé...... (Décret du 7 octobre 1895, art. 22).

su présence lecture du présent jugement au nommé. . . . . *devant
la garde rassemblée sous les armes; de l'avertir que la loi lui accorde un délai
de vingt-quatre heures pour se pourvoir en revision.*

Fait, clos et jugé, etc.

SUITE DE LA FORMULE EN CAS D'*ACQUITTEMENT*.

Si l'accusé est déclaré non coupable, retrancher tout ce qui précède à
partir du mot *statuant* et terminer ainsi :

En conséquence, le Conseil déclare que le nommé . . . . *est
acquitté de l'accusation dirigée contre lui.*

Aussitôt après, le président a ordonné que le nommé . . . .
serait mis en liberté, s'il n'était retenu pour autre cause.

Fait, clos et jugé, etc.

RÉPUBLIQUE FRANÇAISE.

CODE
DE
JUSTICE MILITAIRE.

Article 101.
MOD. N° 6. — SÉRIE B.
Service à bord.

(Format tellière.)

MARINE NATIONALE.

DÉCISION

du Conseil de revision assemblé à bord d

RÉPUBLIQUE FRANÇAISE.

AU NOM DU PEUPLE FRANÇAIS.

Cejourd'hui   mil neuf cent

Le Conseil de revision, formé et convoqué conformément aux dispositions des articles 63, 64, 65, 67 et 214 du Code de justice maritime, et composé, conformément à ce Code,

De MM.   , Président;

                         . . . . } Juges;

M.

Commissaire du Gouvernement;

M.   , Greffier;

tous nommés par M. le

-réunissant les conditions exigées par l'article 31 du Code de justice maritime,

S'est réuni en audience publique à bord d

pour procéder sur le recours en revision formé contre le jugement rendu le   mil neuf cent   par lequel le Conseil de guerre, assemblé à bord d

a condamné

Après que la séance a été ouverte, le Président, ayant fait déposer sur le bureau un exemplaire des Codes de justice militaire pour les armées de terre et de mer, ainsi que le Code d'instruction criminelle et du Code pénal ordinaire,

M   , l'un des membres du Conseil désigné par M. le Président pour faire le rapport de cette affaire, a été entendu, et après lui le défenseur d   condamné; le Commissaire du Gouvernement a porté la parole et donné ses conclusions, sur lesquelles   défenseur   été admis à présenter des observations.

Le Conseil, après en avoir délibéré à huis clos, hors la présence du Commissaire du Gouvernement et du Greffier, en se conformant aux dispositions des articles 86, 87 et 189 du Code de justice maritime,

Vu le recours formé le   mil neuf cent

par [1]

---

[1] Indiquer sommairement les moyens invoqués à l'appui du recours soit par le condamné, soit par le ministère public, et les *considérants* qui les ont fait rejeter ou admettre. Quand le recours n'est pas motivé, le conseil de revision doit rechercher, d'office, s'il n'existe pas, dans la procédure devant le conseil de guerre, une des causes d'annulation prévues par l'article 87 du Code de justice maritime.

Charge le Commissaire du Gouvernement de transmettre à qui de droit. sans délai, le présent jugement avec les pièces de la procédure.

Fait, jugé et prononcé sans désemparer, en séance publique, à 'les jour, mois et an que dessus; le Président du Conseil a signé avec le Greffier.

En conséquence, le Président de la République MANDE ET ORDONNE à tous huissiers sur ce requis de mettre ledit jugement à exécution; aux procureurs généraux et aux procureurs de la République près les tribunaux de première instance, d'y tenir la main; à tous commandants et officiers de la force publique de prêter main-forte lorsqu'ils en seront légalement requis.

Pour copie conforme :

Le Greffier,

Vu :

Le Commissaire du Gouvernement,

JUSTICE MARITIME.

Loi du 4 juin 1858.
(Art. 68 et 217.)

Série B. — Modèle n° 7.
Service à bord.

(Format tellière.)

CONVOCATION

D'UN

CONSEIL DE JUSTICE.

(A) Indiquer l'escadre, la division navale ou le bâtiment.

RÉPUBLIQUE FRANÇAISE.

MARINE NATIONALE.

Le   , commandant (A)

Vu la plainte, avec les pièces à l'appui, à lui transmise par M.

contre le nommé

prévenu de

Vu les articles 68 et 217 du Code de justice maritime,

Ordonne qu'un Conseil de justice maritime se réunira le

19   , à bord d   pour statuer sur l'inculpation.

Ledit Conseil de justice sera composé de :

MM.   , Président ;

. . . . ⎫
. . . . ⎬ Juges.
. . . . ⎭

M.   remplira les fonctions de Greffier.

Fait à bord d

Le   19.

<table>
<tr><td>

AFFAIRE

d   nommé

(A) Indiquer l'escadre,
la division navale et le bâ-
timent.

(A)

</td><td>

RÉPUBLIQUE FRANÇAISE.

MARINE NATIONALE.

</td><td>

CODE

DE

JUSTICE MARITIME.

(Article 222.)
MODÈLE N° 8. — SÉRIE B.
Service à bord.

(Format tellière.)

</td></tr>
</table>

JUGEMENT

d'un Conseil de justice assemblé à bord d
(¹)

RÉPUBLIQUE FRANÇAISE.

AU NOM DU PEUPLE FRANÇAIS.

L'an mil neuf cent   , le

le Conseil de justice formé et convoqué conformément aux dispositions des

articles 69 (²)   et 217 du Code de justice maritime, et com-

posé de MM.   , Président;

.....

.....

..... } Juges.

.....

M.   ; Greffier;

tous nommés par M. le

Lesquels ne se trouvent dans aucun des cas d'incompatibilité prévus par

les articles 72 et 73 du Code de justice maritime,

---

(1) Indiquer les parages où se trouve le bâtiment. (*Circulaire du 11 décembre
1858, paragraphe ultième.*)
(2) Viser l'article 71, paragraphe 3°, s'il en est fait usage.

13.

S'est réuni à bord d   dans

en audience publique, à l'effet de juger le nommé [1]

prévenu [2]

La séance ayant été ouverte, le Président a fait apporter et déposer devant lui, sur le bureau, un exemplaire des Codes de justice militaire pour les armées de terre et de mer, du Code d'instruction criminelle et du Code pénal ordinaire, et ordonné à la garde d'amener le prévenu, lequel a été introduit libre et sans fers devant le Conseil.

Après avoir fait donner lecture de la plainte et des pièces à l'appui par le juge rapporteur, qui a présenté ses observations sans faire connaître son opinion, le Président a interrogé le prévenu sur ses nom, prénoms, âge, profession et lieu de naissance, lequel a répondu se nommer

---

[1] Indiquer les nom, prénoms, filiation et date de naissance, domicile, signalement, qualité ou grade; mentionner le numéro matricule, le lien au service à la date du jugement, soit comme levé, appelé, engagé, réadmis ou rengagé; ne pas omettre de mentionner les décorations dont le prévenu est titulaire.

[2] Indiquer, dans les termes de l'ordre de mise en jugement dressé sur le modèle n° 79 de la série B, le délit pour lequel l'inculpé est traduit devant le conseil de justice, ainsi que les articles de pénalité applicables.

Après quoi ont été entendus séparément les témoins à charge [1]

ainsi que le prévenu dans ses moyens de défense [2],

le tout en conformité des prescriptions de l'article 219 du Code de justice maritime.

Le Conseil de justice délibérant à huis clos, hors la présence du Greffier, le Président a posé l   question   ainsi qu'il suit [3] :

____

[1] Si le prévenu a fait citer des témoins, on ajoutera les mots : *et à décharge.*

[2] Dans le cas où le prévenu sera assisté d'un défenseur, on mettra : *tant par lui que par son défenseur.*

[3] Voir, ci-après, la suite de la rédaction du jugement, selon qu'il prononce condamnation, sans ou avec sursis, ou acquittement.

Le Conseil étant rentré en séance publique, le président, en présence de   inculpé   , a donné lecture du jugement qui a été écrit séance tenante et signé par le président, par les juges et par le greffier; le tout conformément aux prescriptions de l'article 222 du Code de justice maritime [1] [2].

(*Signatures.*)

(Nota. — Porter ci-dessus l'ordre de la mise à exécution du jugement [3] ou, lorsqu'il y a lieu, la décision de commutation prise en vertu de l'article 224 du Code de justice maritime.)

Le présent jugement [4] a reçu son exécution le

pour compter du [3]

Le Greffier,

Antécédents

---

[1] En cas de condamnation *avec sursis*, remplacer cette formule par la suivante : *Le Conseil étant rentré en séance publique, le président a donné lecture du jugement en présence de l'inculpé, puis il a averti ce dernier que le sursis qu'il a obtenu sera révoqué par une nouvelle condamnation à l'emprisonnement ou à une peine plus grave pour crime ou délit de droit commun, si cette condamnation est encourue dans un délai de cinq ans à dater du présent jugement.*
En foi de quoi, ledit jugement a été écrit séance tenante et signé, etc., etc.

[2] En cas d'acquittement, employer la formule de la page 187 ci-devant.

[3] Toutes les fois qu'il y a condamnation à l'emprisonnement avec déduction de la détention préventive, ne pas omettre de faire ressortir nettement le point de départ de celle-ci dans la mention de la mise à exécution du jugement. (Circulaires du 31 mai 1901 et du 7 décembre 1906.)

[4] Lorsqu'il a été fait application de la loi de sursis, biffer le reste du paragraphe et mettre : « est devenu *définitif le*...................... ». Puis, s'il y a lieu, ajouter : « *et le condamné détenu préventivement depuis le*...................... ...., *a été mis en liberté le*...................... » (Circulaire du 23 juin 1906.)

ANTÉCÉDENTS JUDICIAIRES.

Vu :

Le Président du Conseil,

Le Greffier,

PROCÈS-VERBAL DE L'AUDIENCE [1].

---

[1] Aux termes de l'article 222 du Code de justice maritime, un procès-verbal de la séance est joint à tout jugement ayant prononcé l'emprisonnement, encore que cette peine ait été commuée par application de l'article 224. Tenir compte, pour la rédaction de ce procès-verbal, des prescriptions de la Circulaire du 9 novembre 1858 (*B. O. R.*, tome VIII, page 604).

Le Greffier,

Vu :

Le Président du Conseil,

SUITE DE LA FORMULE EN CAS DE *CONDAMNATION*.

Le nommé..................... *accusé de*................ (spécifier ici le délit, indiquer la date et le lieu où il a été commis). *Est-il coupable ? Oui, il est coupable* (à l'unanimité ou à la majorité de 3 ou 4 voix) [1] [2].

Statuant ensuite sur l'application de la peine, les voix recueillies de nouveau par le président dans la forme indiquée ci-dessus, le Conseil condamne (à l'unanimité ou à la majorité de 3 ou 4 voix) *le nommé*........................ *à la peine de*.. *conformément aux articles* (viser ainsi l'article ou les articles se rapportant à la peine prononcée) *ainsi conçus* (transcrire les articles visés).

Le Conseil ne doit pas omettre, quand il y a lieu, de condamner l'accusé aux frais, ni d'ordonner soit la confiscation, soit la restitution des objets saisis et produits au procès. Dans ces différents cas, transcrire les articles 226 et 169 du Code de justice maritime à la suite de celui ou ceux concernant l'application de la peine.

Pour l'application de la loi du 28 juin 1904 (Loi de sursis), se référer à la Circulaire du 4 avril 1914 (B. O.); en ce cas, ajouter, immédiatement avant la mention des articles de loi se rapportant à la peine prononcée, un paragraphe ainsi conçu :

Mais, vu les bons antécédents de l'accusé (ou tout autre motif d'indulgence) *qui n'a pas encouru de condamnation antérieure de nature à l'exclure du bénéfice du sursis* (ou *qui n'a pas encore encouru de condamnation*), *le Conseil ordonne à l'unanimité* (ou *à la majorité*) *qu'il sera sursis à l'exécution de la peine, le tout conformément aux articles*........... *etc.*

Si la détention préventive ne doit pas être déduite intégralement de la durée de la peine d'emprisonnement qui a été prononcée, en indiquer les motifs, conformément aux prescriptions de l'article 258 du Code de justice maritime, modifié par la loi du 9 avril 1895.

Le Conseil étant rentré en séance publique, etc.

---

[1] Lorsque plusieurs accusés sont poursuivis simultanément, chacun d'eux doit faire l'objet d'une question distincte.

[2] Si le conseil estime qu'il y a des circonstances atténuantes, ajouter ici : *A la majorité, il y a des circonstances atténuantes en faveur de l'accusé.*

SUITE DE LA FORMULE EN CAS D'ACQUITTEMENT.

Si l'accusé est déclaré non coupable, retrancher tout ce qui précède à partir du mot : *statuant* et terminer ainsi :

En conséquence, le Conseil déclare que le nommé.......................... est acquitté de l'accusation dirigée contre lui.

Le Conseil étant rentré en séance publique, le président, en présence de l'inculpé, a fait connaître la décision ci-dessus et a ordonné que le nommé......... serait mis sur-le-champ en liberté s'il n'était retenu pour autre cause ; puis il a signé, avec les juges et le greffier, le présent jugement, le tout, conformément, etc., etc.

DÉCRETS ET INSTRUCTIONS

CONCERNANT

L'EXÉCUTION DU CODE DE JUSTICE MILITAIRE

POUR L'ARMÉE DE MER

DÉCRETS ET INSTRUCTIONS

CONCERNANT

L'EXÉCUTION DU CODE DE JUSTICE MILITAIRE

POUR L'ARMÉE DE MER

Sénatus-consulte, du *4 juin 1858*, *qui rend exécutoire à la Martinique, à la Guadeloupe et à la Réunion les dispositions pénales du Code de justice militaire pour l'armée de mer.*

ARTICLE UNIQUE.

Les dispositions pénales du Code de justice militaire pour l'armée de mer sont exécutoires dans les colonies de la Martinique, de la Guadeloupe et de la Réunion.

Délibéré et voté en séance, au palais du Sénat, le 19 mai 1858.

Le Président,

Signé : TROPLONG.

Les Secrétaires,
Signé : Général DE MAC-MAHON, Général marquis DE GROUCHY,
Baron T. DE LACROSSE.

Vu et scellé du sceau du Sénat

Le Sénateur, Secrétaire,

Signé : Baron T. DE LACROSSE.

Décret, du 21 juin 1858, portant règlement d'administration publique pour l'application aux colonies du Code de justice militaire pour l'armée de mer [1].

Paris, le 8 juillet 1905.

Notification d'un décret portant règlement d'administration publique pour l'application du Code de justice maritime aux colonies.

Le décret ci-après reproduit, portant règlement d'administration publique pour l'application du Code de justice maritime aux colonies, remplace celui du 4 octobre 1889 sur le même objet.

Le principal changement qu'il apporte au régime antérieur consiste dans la suppression des juridictions maritimes *permanentes* établies, depuis 1858, dans la plupart de nos possessions d'outre-mer. Dorénavant, les juridictions maritimes des colonies seront constituées spécialement pour chaque affaire (art. 1er du décret); elles seront, par suite, essentiellement *temporaires*, comme celles qui siègent à bord des bâtiments de l'État.

L'article 2, complété par l'article 12, fait des gouverneurs généraux et gouverneurs les chefs du Service de la justice maritime aux colonies. Comme, en raison de leur caractère judiciaire, les pouvoirs qui sont ainsi dévolus à ces hauts fonctionnaires ne peuvent pas se déléguer, tout ordre intéressant le fonctionnement de la justice maritime aux colonies devra, *à peine de nullité*, porter la signature du gouverneur compétent, ou, s'il est absent ou empêché, celle de son remplaçant légal.

Conformément à l'article 3, § 1er, les gouverneurs généraux et gouverneurs devront former un conseil de guerre et un conseil de revision toutes les fois qu'il aura été commis, dans un territoire de leur ressort, un fait délictueux qui, en France, entraînerait son auteur devant un conseil de guerre d'arrondissement maritime par application des articles 76 et suivants du Code du 4 juin 1858. Le personnel de la Marine en service à terre aux colonies étant fort restreint, cette hypothèse se présentera rarement et les conseils de guerre maritimes coloniaux n'auront guère à juger que les déserteurs des bâtiments de l'État (art. 78, § 2, du Code), les marins embarqués qu'il ne sera pas possible de juger à bord (art. 3, § 2, du décret) et, dans les colonies où le régime de l'inscription maritime est applicable, les inscrits définitifs prévenus d'avoir navigué ou résidé à l'étranger sans autorisation (art. 82 de la loi du 24 décembre 1896).

Lorsqu'un justiciable des conseils de guerre maritimes permanents de la

---

[1] Ce décret a été abrogé et remplacé par celui du 4 octobre 1889, remplacé lui-même par celui du 8 juillet 1905, reproduit ci-après, pages 211 et suivantes.

métropole sera arrêté, dans une colonie, pour un fait par lui commis en France ou dans une autre colonie, le gouverneur général ou gouverneur devra tout d'abord apprécier, ainsi que l'y autorise l'article 82 du Code, si le prévenu doit être jugé sur place ou s'il doit, au contraire, être dirigé sur les lieux de son délit. C'est, en général, cette dernière solution qu'il faudra préférer, comme étant la plus propre à hâter l'instruction de l'affaire.

Pour l'application des articles 5, 6, 7 et 8 du décret, relatifs à la désignation des juges, commissaires du gouvernement et greffiers des conseils de guerre et de revision maritimes des colonies, les recommandations ci-après devront être strictement suivies :

On recherchera tout d'abord quels sont, parmi les officiers de marine et, subsidiairement, de troupe, présents sur les lieux, ceux qui, étant âgés d'au moins trente ans et ne se trouvant dans aucun des cas d'exclusion prévus par les articles 23 et 24 du Code, font, en raison de leur grade ou de leur ancienneté, partie de droit du conseil de revision.

Les juges du conseil de revision étant ainsi mis à part, il ne restera plus qu'à désigner, comme juges du conseil de guerre, les officiers de marine et, subsidiairement, de troupe, présents sur les lieux, âgés d'au moins 25 ans et ne se trouvant dans aucun des cas d'exclusion ci-dessus visés, qui, dans chaque grade mentionné au tableau de l'article 4, figurent en tête de la liste d'ancienneté. C'est également l'ordre d'ancienneté qu'on devra suivre pour la désignation de l'officier-marinier (ou sous-officier) qui doit faire partie du conseil de guerre, quand le prévenu n'a pas le grade d'officier.

S'il est impossible de composer le conseil de guerre d'officiers du grade requis, on fera appel aux officiers d'un grade inférieur, mais en observant toujours dans chaque grade l'ordre d'ancienneté. Il n'est pas indispensable, sauf dans le cas prévu par le paragraphe 4 *in fine* de l'article 5, que les officiers ainsi appelés soient de grade *immédiatement* inférieur à celui que prévoit le tableau de l'article 4. Par conséquent, il suffit, pour juger un prévenu n'ayant pas le grade d'officier, d'un lieutenant de vaisseau ou capitaine, président, de deux enseignes, lieutenants ou sous-lieutenants et de deux officiers-mariniers ou sous-officiers, juges.

Les fonctions de commissaire rapporteur au conseil de guerre et de commissaire de gouvernement au conseil de revision devront être confiées de préférence à des officiers du commissariat de la Marine (ou des troupes coloniales), de manière à laisser les officiers de vaisseau (ou de troupe) disponibles pour les emplois de juges.

Vu le nombre restreint d'officiers dont on dispose dans la plupart des colonies, il sera souvent nécessaire de charger le signataire de la plainte, s'il a le grade de lieutenant de vaisseau et l'âge de 30 ans, des fonctions de commissaire du gouvernement près le conseil de revision, les seules dont il ne soit pas exclu par l'article 24 du Code. Pour le même motif, il y aura intérêt, dans le cas prévu par l'article 3, § 2, du décret, à nommer commissaire-rapporteur près le conseil de guerre, l'officier qui aura été chargé, à bord du bâtiment d'où provient l'inculpé, de l'enquête préliminaire prescrite par l'article 204 du Code de justice maritime.

Quant aux fonctions de greffier, elles devront, autant que possible, être confiées à des officiers-mariniers de la spécialité des fourriers; à défaut d'officiers-mariniers, on fera appel aux sous-officiers des troupes en donnant la préférence à ceux qui remplissent ou auront rempli les fonctions de greffier ou de commis greffier près d'un conseil de guerre militaire permanent des colonies. Pour les motifs donnés dans une circulaire du Ministre de la Marine en date du 29 novembre 1877, rien ne s'oppose à ce que le greffier du conseil de guerre soit chargé du même rôle au conseil de revision, s'il satisfait aux conditions requises par l'article 31 du Code.

Il ne faut pas perdre de vue qu'aux termes de l'article 209, § 1, du Code (expressément visé par l'article 11 du décret), l'ordre d'informer qui est, aux colonies comme partout ailleurs, l'acte initial de toute procédure maritime, doit être *immédiatement* suivi de la désignation du commissaire-rapporteur et du greffier près le conseil de guerre. Toutes les fois, par conséquent, qu'un gouverneur général ou gouverneur croira devoir ouvrir une information, il désignera, dans l'ordre même d'informer [1], les titulaires de l'un et l'autre emploi, en se conformant aux recommandations qui précèdent *et sans se préoccuper de savoir s'il disposera ultérieurement du personnel nécessaire pour composer les deux conseils.*

Toute irrégularité dans la composition des conseils de guerre et de revision étant un motif d'annulation de leurs sentences, les gouverneurs généraux et gouverneurs ne devront désigner les membres de ces conseils qu'après avoir demandé aux autorités maritimes et militaires compétentes (commandants de la Marine, commandants des bâtiments de l'État présents sur les lieux, commandants des troupes, etc.), des renseignements circonstanciés sur le personnel placé sous leurs ordres et susceptible de faire partie, à un titre quelconque, de l'une ou l'autre juridiction.

A l'exception du commissaire-rapporteur et du greffier près le conseil de guerre qui, comme il est dit plus haut, sont nommés dès le début de l'information, les officiers et officiers-mariniers (ou sous-officiers) entrant dans la composition du conseil de guerre et du conseil de revision ne doivent être désignés qu'au moment de la mise en jugement (art. 211 du Code visé par l'article 11 du décret). Il est d'ailleurs conforme aux yeux de la loi que cette désignation soit faite dans l'ordre même de mise en jugement [2].

En cas d'impossibilité absolue de composer les deux conseils, l'ordre de mise en jugement doit prescrire, conformément à l'article 9, le renvoi du prévenu et du dossier de l'affaire au gouverneur d'une colonie voisine ou à un préfet maritime nommément désigné [3].

Il résulte du dernier alinéa de l'article 9 que le conseil de revision qui a annulé la sentence d'un conseil de guerre peut continuer à siéger si l'on peut

---

[1] On pourra employer dans ce cas la formule n° 2 (série B) de la collection des modèles qui fait suite au Code de justice maritime.

[2] Formule n° 4 (série B) de la collection de modèles précitée.

[3] Formule n° 4 *bis* (série B) de la même collection.

former, sur place, un nouveau conseil de guerre. La reconstitution du conseil de revision avec de nouveaux juges n'aurait pas, en effet, de raison d'être, puisque, d'après la loi, les conseils de revision ne connaissent que du droit et non du fait.

Les dispositions du Code auxquelles renvoie l'article 11 du décret étant muettes en ce qui concerne les taxations des témoins, experts, interprètes et traducteurs, les primes de capture et les frais de justice, on se conformera sur tous ces points aux prescriptions du décret du 7 octobre 1895 (art. 7 et suivants), relatif aux dépenses du service de la justice maritime.

Les pouvoirs dévolus par l'article 12 aux gouverneurs généraux et gouverneurs des colonies comportent non seulement le droit d'ordonner ou de refuser l'information et la mise en jugement, mais encore celui de suspendre ou d'ordonner l'exécution de la sentence par application des articles 180 et 181 du Code de justice maritime.

Aux termes des circulaires (Marine) en date des 1er avril 1889 et 29 mars 1884, le sursis à l'exécution est de droit, d'abord en cas de condamnation capitale, puis, toutes les fois qu'un recours en grâce a été formé par les juges.

Que l'exécution ait été suspendue ou non, on devra expédier en France, dans le plus bref délai possible, outre les pièces mentionnées dans l'article 24 du décret, une expédition et un extrait du jugement rendu (art. 181, § 3, du Code), ainsi que l'extrait exécutoire portant décompte des frais dus au Trésor par le condamné (art. 169 du Code et 23 du décret précité du 7 octobre 1895).

Pour l'établissement de ces diverses pièces de procédure, on se servira d'imprimés fournis par les bâtiments de l'État présents sur les lieux ou même par les greffes des juridictions militaires, en les modifiant, s'il y a lieu, d'après les modèles qui font suite au Code de justice maritime.

Les explications que comportent les articles 14 à 22, relatifs aux tribunaux maritimes et de revision des colonies, seront données lors de la promulgation des décrets prévus par le premier de ces articles.

Au fur et à mesure de l'extinction des affaires dont elles demeureront saisies en conformité de l'article 25, paragraphe 2, les juridictions maritimes permanentes organisées aux colonies par le décret du 4 octobre 1889 seront dissoutes et leurs archives, préalablement classées et mises en ordre, seront envoyées au greffe maritime central de Brest ou à celui de Toulon, suivant la distinction contenue dans l'article 24 du décret, à moins, bien entendu, que cet envoi n'ait déjà été fait en conformité des instructions spéciales récemment adressées aux gouverneurs.

Dans l'exercice des pouvoirs judiciaires qui leur sont attribués par le décret du 8 juillet 1905, les gouverneurs généraux et gouverneurs des colonies agiront comme les délégués du Ministre de la Marine, lequel est le chef suprême de la justice maritime. C'est à lui qu'ils transmettront, sous le couvert du Ministre des Colonies, les pièces, dossiers et communications de toutes sortes émanant de juridictions maritimes réunies par leur ordre, de même que le Ministre de la Marine leur adressera, par l'entremise de son collègue des Colonies, toutes les observations et instructions relatives au fonctionnement de la justice maritime dans les territoires soumis à leur autorité.

Signé : GASTON THOMSON.

Rapport au Président de la République française, *suivi d'un décret portant règlement d'administration publique pour l'application du Code de justice maritime aux colonies.*

Paris, le 8 juillet 1905.

Monsieur le Président,

Un décret du 21 juin 1858, portant application aux colonies du Code de justice militaire pour l'armée de mer, a institué, dans la plupart de nos possessions, des conseils de guerre et de revision maritimes, analogues à ceux qui sont établis dans les ports militaires de la métropole. Ces conseils, dont l'organisation et le fonctionnement ont été réglés, en dernier lieu, par un décret du 4 octobre 1889, jugeaient indifféremment les marins et les militaires des troupes de la Marine.

Le passage de ces troupes sous l'autorité du Ministre de la Guerre ayant entraîné la création, dans les colonies, de juridictions spéciales aux militaires, il convenait de substituer aux conseils de guerre et de revision prévus par les décrets de 1858 et de 1889, de nouvelles juridictions ayant compétence exclusivement à l'égard des marins et autres personnes relevant du Département de la Marine.

Tel est l'objet du décret, adopté par le Conseil d'État, que je soumets, ci-joint, à votre haute sanction.

Veuillez agréer, Monsieur le Président, l'hommage de mon profond respect.

Le Ministre de la Marine,
Signé : GASTON THOMSON.

Décret *portant règlement d'administration publique pour l'application du Code de justice maritime aux colonies.*

(Du 8 juillet 1905.)

Le Président de la République française,

Sur le rapport du Ministre de la Marine,

Vu les articles 6 et 18 du sénatus-consulte du 3 mai 1854 ;

Vu le Code de justice militaire pour l'armée de mer du 4 juin 1858, modifié par les lois des 18 mai et 31 décembre 1875 et du 9 avril 1895;

Vu le sénatus-consulte du 4 juin 1858 qui rend exécutoires à la Martinique, à la Guadeloupe et à la Réunion les dispositions pénales du Code de justice militaire pour l'armée de mer;

Vu la loi des 20 septembre et 12 octobre 1791 concernant la police des arsenaux et établissements de la Marine;

Vu la loi du 15 juin 1899 portant extension, à la procédure devant les conseils de guerre, de certaines dispositions de la loi du 8 décembre 1897 sur l'instruction préalable;

Vu la loi du 19 juillet 1901 rendant applicable l'article 463 du Code pénal relatif aux circonstances atténuantes à tous les crimes et délits réprimés par les Codes de justice militaire de l'armée de terre et de l'armée de mer;

Vu la loi du 28 juin 1904, rendant la loi du 26 mars 1891 (loi de sursis) applicable, sous certaines réserves, aux condamnations prononcées par les tribunaux de la Marine;

Vu le décret du 4 octobre 1889 portant règlement d'administration publique pour l'application aux colonies du Code de justice militaire pour l'armée de mer;

Vu le décret du 7 octobre 1895 sur le personnel, les archives et les dépenses du service de la justice maritime;

Vu le décret du 14 novembre 1900 sur les assimilations judiciaires devant les conseils de guerre de la Marine, modifié par les décrets des 27 juin 1901 et 17-décembre 1902;

Vu les avis du Garde des sceaux, Ministre de la Justice, et des Ministres de la Guerre et des Colonies;

Le Conseil d'État entendu,

Décrète :

DISPOSITIONS PRÉLIMINAIRES.

ARTICLE PREMIER.

La justice militaire maritime dans les colonies françaises est rendue :
Par des conseils de guerre et des conseils de revision;
Par des tribunaux maritimes et des tribunaux de revision.
Ces diverses juridictions sont constituées spécialement pour chaque affaire.
Elles relèvent du Ministre de la Marine.

ART. 2.

Les attributions conférées aux préfets maritimes et au Ministre de la Marine concernant l'organisation de ces mêmes juridictions en France sont dévolues aux gouverneurs des colonies.

TITRE Iᵉʳ.

Des conseils de guerre et des conseils de revision dans les colonies.

ART. 3.

Toutes les fois qu'il y a lieu de juger, dans une colonie, un individu qui, d'après les dispositions du Code de justice militaire pour l'armée de mer, serait justiciable en France d'un conseil de guerre d'arrondissement maritime, un conseil de guerre et un conseil de revision maritimes sont formés par le gouverneur.

Il en est de même quand, en vertu de l'article 67, paragraphes 2 et 3, dudit Code, un individu justiciable des conseils de guerre de bord est mis à la disposition d'un gouverneur de colonie pour être jugé.

ART. 4.

Les conseils de guerre maritimes des colonies sont composés de cinq juges conformément au tableau de la page suivante, suivant le grade de l'inculpé.

Il y a près de chaque conseil de guerre un commissaire du Gouvernement, rapporteur, remplissant les fonctions de magistrat instructeur et celles de ministère public, et un greffier.

Les officiers supérieurs, les officiers généraux et les fonctionnaires de tout grade du Corps du contrôle de l'administration de la Marine doivent être renvoyés et jugés en France; ils sont traduits devant un des conseils de guerre permanents des arrondissements maritimes, désigné par le Ministre.

ART. 5.

Les membres des conseils de guerre, les commissaires rapporteurs et les greffiers sont pris respectivement dans les différentes catégories du personnel de la Marine énumérées à l'article 59 (§§ 1, 4 et 5) du Code de justice maritime.

Pour la désignation du président et des juges, on suit, dans chaque grade, l'ordre d'ancienneté, en ayant soin de réserver les officiers que l'article 7 ci-après appelle à faire partie du conseil de revision.

Si le personnel de la Marine, présent sur les lieux, est insuffisant pour constituer le conseil de guerre, il est fait appel au personnel des troupes coloniales ou de l'armée de terre.

Si, nonobstant les dispositions du paragraphe précédent, les officiers du grade requis ne sont pas en nombre suffisant, les membres du conseil de guerre sont pris dans les grades inférieurs. Néanmoins, ne peuvent siéger dans le conseil de guerre plus de deux juges d'un grade moins élevé que celui de l'inculpé, ni plus de deux officiers-mariniers ou sous-officiers. Les juges d'un grade moins élevé que celui de l'inculpé doivent être du grade immédiatement inférieur.

Pour juger un officier ou un aspirant, aucun officier-marinier ou sous-officier ne peut entrer dans la composition du conseil de guerre.

GRADE DE L'ACCUSÉ.	GRADE DU PRÉSIDENT.	GRADE DES JUGES.
Officier-marinier ou sous-officier.............. Quartier-maître, caporal ou brigadier............. Matelot, ouvrier mécanicien ou soldat............. Apprenti marin ou novice, mousse	Capitaine de vaisseau ou de frégate, colonel ou lieutenant-colonel.........	1 capitaine de frégate ou 1 chef de bataillon, chef d'escadron ou major. 1 lieutenant de vaisseau ou capitaine. 1 enseigne de vaisseau ou lieutenant ou sous-lieutenant. 1 officier-marinier ou sous-officier.
Aspirant de 2e classe ...... Aspirant de 1re classe ou officier du grade correspondant..............	Capitaine de vaisseau ou de frégate, colonel ou lieutenant-colonel.........	1 capitaine de frégate ou 1 chef de bataillon, chef d'escadron ou major. 1 lieutenant de vaisseau ou capitaine. 1 enseigne de vaisseau ou lieutenant. 1 enseigne de vaisseau ou lieutenant ou sous-lieutenant.
Enseigne de vaisseau ou officier du grade correspondant..............	Capitaine de vaisseau ou de frégate, colonel ou lieutenant-colonel.........	1 capitaine de frégate ou 1 chef de bataillon, chef d'escadron ou major. 1 lieutenant de vaisseau ou capitaine. 2 enseignes de vaisseau ou lieutenants.
Lieutenant de vaisseau ou officier du grade correspondant	Capitaine de vaisseau ou colonel..............	1 capitaine de frégate ou lieutenant-colonel. 1 capitaine de frégate ou 1 chef de bataillon, chef d'escadron ou major. 2 lieutenants de vaisseau ou capitaines.

ART. 6.

Les articles 14, 17, 18, 22, 23 et 24 du Code de justice militaire pour l'armée de mer sont applicables aux conseils de guerre maritimes siégeant aux colonies.

ART. 7.

Les conseils de revision maritimes formés aux colonies comprennent trois membres, savoir :

L'officier général ou supérieur du corps des officiers de marine le plus élevé en grade ou, à égalité de grade, le plus ancien de grade, président;

Deux officiers supérieurs du même corps, les plus anciens de grade après le président ou, à défaut, le plus ancien ou les deux plus anciens lieutenants de vaisseau, juges.

Il y a près de chaque conseil de revision un commissaire du Gouvernement et un greffier. Le premier est pris parmi les lieutenants de vaisseau ou les commissaires de 1ʳᵉ classe de la Marine; le second, dans l'une des deux catégories de personnel visées à l'article 64 (§ 5) du Code de justice militaire pour l'armée de mer.

Le président du conseil de revision doit être d'un grade au moins égal à celui du président du conseil de guerre qui a statué.

Si le personnel de la Marine présent sur les lieux est insuffisant pour constituer le conseil de revision, il est fait appel au personnel des troupes coloniales ou de l'armée de terre.

ART. 8.

L'article 31 du Code de justice militaire pour l'armée de mer est applicable aux conseils de revision maritimes siégeant aux colonies.

ART. 9.

Le conseil de guerre et le conseil de revision sont formés simultanément. En cas d'impossibilité absolue de les composer, l'affaire est renvoyée soit à un gouverneur de colonie, soit à un préfet maritime, pour qu'il y soit donné suite.

Il en est de même dans le cas où, un jugement ayant été annulé, il y aurait impossibilité absolue de composer un nouveau conseil de guerre.

ART. 10.

Les règles de compétence établies par les articles 74 à 83, 85 à 87 et 103 à 112 du Code de justice militaire pour l'armée de mer sont applicables aux conseils de guerre et aux conseils de revision maritimes des colonies.

ART. 11.

Sous réserve des modifications prévues dans les articles 12 et 13 ci-après, il est procédé à l'instruction, à l'examen et au jugement des affaires soumises aux conseils de guerre et aux conseils de revision maritimes des colonies d'après les règles établies par les articles 113 à 129, 143 à 181, 183 à 196, 209, paragraphes 1 et 3, 211, 214, 227 à 233, 235 et 236 du Code de justice militaire pour l'armée de mer et par la loi du 15 juin 1899.

ART. 12.

Les attributions conférées aux préfets maritimes concernant la procédure devant les conseils de guerre et les conseils de revision siégeant en France sont exercées aux colonies par le gouverneur.

ART. 13.

Dans les cas prévus aux paragraphes 1° et 2° de l'article 232 du Code de justice militaire pour l'armée de mer, la reconnaissance de l'identité d'un condamné évadé et repris, ou d'un condamné par contumace, peut être faite par un conseil de guerre maritime formé par le gouverneur de la colonie dans laquelle se trouve le service ou le bâtiment auquel appartenait ce condamné ou sur le territoire de laquelle il a été repris ou s'est représenté.

Dans le second des cas prévus à l'article 191, l'affaire est renvoyée devant un conseil de guerre formé dans une colonie voisine ou devant un conseil de guerre d'arrondissement maritime en France. Il en est de même dans le cas prévu à l'article 233.

TITRE II.

Des tribunaux maritimes et des tribunaux de revision
dans les colonies.

ART. 14.

Des décrets du Président de la République rendus, pour la Martinique, la Guadeloupe et la Réunion, dans la forme des règlements d'administration publique, par application de l'article 6 du sénatus-consulte du 3 mai 1854, déterminent quels sont, aux colonies, les ports, arsenaux et établissements de la Marine où l'article 88 du Code de justice militaire pour l'armée de mer est applicable.

Ces décrets fixent le siège et le ressort du tribunal maritime et du tribunal de revision à constituer dans la colonie.

ART. 15.

Toutes les fois qu'il y a lieu de juger l'auteur d'un crime ou d'un délit commis dans l'intérieur d'un port, arsenal ou établissement de la Marine visé à l'article précédent et qui est de nature à compromettre soit la police ou la sûreté de cet établissement, soit le service maritime, un tribunal maritime et un tribunal de revision sont formés par le gouverneur.

ART. 16.

Les tribunaux maritimes formés aux colonies sont composés de cinq membres, savoir : un capitaine de vaisseau ou de frégate, président; un magistrat de première instance ou, à défaut, un avocat ou un avoué; un lieutenant de vaisseau, un ingénieur de 1re classe de la Marine, un commissaire de 1re classe de la Marine.

Il y a près de chaque tribunal un commissaire rapporteur et un greffier choisis dans les catégories de personnel déterminées respectivement par les articles 39 et 41 du Code de justice militaire pour l'armée de mer.

Le commissaire rapporteur remplit à la fois les fonctions de magistrat instructeur et celles de ministère public.

ART. 17.

Les membres du tribunal maritime, le commissaire rapporteur et le greffier sont pris dans le personnel en service dans la colonie ou à bord des bâtiments de l'Etat présents sur les lieux.

S'il y a insuffisance d'officiers des grades et corps requis pour la composition du tribunal, les officiers de marine, du génie maritime et du commissariat peuvent se suppléer réciproquement, à grade égal.

Si, nonobstant les dispositions du paragraphe précédent, les officiers du grade requis ne sont pas en nombre suffisant, les juges du tribunal maritime sont pris dans les grades inférieurs; toutefois, les juges d'un grade moins élevé que celui de l'inculpé doivent être du grade immédiatement inférieur.

ART. 18.

Les articles 14, 22, 23, 24, 43 et 44 du Code de justice militaire pour l'armée de mer sont applicables aux tribunaux maritimes siégeant aux colonies.

ART. 19.

Les tribunaux de revision maritimes formés aux colonies sont composés de trois membres, savoir :

L'officier général ou supérieur du corps des officiers de marine le plus élevé en grade ou, à égalité de grade, le plus ancien de grade, président ;

Le président du tribunal de première instance, l'officier supérieur du corps des officiers de marine, de celui du génie maritime ou de celui du commissariat, le plus ancien de grade après le président, juges.

A défaut d'officier supérieur, le plus ancien des lieutenants de vaisseau, des ingénieurs et des commissaires de 1re classe est appelé à siéger.

Il y a près de chaque tribunal de revision un commissaire du Gouvernement et un greffier nommés comme il est dit au paragraphe 4 de l'article 7 ci-dessus.

Le président du tribunal de revision doit être d'un grade au moins égal à celui du président du tribunal maritime qui a statué.

Les membres du tribunal de revision, le commissaire du Gouvernement et le greffier sont pris dans le personnel en service dans la colonie ou à bord des bâtiments de l'Etat présents sur les lieux.

ART. 20.

Les articles 8 et 9 du présent décret sont applicables aux tribunaux maritimes et aux tribunaux de revision des colonies.

ART. 21.

Les règles de compétence établies par les articles 74, 75, 88, 91, 92, 93, 103 à 112 du Code de justice militaire pour l'armée de mer sont applicables aux tribunaux maritimes et aux tribunaux de revision des colonies.

Il est procédé à l'instruction, à l'examen et au jugement des affaires soumises à ces juridictions d'après les règles établies par les articles 11 et 12 du présent décret.

ART. 22.

Dans les cas prévus au paragraphe 4 de l'article 232 du Code de justice militaire pour l'armée de mer, la reconnaissance de l'identité d'un condamné évadé et repris, ou d'un condamné par contumace, peut être faite par un tribunal maritime formé dans une colonie sur le territoire de laquelle le condamné a été repris ou s'est représenté, pourvu que cette colonie soit au nombre de celles où l'article 88 du Code de justice militaire pour l'armée de mer aura été rendu applicable en vertu de l'article 14 ci-dessus.

Dans le cas prévu à l'article 233 du même Code, l'affaire est renvoyée soit devant un tribunal maritime formé dans une des colonies voisines où l'article 88 est applicable, soit devant un tribunal maritime permanent de la métropole.

TITRE III.

Dispositions générales et transitoires.

ART. 23.

Les dispositions pénales du Code de justice militaire pour l'armée de mer du 4 juin 1858, modifié par les lois du 31 décembre 1875, 9 avril 1895, 19 juillet 1901 et 28 juin 1904 sont exécutoires dans les colonies autres que la Martinique, la Guadeloupe et la Réunion.

ART. 24.

Après chaque affaire jugée aux colonies en exécution du présent décret, le greffier, sous la surveillance du commissaire du Gouvernement, réunit toutes les pièces de la procédure et transmet le dossier ainsi constitué, avec la minute du jugement, au greffe central maritime de Toulon si l'affaire a été jugée dans une colonie située à l'est du méridien de Paris, au greffe central maritime de Brest si l'affaire a été jugée dans une colonie située à l'ouest du même méridien.

ART. 25.

Sont abrogés le décret du 4 octobre 1889 portant règlement d'administration publique pour l'application aux colonies du Code de justice militaire pour l'armée de mer et généralement toutes les dispositions contraires à celles du présent décret.

Toutefois les juridictions maritimes permanentes des colonies demeureront compétentes, à titre transitoire, pour connaître de tous les faits dont elles auraient été saisies antérieurement à la promulgation du présent décret.

ART. 26.

Le Ministre de la Marine est chargé de l'exécution du présent décret, qui sera publié au *Journal officiel* et inséré au *Bulletin des lois* et au *Bulletin officiel du Ministère de la Marine.*

Signé : ÉMILE LOUBET.

Par le Président de la République :

Le Ministre de la Marine,
Signé : GASTON THOMSON.

DÉCRET du 21 juin 1858 déterminant, en exécution des articles 2 et 34 du Code de justice militaire pour l'armée de mer, le ressort des conseils de guerre et des tribunaux maritimes des arrondissements maritimes dans toute l'étendue du territoire de l'Empire.

. . . .

Ce décret a été abrogé et remplacé par celui du 23 janvier 1889, reproduit ci-après :

LE PRÉSIDENT DE LA RÉPUBLIQUE FRANÇAISE,

Vu les articles 2 et 34 du Code de justice militaire pour l'armée de mer, en date du 4 juin 1858 ;

Vu le décret du 21 juin 1858 ;

Sur le rapport du Ministre de la Marine et des Colonies,

Le Conseil d'Amirauté entendu,

DÉCRÈTE :

ARTICLE PREMIER.

Le ressort des conseils de guerre et des tribunaux maritimes de chaque arrondissement maritime s'étend, sur le territoire de la République, ainsi qu'il est dit au tableau ci-annexé.

1re CIRCONSCRIPTION, chef-lieu : CHERBOURG.	2e CIRCONSCRIPTION, chef-lieu : BREST.	3e CIRCONSCRIPTION, chef-lieu : LORIENT.	4e CIRCONSCRIPTION, chef-lieu : ROCHEFORT.	5e CIRCONSCRIPTION, chef-lieu : TOULON.	
Départements compris dans la circonscription.	Départements compris dans la circonscription.	Départements compris dans la circonscription.	Départements compris dans la circonscription.	Départements compris dans la circonscription.	Départements compris dans la circonscription.
Aisne.	Côtes-du-Nord.	Cher.	Ariège.	Ain.	Hérault.
Ardennes.	Eure-et-Loir.	Indre.	Basses-Pyrénées.	Algérie (1).	Isère.
Aube.	Finistère.	Indre-et-Loire.	Charente.	Allier.	Jura.
Calvados.	Ille-et-Vilaine.	Loire-Inférieure.	Charente-Inférieure.	Alpes-Maritimes.	Loire.
Eure.	Mayenne.	Loiret.	Corrèze.	Ardèche.	Lozère.
Manche.	Orne.	Loir-et-Cher.	Creuse.	Aude.	Puy-de-Dôme.
Marne.	Sarthe.	Maine-et-Loire.	Deux-Sèvres.	Aveyron.	Pyrénées-Orientales.
Meurthe-et-Moselle.		Morbihan.	Dordogne.	Basses-Alpes.	Rhône.
Meuse. —		Nièvre.	Gers.	Bouches-du-Rhône.	Saône-et-Loire.
Nord.		Vendée.	Gironde.	Cantal.	Savoie.
Oise.		Yonne.	Haute-Garonne.	Corse.	Tarn.
Pas-de-Calais.			Hautes-Pyrénées.	Côte-d'Or.	Territoire de Belfort.
Seine.			Haute-Vienne.	Doubs.	Var.
Seine-et-Marne.			Landes.	Drôme.	Vaucluse.
Seine-et-Oise.			Lot.	Gard.	
Seine-Inférieure.			Lot-et-Garonne.	Hautes-Alpes.	
Somme.			Tarn-et-Garonne.	Haute-Loire.	
Vosges.			Vienne.	Haute-Marne.	
				Haute-Saône.	
				Haute-Savoie.	

(1) A été rattachée à la Tunisie par décret du 10 juillet 1914 (B. O.).

ART. 2.

Le Ministre de la Marine et des Colonies est chargé de l'exécution du présent décret.

Fait à Paris, le 23 janvier 1889.

Signé : CARNOT.

Par le Président de la République :

Le Ministre de la Marine et des Colonies,
Signé KRANTZ.

———

DÉCRET du 21 juin 1858 fixant le nombre, le siège et le ressort des conseils de revision et des tribunaux de revision des arrondissements maritimes, en exécution des articles 26 et 46 du Code de justice militaire pour l'armée de mer [1].

. . . .

———

DÉCRET du 21 juin 1858 indiquant, selon le grade, le rang ou l'emploi de l'accusé, la composition des conseils de guerre pour le jugement des divers individus *qui, dans les services de la Marine,* sont assimilés aux marins ou militaires, *aux termes des articles 10 et 13 du Code de justice militaire pour l'armée de mer* [2].

. . . .

LE PRÉSIDENT DE LA RÉPUBLIQUE FRANÇAISE,

Vu le Code de justice militaire pour l'armée de mer en date du 4 juin 1858, et spécialement l'article 13 ainsi conçu :

«Pour juger un officier des corps du génie maritime et des ingénieurs hydro-

---

[1] *Ce décret a été remplacé par celui du 23 janvier 1889, qui instituait, à Brest, un conseil et un tribunal de revision de la Marine et qui a été implicitement abrogé par l'article 44 de la loi de finances du 17 avril 1906 (B. O., p. 671), supprimant en temps de paix les conseils et tribunaux de revision.*

Un décret du 1er août 1914 (B. O.) a établi, pour la durée de la guerre, un conseil et un tribunal de revision dans chacun des ports de Brest et de Toulon. Le décret du 5 janvier 1916 a supprimé les deux juridictions de Brest, ne laissant plus subsister que celles de Toulon.

[2] *Ce décret a été remplacé par celui du 14 novembre 1900, reproduit ci-contre.*

graphes, du commissariat et de l'inspection, du service des directions de travaux, du service de santé et de celui des manutentions, ou tout autre individu assimilé aux marins ou militaires, le Conseil de guerre est composé conformément à l'article 10, suivant le grade auquel celui de l'accusé correspond»;

Vu le décret du 21 juin 1858, sur les assimilations judiciaires;

Sur le rapport du Ministre de la Marine,

D ÉCRÈTE :

ARTICLE PREMIER.

Lorsqu'il y aura lieu de traduire devant un conseil de guerre un officier mécanicien, un officier des corps de l'inspection des services administratifs de la Marine, du génie maritime, du génie hydrographique, du commissariat de la Marine, du service de santé de la Marine, du service des manutentions et de celui des directions de travaux, ou tout autre individu assimilé aux marins ou militaires, le conseil de guerre sera composé conformément au tableau annexé au présent décret[1].

ART. 2.

La correspondance de grades et de rangs résultant du tableau mentionné dans l'article précédent est toute spéciale à l'action judiciaire devant les tribunaux de la Marine et ne modifie en rien les situations telles qu'elles sont réglées, sous les autres rapports, pour ces divers assimilés, par les ordonnances, décrets et règlements en vigueur.

ART. 3.

Le Ministre de la Marine est chargé de l'exécution du présent décret, qui abroge celui du 21 juin 1858 susvisé.

Fait à Paris, le 14 novembre 1900.

Signé : ÉMILE LOUBET.

Par le Président de la République :

Le Ministre de la Marine ,
Signé : DE LANESSAN.

---

[1] Voir, à la page suivante, un extrait de ce tableau indiquant la composition des conseils de guerre de bord pour le jugement des individus appartenant aux corps navigants. On a tenu compte, dans cet extrait, des modifications apportées à la hiérarchie de plusieurs corps par des lois ou décrets postérieurs au décret du 14 novembre 1900.

DÉSIGNATION des CORPS.	Président : Capitaine de vaisseau ou de frégate. Colonel ou lieutenant-colonel. Juges : 1 capitaine de frégate ou chef de bataillon, chef d'escadron ou major. 1 lieutenant de vaisseau ou capitaine, 1 enseigne de vaisseau ou lieutenant ou sous-lieutenant, 1 officier-marinier ou sous-officier.	Président : Capitaine de vaisseau ou de frégate. Colonel ou lieutenant-colonel. Juges : 1 capitaine de frégate ou chef de bataillon, chef d'escadron ou major. 1 lieutenant de vaisseau ou capitaine. 1 enseigne de vaisseau ou lieutenant ou sous-lieutenant.	Président : Capitaine de vaisseau ou de frégate. Colonel ou lieutenant-colonel. Juges : 1 capitaine de frégate ou chef de bataillon, chef d'escadron ou major. 1 lieutenant de vaisseau ou capitaine. 2 enseignes de vaisseau ou lieutenants,	Président : Capitaine de vaisseau ou colonel. Juges : 1 capitaine de frégate ou lieutenant-colonel. 1 capitaine de frégate ou chef de bataillon, chef d'escadron ou major. 2 lieutenants de vaisseau ou capitaines.
Officiers mécaniciens de la Marine			Mécanicien principal de 2e classe.	Mécanicien principal de 1re classe.
Ingénieurs du Génie maritime et d'Artillerie navale		Ingénieur de 3e classe.	Ingénieur de 2e classe.	Ingénieur de 1re classe.
Génie hydrographique		Ingénieur de 3e classe.	Ingénieur de 2e classe.	Ingénieur de 1re classe.
Commissariat de la Marine	Élève-commissaire.	Commiss^re de 3e classe.	Commiss^re de 2e classe.	Commiss^re de 1re classe.
Service de santé de la Marine		Médecin de 3e classe et élève du Service de santé de la Marine.	Médecin de 2e classe. Pharmac^n de 2e classe.	Médecin de 1re classe. Pharmac^n de 1re classe.
Aumôniers de la Marine				Aumônier.

DÉCRET *rendu en exécution de l'article* 369 *du Code de justice militaire pour l'armée de mer, du sénatus-consulte en date du 4 juin 1858* (**R**)*, et de l'article* 21 *du décret, portant règlement d'administration publique, en date du* 21 *juin 1858* (**R.**)*, sur la* police *et la* discipline *dans les* ports *et les* arsenaux *et autres établissements de la Marine, dans les colonies et à bord des* bâtiments *de l'État.*

NAPOLÉON, par la grâce de Dieu et la volonté nationale, EMPEREUR DES FRANÇAIS,

A tous présents et à venir, SALUT,

Vu l'article 369, livre IV, du Code de justice militaire pour l'armée de mer en date du 4 juin 1858 (**R.**), ainsi conçu :

«Sont laissées à la répression de l'autorité maritime et punies de peines

E GUERRE À BORD.

Président :	Président :	Président :	Président :	Président :
Contre-amiral ou général de brigade. *Juges :* capitaine de vaisseau *ou* colonel. 1 capitaine de frégate *ou* lieutenant-colonel. 2 capitaines de corvette *ou* chefs de bataillon, chefs d'escadron *ou* majors.	Contre-amiral *ou* général de brigade. *Juges :* 2 capitaines de vaisseau *ou* colonels. 2 capitaines de frégate *ou* lieutenants-colonels.	Vice-amiral. Général de division. *Juges :* 4 contre-amiraux *ou* généraux de brigade. 2 capitaines de vaisseau *ou* colonels.	Amiral. Maréchal de France. *Juges :* 4 vice-amiraux *ou* généraux de division. 2 contre-amiraux *ou* généraux de brigade.	Amiral. Maréchal de France. *Juges :* 6 vice-amiraux *ou* généraux de division.
Mécanicien en chef.	Mécanicien inspecteur de 2e classe.	Mécanicien inspecteur de 1re classe.	Mécanicien général de 2e classe.	Mécanicien général de 1re classe.
Ingénieur principal.	Ingénieur en chef de 2e classe.	Ingénieur en chef de 1re classe.	Ingénieur général de 2e classe.	Ingénieur général de 1re classe.
Ingénieur principal.	Ingénieur en chef de 2e classe.	Ingénieur en chef de 1re classe.	Directeur d'hydrographie.	"
Commissaire principal.	Commissaire en chef de 2e classe.	Commissaire en chef de 1re classe.	Commissaire général de 2e classe.	Commissaire général de 1re classe.
Médecin principal. Pharmacien principal.	Médecin en chef de 2e classe. Pharmacien en chef de 2e classe.	Médecin en chef de 1re classe. Pharmacien en chef de 1re classe.	Médecin général de 2e classe.	Médecin général de 1re classe.
"	"	"	"	"

disciplinaires qui, pour l'emprisonnement, ne peuvent excéder deux mois et, pour le cachot ou double boucle, dix jours :

« 1° Les contraventions commises par des marins ou militaires, ou par des individus embarqués sur un bâtiment de l'État ;

« 2° Les infractions aux règlements relatifs à la discipline.

« Toutefois l'autorité maritime peut toujours, suivant la gravité des faits, déférer le jugement des contraventions de police aux tribunaux de la Marine, qui appliquent la peine déterminée par le présent article » :

Vu l'article unique du sénatus-consulte, en date du 4 juin 1858 (**R.**), ainsi conçu :

« Les dispositions pénales du livre IV du Code de justice militaire pour l'armée de mer sont rendues exécutoires dans les colonies de la Martinique, de la Guadeloupe et de la Réunion » ;

Vu l'article 21 du décret, portant règlement d'administration publique, en date du 21 juin 1858 (**R.**), ainsi conçu :

«Les dispositions pénales du Code de justice militaire pour l'armée de mer sont exécutoires dans les colonies autres que la Martinique, la Guadeloupe et la Réunion»;

Sur le rapport de notre Ministre secrétaire d'État de la Marine et des Colonies,

Avons DÉCRÉTÉ et DÉCRÉTONS ce qui suit :

ARTICLE PREMIER.

Dans les ports, arsenaux et autres établissements de la Marine, la police et la discipline appartiennent au chef maritime du lieu.

Elles s'exercent, sous son autorité, par les chefs de corps, de service ou de détail (A).

ART. 2.

Aux colonies, la police et la discipline dans les établissements de la Marine, ainsi que la police et la discipline des marins et militaires ou assimilés, appartiennent au gouverneur.

Elles s'exercent, sous son autorité, par les chefs de corps et par les chefs de service ou de détail.

ART. 3.

La police et la discipline des armées navales, escadres et divisions ou de toute autre réunion de bâtiments appartiennent, suivant les cas, au commandant en chef ou au commandant supérieur.

La police et la discipline de chaque bâtiment de l'État appartiennent au commandant; lorsqu'il ne navigue pas isolément, il les exerce sous l'autorité du chef dont il relève.

ART. 4.

Dans les corps organisés de la Marine et à bord des bâtiments de l'État, les peines disciplinaires sont appliquées conformément aux règlements sur le service intérieur de ces corps et bâtiments, sauf à recourir à l'article 5 du présent décret pour les peines à infliger aux officiers ou assimilés embarqués.

Dans tous les autres services de la Marine, l'application de la peine est

---

(A) Ainsi modifié par décret du 11 janvier 1908 (*B. O.*).

faite, conformément aux articles 5 et 6 du présent décret, par le chef de détail ou par le chef de service. La fixation de la durée de la peine n'appartient qu'au chef de service, qui prononce dans les 24 heures.

ART. 5.

Les peines disciplinaires à infliger aux officiers ou assimilés embarqués et à ceux qui, employés ou présents à terre, n'appartiennent pas aux corps organisés de la Marine sont :

1° Les arrêts simples pendant un mois au plus ;

2° Les arrêts de rigueur pendant le même temps ;

3° La détention à l'amiral ou dans un fort pendant quinze jours au plus.

L'officier aux arrêts est tenu de garder la chambre ; à bord, l'officier ou assimilé qui n'a pas de chambre subit sa punition dans le lieu qui lui est indiqué par le commandant.

La punition des arrêts simples n'exempte d'aucun service.

La punition des arrêts de rigueur et celle de la détention à l'amiral ou dans un fort suspendent de toutes fonctions ; elles entraînent, pour l'officier puni, l'obligation de remettre son arme et de payer la sentinelle, lorsqu'il est jugé nécessaire d'en placer une à sa porte ; à bord, l'officier ou assimilé, puni de la détention, garde la chambre, une sentinelle étant obligatoirement placée à sa porte.

Tout officier dont la punition est expirée doit se présenter chez celui par l'ordre ou sur le rapport duquel il a été puni, lorsque ce dernier, sur la demande que l'officier est tenu de lui adresser, lui a fait connaître l'heure et le lieu où il pourra le recevoir. Un officier d'un grade ou d'un rang au moins égal à celui de l'officier puni peut seul être présent à cette visite.

ART. 6.

Les peines disciplinaires à infliger aux individus non officiers ou assimilés, employés au service de la Marine et n'appartenant pas aux corps organisés du Département, sont, indépendamment des réductions et suppressions de solde ou de suppléments prévus par les règlements spéciaux :

1° Le renvoi de l'établissement maritime, pendant un mois au plus ;

2° La prison, pendant quinze jours au plus

ART. 7.

Lorsque les arrêts de rigueur et la détention à l'amiral ou dans un fort sont infligés, il en est rendu compte immédiatement, suivant les cas, au préfet maritime, au gouverneur ou au commandant en chef, qui peut diminuer, augmenter ou changer la punition.

ART. 8 [1].

Le préfet maritime, le gouverneur et le commandant en chef peuvent infliger :

1° Aux officiers ou assimilés la détention à l'amiral ou dans un fort, pendant deux mois, à charge d'en rendre compte au Ministre;

2° A tous autres individus au service de la Marine la prison pendant deux mois, cette peine pouvant être remplacée par la boucle simple, pendant le même temps, en ce qui concerne les marins et individus embarqués des grades inférieurs à celui de maître.

Le préfet maritime, le gouverneur, le chef de service dans un port secondaire et le directeur d'un établissement hors des ports peuvent, à l'égard des individus qui ne tiennent pas leur nomination du Ministre, prononcer le renvoi définitif du service.

Le préfet maritime, le chef de service dans un port secondaire et le directeur d'un établissement hors des ports peuvent infliger la prison, pendant huit jours au plus, à tout individu n'appartenant pas au service de la Marine qui, dans l'intérieur des ports, arsenaux et autres établissements soumis à leur autorité, commettrait une infraction portant atteinte, soit à la police ou à la sûreté de ces établissements, soit au service maritime.

Le commandant, à bord des bâtiments de l'État, peut prolonger jusqu'à dix jours au plus la durée de la peine du cachot ou double boucle, et jusqu'à un mois au plus la durée de la peine de la prison ou boucle simple.

ART. 9.

Totues les dispositions contraires à celles du présent décret sont et demeurent abrogées.

ART. 10.

Notre Ministre secrétaire d'État au Département de la Marine et des Colonies est chargé de l'exécution du présent décret.

Fait au palais de Saint-Cloud, le 21 juin 1858.

Signé : NAPOLÉON.

Par l'Empereur :

*L'Amiral, Ministre secrétaire d'État
de la Marine et des Colonies,*

Signé : HAMELIN.

---

[1] Voir un décret du 31 janvier 1900 (*B. O.*, p. 651) supprimant les peines corporelles, spécialement celle de la boucle ou double boucle.

Décret du 21 juin 1858 concernant le personnel, les archives et les dépenses du service de la Justice maritime.

. . . .

Ce décret a été remplacé par celui du 7 octobre 1895, reproduit ci-après:

Le Président de la République française,

Sur le rapport du Ministre de la Marine,

Vu la loi du 18 germinal an VII, relative au remboursement des frais de justice en matière criminelle;

Vu le décret du 12 janvier 1811, accordant une gratification pour l'arrestation des déserteurs;

Vu le décret du 18 juin 1811, concernant le tarif général des frais de justice;

Vu le Code de justice militaire pour l'armée de mer, en date du 4 juin 1858, et spécialement les articles 7, 29, 39, 41, 49 et 169;

Vu le décret du 21 juin 1858, concernant le personnel, les archives et les dépenses du service de la justice maritime;

Vu le décret du 25 janvier 1882, modifiant celui du 21 juin 1858;

Vu le décret du 4 octobre 1889, portant règlement d'administration publique pour l'application aux colonies du Code de justice maritime;

Vu le décret du 3 juin 1891 (art. 55 et 56), relatif à l'uniforme des officiers et fonctionnaires des différents corps de la Marine;

Vu le décret du 22 juin 1895, portant fixation des indemnités de voyage et des frais de séjour à allouer aux témoins entendus en matière criminelle, correctionnelle ou de simple police;

Vu le décret du 10 juillet 1895 sur la solde, l'administration et la comptabilité des équipages de la Flotte,

Décrète :

ARTICLE PREMIER.

Le personnel du service de la justice maritime est pris parmi les officiers, officiers-mariniers, sous-officiers et employés des différents corps de la Marine en activité ou en retraite.

ART. 2.

Les officiers, officiers-mariniers, sous-officiers ou employés en activité ou en retraite, attachés au service de la justice maritime, sont soumis aux règles générales de compétence, de discipline et de subordination militaires.

ART. 3.

Les officiers supérieurs et subalternes, les officiers-mariniers, sous-officiers et agents en activité de service, attachés aux parquets et aux greffes des conseils de guerre et tribunaux maritimes reçoivent, au titre des chapitres du budget afférents à leur corps, la solde de leur grade.

Ils portent, dans l'exercice de leurs fonctions, l'uniforme de petite tenue attribué au corps auquel ils appartiennent, avec le chapeau monté, suivant les circonstances.

ART. 4.

Les officiers supérieurs et subalternes, officiers-mariniers, sous-officiers et agents en retraite ne peuvent être admis dans le service de la justice maritime que jusqu'à l'âge de soixante-deux ans; ils ne peuvent y être maintenus après l'âge de soixante-cinq ans.

Le Ministre peut toujours les suspendre ou les révoquer de leurs fonctions.

Ils touchent les indemnités judiciaires allouées par les décrets sur la solde cumulativement avec leur pension de retraite.

Ils portent l'uniforme de petite tenue du corps auquel ils appartenaient avant l'époque de radiation des contrôles de l'activité, avec cette différence, toutefois, que les boutons dont cet uniforme est orné sont en métal argenté, timbrés d'un faisceau d'armes garni de deux haches ressortant sur deux ancres et portant autour la légende «Justice maritime», avec le chapeau monté, suivant les circonstances.

ART. 5.

Les greffiers des conseils de guerre et tribunaux de la Marine qui auraient appartenu à l'un des corps pour lesquels il n'existe pas d'uniforme de petite tenue portent dans l'exercice de leurs fonctions :

1° La redingote uniforme, en drap bleu, disposée et coupée comme celle des officiers de marine et ornée de boutons semblables à ceux dont la description est donnée au dernier paragraphe de l'article précédent.

Cette redingote reçoit comme marques distinctives des galons d'argent en nombre correspondant à l'assimilation que les greffiers de la catégorie dont il s'agit avaient avant leur admission à la retraite;

2° Suivant la saison, le pantalon de drap bleu sans galon, ou le pantalon en étoffe blanche unie;

3° Le chapeau monté, avec ganse plate en argent;

4° L'épée à garniture argentée avec poignée en corne noire de buffle, du modèle général. Cette épée est suspendue, au moyen d'un porte-épée, à un ceinturon de soie noire, porté par-dessus la redingote boutonnée.

ART. 6.

Dans chacun des chefs-lieux d'arrondissement, le greffier du premier tribunal maritime est chargé, sous la surveillance du commissaire rapporteur près ce tribunal, du dépôt central des archives judiciaires de l'arrondissement.

Il réunit, classe et conserve, avec toutes les pièces de la procédure, les minutes des jugements rendus par les divers tribunaux permanents de la Marine. Tous les autres greffiers de l'arrondissement relèvent, à cet égard, de son autorité.

Les ampliations des minutes et les dossiers des jugements rendus à bord des bâtiments de l'État, dans les ports du 5ᵉ arrondissement, dans le détroit de Gibraltar, la Méditerranée et les mers du Levant, de l'océan Indien et de l'Extrême-Orient, sont transmis mensuellement au dépôt central des archives judiciaires du 5ᵉ arrondissement maritime. Cette transmission est faite au dépôt central du 2ᵉ arrondissement, lorsque la réunion du conseil de guerre, de revision ou de justice a eu lieu sur les autres mers ou dans un des ports de l'Océan.

Au désarmement des bâtiments, les registres du service de la justice maritime sont transmis au dépôt central du 2ᵉ ou du 5ᵉ arrondissement, suivant que le navire a désarmé dans un des ports de l'Océan ou de la Méditerranée.

ART. 7.

Quand un membre d'un tribunal de la Marine, un commissaire du Gouvernement, un rapporteur, un commissaire rapporteur ou un greffier est obligé de se déplacer, à raison de l'exercice de ses fonctions, il reçoit, selon son grade, les indemnités de route, de transport et de séjour déterminées par les règlements spéciaux.

ART. 8.

Une somme de 15 francs par mois est allouée à chaque greffier qui, au moyen de cette indemnité, est tenu de pourvoir à toutes les dépenses pour fournitures du bureau, imprimés exceptés.

ART. 9.

L'impression des jugements en placards est ordonnée par les tribunaux de la Marine, toutes les fois qu'il y a condamnation à la peine de mort, aux travaux forcés à perpétuité, à la déportation, aux travaux forcés à temps, à la détention, à la reclusion, au bannissement et à la dégradation militaire.

Cette impression a encore lieu, quelle que soit la peine, pour tout jugement dont la publication est reconnue nécessaire par l'autorité qui a prononcé la mise en jugement.

ART. 10.

Lorsque des individus appartenant aux divers services de la Marine sont appelés en témoignage, ils continuent à recevoir le traitement attaché à leur position respective; en cas de déplacement, ils ont droit aux indemnités de route, de transport et de séjour, fixées par les règlements spéciaux.

Ils ne peuvent prétendre à aucune autre indemnité.

ART. 11.

Les personnes n'appartenant pas au Département de la Marine, auxquelles l'État ne paye directement aucun traitement d'activité, n'ont droit, quand elles sont domiciliées à moins d'un myriamètre du lieu où elles sont appelées en témoignage, à aucune indemnité de voyage; il peut leur être attribué, sur leur demande, pour chaque journée où elles auront été détournées de leur travail ou de leurs affaires, les taxes prévues aux articles 27 et 28 du décret du 18 juin 1811 [1].

Ces mêmes témoins, quand ils sont domiciliés à plus d'un myriamètre du lieu de comparution, reçoivent une indemnité de voyage calculée à raison de 10 centimes par kilomètre parcouru en allant, et autant pour le retour; mais ils n'ont pas droit à la taxe mentionnée dans le paragraphe précédent.

Si lesdits témoins sont obligés de prolonger leur séjour dans la ville où ils auront été entendus et où ils n'auront pas leur résidence, il leur est alloué pour chaque journée de séjour une indemité calculée conformément au tarif fixé à l'article 2 du décret du 22 juin 1895 [1].

Les dispositions du présent article sont applicables aux officiers-mariniers, sous-officiers, matelots et soldats en congé sans solde, et aux hommes de la réserve appelés en témoignage devant les tribunaux de la Marine.

ART. 12.

Les interprètes sont taxés à raison de 6 francs par séance entière de jour et 9 francs par séance entière de nuit, non compris le payement de la traduction par écrit qu'ils peuvent être appelés à faire des pièces de conviction rédigées en langue étrangère; le prix de ce travail est évalué par le tribunal séparément et selon sa nature.

ART. 13.

Les experts écrivains sont taxés à raison de 6 francs par vacation.

ART. 14.

Pareille somme de 6 francs est allouée, également par vacation, aux médecins civils dont le ministère est requis en justice.

ART. 15.

Dans le cas de transport à plus de 2 kilomètres de leur résidence, les interprètes, les experts et les médecins, outre la taxe ci-dessus fixée, sont

---

[1] Voir, à la suite de la Circulaire du 27 août 1896 (R), les textes cités dans l'article 11 du présent décret.

indemnisés de tous frais de voyage et de séjour, dans les conditions déterminées à l'article 24 du décret du 18 juin 1811.

ART. 16.

Les dépenses mentionnées aux articles 11, 12, 13, 14 et 15 du présent
décret continueront à être acquittées par les agents du Département des
Finances, à titre d'avances au Département de la Marine.

ART. 17.

Les militaires de la gendarmerie, les préposés des douanes, les agents de
police, les gardes forestiers, les gardes champêtres et les portiers-consignes
des places fortes reçoivent, à titre de gratification, une somme de 25 francs,
toutes les fois qu'ils opèrent l'arrestation d'un déserteur ou d'un insoumis de
la Marine.

La même gratification est accordée à tout individu qui la réclame pour
avoir arrêté un déserteur et l'avoir remis à la gendarmerie.

L'arrestation, par un des agents mentionnés au paragraphe 1er du présent
article, de tout militaire de la Marine en état d'absence illégale depuis plus
de quarante-huit heures, et avant l'expiration des délais de repentir, donne
droit aux primes suivantes :

Si l'arrestation a eu lieu dans les limites de la garnison, 5 francs ;

Si elle a eu lieu hors de ces limites, 6 francs.

ART. 18.

La prime à laquelle donne droit l'arrestation d'un marin en état de désertion ou d'absence illégale est payée aux capteurs dans les conditions énoncées
à l'article 345 du décret sur la solde et l'administration des Équipages de la
Flotte et au tarif n° 25 annexé audit décret [1].

ART. 19.

La prime due pour l'arrestation d'un marin insoumis ou d'un militaire de
la Marine en état de désertion ou d'insoumission est payée sur les fonds du
chapitre du budget afférent aux frais de justice; le montant de cette prime
est compris, en cas de condamnation, dans la liquidation des frais mis par
le jugement à la charge du délinquant.

---

[1] Les textes visés ont été remplacés respectivement par l'article 255 de l'Instruction du 26 octobre 1910 (*Sur le service de la solde*) et le tarif n° XI annexé au
décret du 11 juillet 1908 (*Sur la solde des marins des Équipages de la Flotte*).

ART. 20.

La prime due pour l'arrestation d'un militaire de la Marine en état d'absence illégale est payée aux capteurs sur les fonds du même chapitre du budget; mais le remboursement s'en opère, par voie de précompte, sur la masse de l'homme, qui en reverse le montant au Trésor.

ART. 21.

Une somme de 12 francs est due au Trésor, à titre de frais de procédure, par tout individu condamné par un conseil de guerre ou un tribunal maritime. Le recouvrement en est opéré de la même manière que les autres frais auxquels a donné lieu la poursuite du crime ou du délit. Sont également comprises dans ces frais les gratifications mentionnées à l'article 19 du présent décret.

ART. 22.

Lorsqu'il y a plusieurs accusés, auteurs ou complices du même fait, la condamnation au remboursement est prononcée solidairement contre eux.

ART. 23.

Les frais sont liquidés et la liquidation est rendue exécutoire par le président du tribunal. Le recouvrement est poursuivi par les agents du Trésor.

ART. 24.

Le décret du 21 juin 1858, concernant le personnel, les archives et les dépenses du service de la justice maritime, et le décret du 25 janvier 1882, modificatif du précédent, sont et demeureront abrogés.

ART. 25.

Le Ministre de la Marine est chargé de l'exécution du présent décret.

Fait à Paris, le 7 octobre 1895.

Signé : Félix FAURE.

Par le Président de la République :

Le Ministre de la Marine,
Signé G. BESNARD.

Instructions relatives
à l'exécution du nouveau Code de justice maritime.

Paris, le 25 juin 1858.

L'Amiral Ministre de la marine *aux Préfets maritimes, Chefs du service de la marine, Directeurs des établissements hors des ports, Commissaires de l'inscription maritime, Gouverneurs des colonies. Officiers généraux, supérieurs et autres commandant à la mer.*

Messieurs, j'ai l'honneur de vous adresser un exemplaire du Code de justice militaire pour l'armée de mer, en date du 4 de ce mois.

A cette loi, dont vous apprécierez la haute importance, viennent s'annexer :

1° Un sénatus-consulte du 4 juin 1858 rendant les dispositions pénales du nouveau Code applicables dans les colonies de la Martinique, la Guadeloupe et la Réunion ;

2° Un décret du 21 juin 1858, portant règlement d'administration publique pour l'application aux colonies du Code de justice militaire pour l'armée de mer.

Ces trois actes constituent l'ensemble du nouveau régime de la justice maritime.

Il eut été à désirer assurément qu'une même codification pût les réunir en un tout ; mais, en présence des principes admis dans le sénatus-consulte du 3 mai 1854 (R.), ce vœu ne pouvait être exaucé.

Le nouveau Code maritime est complété par *cinq* décrets d'exécution (du 21 juin 1858) :

1° Sur le ressort des conseils de guerre et des tribunaux maritimes des cinq arrondissements ;

2° Sur le nombre, le siège et le ressort des conseils et tribunaux de revision des arrondissements maritimes ;

3° Sur la composition des conseils de guerre pour le jugement des individus qui, dans les services de la marine, sont assimilés aux marins ou militaires ;

4° Sur le personnel, les archives et les dépenses du service judiciaire de la marine ;

5° Sur la police et la discipline dans les ports, arsenaux et autres établissements de la marine, dans les colonies et à bord des bâtiments de l'État.

Il ne vous échappera pas que des modifications profondes ont été apportées à l'ancien ordre de choses ; elles portent non seulement sur la constitution et la compétence de nos tribunaux, mais encore sur la procédure qu'ils ont à suivre, aussi bien que sur les pénalités dont ils ont à faire l'application.

Toutefois, fidèle à la tradition, le nouveau Code maintient l'existence de deux *sortes* d'organisations judiciaires : l'une, pour les jugements des *marins, militaires* ou *assimilés*, comprend les *conseils de guerre* et les *conseils de justice ;* l'autre, qui est la juridiction mixte des *tribunaux maritimes*, est spéciale à la reddition de la justice dans les arsenaux.

Une distinction bien tranchée est aussi établie, comme par le passé, entre la justice à *terre* et la justice à *bord*, en ce sens que les *conseils de guerre* siégeant à terre sont *permanents* et exercent leur action *sans partage*, tandis qu'à bord ces conseils sont convoqués pour ne statuer que sur un *fait isolé* dont le *conseil de justice ne peut connaître.*

Livre I. — *Organisation.*

Avant d'expliquer les conditions nouvelles de l'organisation judiciaire *spéciale à la flotte*, laquelle comporte des dérogations aux principes généraux, je vais exposer l'exercice normal des juridictions établies à terre sous les dénominations de conseils de guerre, conseils de revision, tribunaux maritimes et tribunaux de revision (art. 1ᵉʳ).

1   Deux conseils de guerre permanents devant siéger au chef-lieu de chaque arrondissement maritime, mon intention est que le premier conseil, composé en majorité d'officiers de vaisseau, soit, autant que possible, chargé du jugement des *marins*, et que les *militaires* soient renvoyés de préférence devant le second, dont les membres appartiendront en majorité aux corps de troupe de la marine.

2   Les nouvelles règles de compétence adoptées pour les conseils de guerre permanents ont conduit à répartir entre les divers arrondissements maritimes le territoire continental de la France (art. 2) : tel a été l'objet du décret qui a déterminé le ressort de ces tribunaux, en prenant comme point de départ l'état des quartiers de l'inscription maritime.

3   A chacun des conseils de guerre seront attachés un commissaire impérial et un rapporteur. Les convenances du service exigent que le commissaire impérial soit toujours d'un grade plus élevé ou plus ancien de grade que le rapporteur attaché au même conseil de guerre. C'est une recommandation dont il faudra tenir compte lorsqu'il y aura lieu de me soumettre des propositions relatives à des nominations dans les parquets maritimes (art. 5, 7 et 9).

5   ....

6   L'article 10 du nouveau Code, qui indique la composition des conseils de guerre suivant le grade de l'accusé, est complété par le décret d'assimilation judiciaire (art. 13) mentionné plus haut. Afin de vous prémunir contre toute fausse application du 2ᵉ paragraphe de l'article 10, je crois devoir vous faire remarquer qu'en le rapprochant de l'article 21, on voit

que la faculté qui y est donnée au préfet maritime de remplacer les juges manquants par des officiers d'un grade égal à celui de l'accusé ou d'un grade immédiatement inférieur s'applique au seul cas, à peu près impossible, où il n'y aurait pas au port le nombre nécessaire de lieutenants et enseignes de vaisseau, de capitaines, lieutenants et sous-lieutenants pour composer légalement le conseil de guerre; aux termes de l'article 21, si l'insuffisance porte sur des officiers généraux ou supérieurs, c'est au ministre qu'il appartient d'aviser; vous auriez donc à me rendre compte dans cette dernière hypothèse.

Le dernier paragraphe de l'article 10 pose un principe qu'il importe de **7** ne jamais perdre de vue: ce principe est relatif à la constitution du conseil dans les cas où il s'agit de juger un fait maritime; alors tous les juges sont pris dans le corps de la marine ou dans celui des équipages de la flotte.

Conformément à l'article 19, MM. les préfets maritimes auront à faire **8** dresser, sans le moindre retard, les tableaux des officiers et officiers-mariniers ou sous-officiers remplissant les conditions d'aptitude pour être appelés à siéger comme juges dans les conseils de guerre. Il serait au moins superflu de formuler ici des recommandations sur le choix qui doit présider à des désignations aussi délicates.

. . . . **9**

. . . . **10**

Il y aura désormais au chef-lieu de chaque arrondissement deux tribu- **11** naux maritimes permanents, dont le ressort sera le même que celui des conseils de guerre (art. 34). Comme il n'y a pas lieu d'user en ce moment de la faculté accordée par l'article 52, les affaires qui se présenteraient dans les sous-arrondissements ou dans les établissements situés hors des ports devraient être renvoyées devant les tribunaux maritimes de l'arrondissement dans la circonscription duquel ils se trouvent placés.

Il y aura tout avantage pour le service à ce que le premier tribunal maritime soit habituellement saisi de toutes les affaires, de telle sorte que le deuxième ne soit guère convoqué que lorsqu'un jugement rendu par le premier aura été annulé.

Dans cette juridiction, l'instruction continuera à être confiée à l'officier **12** remplissant les fonctions du ministère public (art. 37).

Des tableaux pour la désignation des juges (art. 43) devront être dressés **13** immédiatement par les soins des préfets maritimes qui auront à réclamer du président du tribunal de première instance du chef-lieu de leur arrondissement le tableau, par ordre d'ancienneté, de MM. les juges, juges suppléants, avocats et avoués de ce tribunal.

14 ....

15   La réunion, à bord des bâtiments, de *conseils de justice* et de *conseils de guerre*, est consacrée, dans de nouvelles conditions, par l'organisation judiciaire spéciale à la flotte, qui présente notamment l'importante innovation du *recours en revision* contre les jugements rendus *par les conseils de guerre* (art. 63, 67 et 100).

   Les principes posés pour la composition des conseils de guerre et des conseils de revision siégeant à terre sont admis, à l'exception de la permanence, pour les conseils de guerre et les conseils de revision de la flotte (art. 58, 62 et 65).

16 ♦ Aux termes des articles 58, 59, 64, § 1er, et 65, la composition normale de ces tribunaux est, en principe, celle des conseils de guerre et de revision permanents, et leurs membres doivent être pris *à bord des bâtiments présents sur les lieux ;* mais, en prévision des difficultés qui peuvent se rencontrer dans l'application et qui auraient entravé le cours de la justice, la loi à dû autoriser plusieurs dérogations qui ont été inscrites aux articles 60 et 66.

   Ainsi, en vertu de ces articles, l'autorité qui y est investie du droit de nommer *simultanément* le conseil de guerre et le conseil de revision peut appeler à y siéger des officiers de troupes embarqués ou des officiers employés à terre, et confier à un officier l'exercice des doubles fonctions de commissaire impérial et de rapporteur.

   Enfin, en cas d'insuffisance de ces facilités, l'article 60, dans ses deux derniers paragraphes, va jusqu'à autoriser une composition exceptionnelle dérogeant au principe posé à l'article 10, qui veut que l'accusé n'ait jamais que des juges d'un grade supérieur ou égal au sien. Dans cette occurence extrême, la composition du conseil de guerre appelé à juger tout autre qu'un officier peut comprendre des juges pris dans les grades inférieurs sans que le nombre des officiers-mariniers excède *deux ;* néanmoins, s'il s'agit du jugement d'un officier, l'accusé ne peut avoir pour juge aucun officier-marinier ou sous-officier, ni plus de deux officiers d'un grade inférieur au sien.

   Toutefois, aux termes des articles 67 et 214, la formation du conseil de guerre et du conseil de revision, à bord des bâtiments de l'État, doit être toujours simultanée : c'est un point sur lequel j'appelle particulièrement l'attention des autorités qui sont appelées à nommer les membres de ces tribunaux, conformément aux articles 60 et 64.

   MM. les commandants à la mer remarqueront, en outre, que, si le conseil de guerre peut, à la rigueur, ne point être présidé par un officier supérieur, la présidence du conseil de revision doit toujours être déférée à un officier supérieur du corps de la marine (art. 66) : comme, d'un autre côté, l'autorité qui a donné l'ordre d'informer n'est pas admise à siéger dans les conseils (art. 24, 62, 65), il en résulte que la réunion de deux officiers généraux ou supérieurs du corps de la marine est indispensable pour qu'il puisse y avoir jugement d'une affaire de la compétence des conseils de guerre à bord des bâtiments de l'État.

Il me semble utile d'expliquer ici la signification de l'expression de *commandant supérieur* qui se reproduit assez souvent dans les titres II des premier et troisième livres, notamment aux articles 60, 204, 205, 206, 208, 210 et 216 : par *commandant supérieur*, on doit entendre l'officier commandant le plus élevé en grade ou, à grade égal, le plus ancien dans une réunion *fortuite* de bâtiments. **17**

Deux innovations ont été apportées à la composition des conseils de justice : l'officier en second pourra les présider, en cas d'empêchement du commandant, et un officier-marinier y siégera désormais (art. 69). Cette dernière disposition, qui a été également adoptée par les conseils de guerre, est un hommage rendu aux services et au dévouement d'une classe d'hommes dont le bon esprit est apprécié depuis longtemps. Aucune condition d'âge n'est imposée pour siéger dans les conseils de justice (art. 72); il sera bon, toutefois, d'y appeler, aussi rarement que possible, les officiers qui n'auraient pas encore atteint l'âge de la majorité. La nomination des membres du conseil de justice appartiendra désormais, lorsque le bâtiment ne sera pas isolé, à l'autorité supérieure dont relèvera le commandant (art. 71). Enfin, l'officier qui aura porté la plainte continuera à ne pas faire partie du conseil, où est cependant admis à siéger celui qui a donné l'ordre d'informer (art. 24 et 73). **18**

Cette formation normale pouvant parfois ne pas être réalisable, faute de la présence, à bord du bâtiment où le délit a été commis, des quatre officiers qu'elle exige, l'article 71 permet, dans ce cas, d'appeler des aspirants de 1re classe de ce bâtiment à siéger au conseil de justice, qui, à défaut, peut être complété par des officiers ou des aspirants de 1re classe pris à bord d'autres bâtiments ou à terre et, à défaut encore de ceux-ci, par un deuxième officier-marinier.

LIVRE II. — *Compétence.*

Le livre II a réglé, sur de nouvelles bases, la compétence des juridictions *militaires* de la marine. Celle des conseils de guerre permanents dans les arrondissements maritimes sera désormais *générale*, à raison de tous crimes et délits, pour tous individus appartenant à l'armée de mer à un titre quelconque, *pendant leur séjour à terre*, soit en activité de service, soit en traitement dans les hôpitaux civils et maritimes ou en détention dans les prisons de la marine, soit enfin lorsqu'ils voyagent sous la conduite de la force publique (art. 77). **19**

Les individus qui appartiennent à l'armée de mer et qui, par suite, se trouvent justiciables des conseils de guerre sont :

1° Les officiers et aspirants de la marine entretenus ou auxiliaires;

2° Les officiers-mariniers, quartiers-maîtres, matelots, ouvriers-chaufleurs, novices, apprentis-marins et mousses du corps des équipages de la flotte;

3° Les officiers, sous-officiers, caporaux et brigadiers, soldats, musiciens et enfants de troupe :

De la gendarmerie maritime (sauf l'exception consacrée par l'art. 81),

De l'artillerie de marine,

De l'infanterie de marine,

Du corps des agents de surveillance des chiourmes,

De la compagnie de discipline,

4° Enfin tout le personnel compris au décret d'assimilation judiciaire.

20 Aux termes de l'article 79, tous les individus dont l'énumération précède seront encore soumis à la juridiction des conseils de guerre des arrondissements maritimes, mais seulement pour les crimes et délits prévus par la pénalité maritime, lorsqu'ils se trouveront en congé ou en permission ou que, non employés, mais recevant un traitement, ils resteront à la disposition du Gouvernement.

21 Une disposition spéciale introduite par l'article 80 défère à la même juridiction la désertion des *inscrits maritimes* levés pour le service.

. . . .

22 Enfin, la mission de statuer sur des faits de perte ou de prise de bâtiments de l'État est réservée aux conseils de guerre des arrondissements maritimes, dont une compétence accidentelle s'exercera encore sur les individus embarqués qui, dans certains cas, échappent à l'action des juridictions de la flotte, à savoir :

1° Pour *tous* crimes et délits, lorsqu'ils auront quitté le bâtiment sur lequel ils étaient embarqués ou à bord duquel le crime ou le délit aura été commis, et que ce bâtiment ne se trouvera plus sur les lieux ou aura été désarmé;

2° Pour crimes ou délits *excédant la compétence du conseil de justice* (définie à l'article 102), et commis, *soit à bord, soit à terre*, lorsque le bâtiment sur lequel l'inculpé sera embarqué *se trouvera dans l'enceinte d'un arsenal maritime* (art. 78).

23 Les règles de compétence établies pour les conseils de guerre et les prévôtés dans les corps expéditionnaires sont celles qui ont été adoptées pour l'armée de terre (art. 84).

24 Quant aux tribunaux maritimes, ils ont conservé leur ancienne compétence et ont absorbé celle des tribunaux maritimes spéciaux, qui sont supprimés (art. 89). Tous les crimes et délits commis dans l'intérieur des ports, arsenaux et *établissements de la marine*, alors même que les auteurs ou complices seraient justiciables des juridictions militaires siégeant à terre ou à bord, continueront à être de la compétence des tribunaux maritimes, lorsque les faits seront de nature à compromettre soit la *police* et la *sûreté* de ces établissements, soit le *service maritime* (art. 88).

Ces expressions, reproduites du décret du 12 novembre 1806, ont dû être préférées à toute définition nouvelle, qui aurait pu avoir pour effet d'anéantir la jurisprudence établie depuis le décret du 26 mars 1852.

25 Il convient de faire remarquer que le recours en revision, établi par les articles 83 et 100 contre les jugements des conseils de guerre à terre ou à bord, est admis par l'article 92 pour tous les justiciables des tribunaux maritimes......

Les conditions dans lesquelles il est statué sur tous les recours en revision sont déterminées, uniformément par les articles 85, 86, 87 et 93 pour les juridictions siégeant à terre, et par l'article 101 pour les conseils de revision de la flotte, dont le pouvoir est aussi réglé par les articles 86 et 87.

26 A l'égard du n° 4 de ce dernier article, je crois devoir placer ici l'énumération des articles du Code maritime ou du Code d'instruction criminelle prescrivant des formes dont la violation ou l'omission constitue des *nullités*.

Ces articles sont :

Code maritime :

Articles 129, § 1er, 139, § 3e, 143, § 3e, 150, 158 (à cause des articles 317, 322 et 332 du Code d'instruction criminelle qui y sont visés), 170, § 4e, 208, § 1er, 211, § 3e (à cause de l'article 139 qui y est visé) et 213, § 1er (à cause des articles 143, 150 et 170 qui y sont visés).

Code d'instruction criminelle : articles 317, 322 et 332.

27 La compétence des conseils de guerre de la flotte est déterminée par l'article 94 ; elle embrasse tous individus qui, à quelque titre que ce soit, sont portés présents sur les rôles d'équipage, et ce, à raison de crimes ou de délits dépassant la compétence du conseil de justice et commis, soit à terre, soit à bord, à moins que les bâtiments sur lesquels les inculpés sont embarqués ne se trouvent dans l'enceinte d'un arsenal maritime (art. 78, § 1er).

28 Il ne vous échappera point que cette compétence générale des conseils de guerre de la flotte comprend la connaissance de la *désertion* des marins *embarqués*, qui naguère était forcément renvoyée à l'action des conseils *permanents*.

29 Je crois utile de faire remarquer ici que le conseil de guerre qui, par suite d'une déclaration d'incompétence d'un conseil de justice, viendrait à être saisi régulièrement d'une affaire rentrant réellement dans la limite de cette juridiction disciplinaire, aurait le droit et le devoir de statuer sur le fait, quel qu'eût été le mérite de la décision du conseil de justice.

30 Ces mêmes conseils de la flotte connaîtront encore de certains faits relatifs au service maritime qui se seront produits sur les navires de commerce, ou dont des pilotes se seront rendus coupables (art. 95, 96, 97).

31 L'article 98, créant une zone de protection autour de chaque bâtiment en rade, énumère les divers crimes et délits dont la perpétration en dedans de cette zone étend sur leurs auteurs, quels qu'ils soient, l'empire de la juridiction de bord. J'appelle l'attention de chacun sur les termes de cet article, en faisant remarquer que, si le coupable était *saisi en dehors du périmètre fixé*, il n'en faudrait pas moins le faire poursuivre ; mais que, dans ce cas, l'affaire serait dévolue aux tribunaux appelés à en connaître suivant la qualité du délinquant.

32 Enfin, les étrangers qui, en dehors de nos arsenaux, commettraient, sur des bâtiments de l'État, des crimes et délits prévus par le Code maritime seraient justiciables des conseils de guerre siégeant à bord, alors même qu'ils ne figureraient pas aux rôles d'équipage de ces bâtiments (art. 99).

33 S'il est permis de considérer les conseils de guerre siégeant à bord comme une sorte de dérivation des conseils de guerre permanents, on peut dire qu'à son tour le conseil de justice n'est qu'une émanation de la première de ces juridictions.

Il s'agit ici d'une justice de famille purement correctionnelle, dont les formes sommaires concordent avec la vie de bord : pour être justiciable de ce tribunal, il faut être porté au rôle d'équipage, et ne pas être admis à l'une des tables du commandant, des officiers ou des aspirants. La réunion des conseils de guerre étant rendue beaucoup plus facile, il y avait lieu de restreindre la compétence des conseils de justice ; aussi ne connaîtront-ils désormais que des délits contre lesquels la loi ne prononce pas une peine supérieure à celle de deux années d'emprisonnement. Il suffit de jeter un coup d'œil sur le livre des peines pour constater que cette limite suffira largement aux nécessités ordinaires du service.

L'action des conseils de justice continuera, au surplus, de s'exercer à bords des bâtiments qui se trouveront dans l'enceinte d'un arsenal maritime et leurs jugements ne seront susceptibles d'aucun recours (art. 102).

34 Le titre III établit les règles de compétence en cas de complicité : le principe admis est que la juridiction la moins exceptionnelle a toujours la priorité (art. 103 et 107). L'article 104 porte que le conseil de guerre ou le conseil de justice est compétent à l'égard des complices *marins, militaires* ou *assimilés*, qui, en raison de leur position, ne seraient pas ses justiciables ; il en est de même lorsque des étrangers sont mis en cause avec des justiciables du conseil de guerre ou de justice. En ce qui concerne les crimes et délits de complicité par des justiciables des conseils de guerre de l'armée de mer et des justiciables des conseils de guerre de l'armée de terre, c'est le *lieu* qui détermine la juridiction (art. 105 et 106). Toutefois, les tribunaux militaires sont seuls compétents si le *lieu maritime* où le fait a été commis se trouve dans une circonscription en état de siège; mais à cet égard, il faut remarquer qu'un département étant mis en état de siège, il ne s'ensuit pas que les rades riveraines de ce département se trouvent placées sous le même régime. Les dispositions dont il vient d'être parlé s'appliquent, bien entendu, *aux seuls cas de complicité;* car l'état de siège ne modifie pas autrement la compétence des juridictions maritimes, sauf la faculté réservée à l'autorité militaire par les articles 8 et 10 de la loi du 9 août 1849.

Pour tous les cas de complicité, le tribunal compétent fait à chacun application de la pénalité qui lui est propre (art. 253, 254 et 255).

35 Le titre IV règle divers cas de compétence qui n'ont point été prévus dans les titres précédents : il se compose des articles 108 et 109.

Ce dernier désigne le tribunal auquel appartient la priorité lorsque à raison de faits divers dont il est prévenu un individu se trouve justiciable de tribunaux différents.

Quant à l'article 108, il a pour objet des dispositions qui, en vue de certaines situations accidentelles des personnes, apportent aux règles ordinaires de la compétence les importantes dérogations ci-après indiquées.

Le premier paragraphe range sous la juridiction des tribunaux militaires, en les soumettant à la pénalité militaire, les individus appartenant au service de la marine détachés, soit en corps, soit isolément, comme auxiliaires de l'armée de terre; mais il importe de remarquer que cette disposition ne touche en rien au régime juridique des bâtiments de l'État qui seraient mis à la disposition du département de la guerre.

Le deuxième paragraphe concerne les militaires de l'armée de terre qui seraient mis à la disposition de la marine, pour un service ou une expédition d'outre-mer ou pour la garnison des bâtiments de l'État; en pareil cas, ils sont soumis aux juridictions maritimes pendant tout le temps qu'ils restent à la disposition du département. Quant aux militaires de l'armée de terre passagers sur les bâtiments de l'État, ils sont, d'après le troisième paragraphe, justiciables des conseils de guerre et des conseils de justice depuis l'instant de leur embarquement jusqu'à celui de leur débarquement à destination : de ces termes il ressort donc, qu'alors même que, pendant le trajet, ces militaires seraient mis à terre, ils n'en resteraient pas moins soumis aux juridictions de bord.

Dans les cas prévus par les deux derniers paragraphes de l'article 108, les militaires de l'armée de terre sont traités, quant à l'application de la peine, comme le seraient les militaires appartenant aux troupes de la marine; c'est-à-dire qu'en *cas d'embarquement hors les exceptions prévues aux articles 324 et 330* (désertion et vente, etc. des effets militaires), ils seraient punis conformément au Code maritime, sauf à convertir en emprisonnement l'inaptitude à l'avancement et la réduction de grade ou de classe (art. 252 et 255).

36 Le titre V statue sur les pourvois en cassation : la faculté du pourvoi est absolument interdite aux marins et militaires ou assimilés; à tous les individus qui figurent au rôle d'équipage d'un bâtiment de l'État; à ceux qui, en raison de leur position, sont soumis aux règlements maritimes ou militaires; aux justiciables des conseils de guerre dans les corps expéditionnaires: les personnes non comprises dans cette énumération ne sont admises à se pourvoir en cassation que pour cause d'incompétence.

Livre III. — *Procédure.*

37 Le livre III traite de la procédure devant les divers tribunaux de la marine.

Les articles 113 à 137 règlent pour les conseils de guerre des arrondissements maritimes tout ce qui concerne la police judiciaire et l'instruction.

Je dois faire remarquer que l'expression de *chefs de détail*, employée à l'article 115, a plus de portée qu'on ne lui accorde dans le langage usuel maritime: par *chefs de détail* on entend ici, non seulement les chefs de détails administratifs, mais encore les officiers de diverses directions de travaux qui sont chargés de la conduite ou de la surveillance des chantiers et ateliers de nos ports.

38 Il est établi, par l'article 129, que la poursuite des crimes ou des délits ne peut avoir lieu, *à peine de nullité*, que sur un ordre d'informer donné, suivant les cas, par le ministre ou par le préfet.

Lorsque MM. les préfets maritimes ne croiront pas devoir donner suite à la plainte [1], ils motiveront leur décision, en faisant connaître si c'est faute

---

[1] Par suite d'un usage qui a prévalu, comme règle, dans certains ports, les chefs de corps sont astreints à rendre compte *personnellement* au préfet maritime de *tout* crime ou délit qui leur est dénoncé contre des subordonnés; c'est-à-dire à libeller et *signer toute plainte*, sans distinction de l'inculpation qui en fait l'objet.

Ce mode de procéder qui n'est consacré par aucune des dispositions de la loi, *si ce n'est en matière de désertion*, ne trouve non plus sa justification dans une saine application des principes du droit et de la hiérarchie. Il s'ensuit que, dans le cas où une dénonciation mal fondée lui est remise, le chef de corps est mis ainsi dans la nécessité d'en assumer sur lui la responsabilité, et conséquemment d'intervenir comme *plaignant*.

Aux termes de l'article 124 du Code de justice maritime, une intervention de cette espèce est *exceptionnellement* exigible du chef de corps, lorsqu'il s'agit du fait de *désertion*. Ce fait, qui ne lèse les intérêts de personne en particulier, est une infraction grave au service et à la discipline du corps : on conçoit donc que la loi impose au chef qui représente ce corps le devoir de dénoncer cette infraction à l'autorité supérieure. Mais, en toute autre matière, il est de principe que la partie *lésée* ou *offensée* doit porter plainte, à la condition toutefois, si elle appartient à l'armée, qu'elle s'adresse à son chef *direct*, pour lui exposer ses griefs par écrit ou de vive voix. C'est ainsi qu'un capitaine est l'intermédiaire indispensable entre les hommes de sa compagnie et le chef du corps pour saisir ce dernier, soit des *plaintes* écrites qu'il a reçues, soit des procès-verbaux ou rapports qu'il a dressés sur *plaintes* orales.

Ces divers documents (qui deviennent la base de la prévention, si l'information

de gravité ou de précision des faits articulés ou parce que ces faits ne constitueraient ni crimes ni délits; au surplus les formules qui ont été récemment imprimées sont conçues de telle manière, que MM. les préfets auraient le droit et le devoir de faire reprendre les poursuites s'il survenait de nouveaux renseignements de nature à modifier leur opinion première.

Des états nominatifs des refus d'informer devront m'être fournis désormais, *à la fin de chaque mois;* ils indiqueront *succinctement* les motifs de la décision prise.

Il est bien entendu que, dans les cas où il appartient au ministre seul d'ordonner l'information, toutes les pièces de l'affaire doivent lui être adressées, avec l'avis motivé de MM. les préfets.

Toutes les recommandations qui viennent d'être faites concernant l'ordre d'informer s'appliquent aussi à l'ordre de mise en jugement: seulement, lorsque MM. les préfets maritimes, usant du droit qui leur est accordé par l'article 138, décideront qu'il n'y a pas lieu de convoquer le conseil, ils devront m'en rendre compte *immédiatement.*

Le 4ᵉ paragraphe de l'article 139 admet, par dérogation à une des pres- **39** criptions du 2ᵉ paragraphe, que dans le cas de mise en jugement pour perte ou prise d'un bâtiment de l'État, il ne sera pas nécessaire de qualifier autrement le fait ni de mentionner le texte de la loi applicable : faute de cette disposition exceptionnelle, le commissaire impérial n'aurait pu parfois se conformer à la loi qu'en formulant une prévention désavouée par sa conscience. Or s'il était utile de consacrer une des plus respectables traditions maritimes, en établissant à nouveau que la perte ou la prise d'un bâtiment de l'État donnerait toujours lieu à mise en jugement (art. 129 et 138), il était indispensable d'écarter de la procédure à suivre en pareil cas toute forme de nature à blesser d'honorables et légitimes susceptibilités.

L'examen et le jugement dans les conseils de guerre des arrondissements **40** maritimes font l'objet des articles 143 à 181.

Le huis clos, lorsqu'il paraît nécessaire dans l'intérêt de l'ordre et des

---

est ordonnée) doivent être adressés directement et sans l'entremise du major général par le chef de corps au préfet maritime, lequel donne ou refuse l'ordre d'informer, *au moyen des modèles* nᵒˢ 2 ou 2 *bis* (série A) du nouveau formulaire.

Il est bien entendu qu'en faisant cette double transmission, le capitaine et le chef de corps doivent s'abstenir d'émettre un avis sur le *fond* de l'affaire, de telle sorte que l'un pas plus que l'autre ne puisse être considéré comme *partie plaignante,* dans le sens du cas d'exclusion inscrit au nᵒ 2 de l'article 24 du Code de justice maritime.

Je vous prie de notifier à qui de droit la présente dépêche, afin que chacun tienne compte de la réglementation qu'elle contient, laquelle sera d'une application particulièrement avantageuse pour le service à bord; car c'est là surtout qu'il convient d'éviter de faire remplir inutilement l'office de *plaignant* à un officier qui n'est point partie *lésée.* (*Circulaire du 5 août 1858.*)

16.

mœurs, doit être ordonné par un jugement du conseil ; il ne peut s'appliquer qu'aux débats ; par suite, la lecture des pièces et les avertissements dont parle l'article 151 doivent se faire publiquement, de même que la lecture de tout jugement sur les incidents aussi bien que sur le fond (art. 143 et 166).

41 Les décisions rendues sur les exceptions, les moyens d'incompétence, la suspension des débats et autres incidents doivent énoncer le fait qui y a donné lieu, les conclusions des parties, les réquisitions du ministère public, les moyens de défense présentés par l'accusé et enfin le jugement motivé du conseil. Si le cadre des formules de jugement ne permet pas d'y insérer toutes ces mentions, il suffit d'y consigner l'incident au moment où il se produit, en ajoutant : *« Qu'il y a été statué par un jugement séparé, lequel est joint et annexé au présent. »*

Le jugement séparé doit reprendre l'intitulé du jugement principal, indiquer la publicité de l'audience, se terminer par la même formule, être signé de la même manière que le jugement principal et mentionner qu'il y sera annexé comme en faisant partie.

42 Il importe de remarquer qu'aux termes des articles 154, 159, 163 et 164, les décisions sur incidents dont il vient d'être parlé, ainsi que l'admission des circonstances atténuantes, sont prononcées *à la majorité absolue des voix*, tandis que les questions relatives à la culpabilité et à l'application de la peine ne sont résolues contre l'accusé *qu'à la majorité de cinq voix contre deux.*

Je ne saurais trop appeler l'attention de MM. les présidents des conseils de guerre sur la manière dont l'article 162 veut que les questions soient posées.

Il est indispensable de suivre scrupuleusement l'ordre qui est établi, afin que chaque question présente un sens complet, sans pourtant tomber dans le vice de complexité. La première doit porter sur le fait principal, en spécifiant les éléments constitutifs de l'infraction : chaque circonstance aggravante nécessite ensuite une question spéciale, de façon que l'accusation soit purgée tout entière ; le même ordre doit être suivi pour chacun des chefs d'accusation, s'il y en a plusieurs.

Et, à cet égard, je citerai comme exemple une accusation de voies de fait envers un supérieur pendant le service ou à l'occasion du service. Ici la question principale serait posée dans ces termes :

« N.   est-il coupable de voies de fait envers N.   (nom et grade), son supérieur ? »

La deuxième question serait :

« Ces voies de fait ont-elles été commises pendant le service ou à l'occasion du service ? »

C'est lorsqu'il délibère sur l'application de la peine, après déclaration de la culpabilité, que le conseil est appelé, *s'il y a lieu,* à se prononcer sur la question des circonstances atténuantes, dont la solution n'est mentionnée sur le jugement que si elle est favorable à l'accusé; cette mention doit être faite en ces termes :

« *A la majorité il y a des circonstances atténuantes en faveur de* . »

Je dois faire remarquer ici que les présidents des conseils de guerre ne **43** sont pas autorisés à poser d'autres questions que celles qui s'appliquent aux frais prévus par les dispositions pénales de la loi. On ne saurait nier que l'usage qui avait prévalu dans les conseils de guerre appelés à statuer sur les pertes ou prises de bâtiments ne présentât de graves inconvénients; certains juges, scrupuleux observateurs de la loi, en invoquaient le silence pour s'opposer à ce que la question de l'*acquittement honorable* fût posée; dans d'autres cas, l'introduction de formules nouvelles venait, en quelque sorte, rendre moins éclatants les acquittements *honorables* qui avaient été précédemment prononcés. Cette question ne devra donc plus être posée; et les conseils de guerre permanents, modifiés conformément au tableau de l'article 10, qui désormais connaitront exclusivement des faits prévus aux articles 267, 268 et 269, devront, en cas de déclaration de non-culpabilité, conformer leur verdict aux prescriptions des 3e et 4e paragraphes de l'article 166, en s'abstenant d'introduire dans le libellé du jugement aucune formule de louange ou de censure. Au surplus, rien n'interdit au président, après le prononcé du jugement, de se faire, s'il y a lieu, l'interprète du conseil, en faisant rentrer le commandant, pour lui adresser, séance tenante, des félicitations sur sa conduite, sans que toutefois il y ait jamais lieu de lui remettre son épée.

Je crois devoir signaler que la rédaction de l'article 168 établit d'une **44** manière précise que la déclaration d'exclusion de la Légion d'honneur ou de la médaille militaire est une des conséquences de la condamnation à la peine principale, qu'elle s'y rattache intimement et que, par suite, elle doit être prononcée par le président comme toute autre partie du jugement (art. 161, § 1er, 166, §§ 1 et 2), c'est-à-dire hors la présence du condamné, qui, après l'audience, en reçoit la notification par l'entremise du commissaire impérial (art. 171). Quant à la formule de dégradation, déterminée par les articles 43 du décret du 16 mars 1852 (**M.**) et 6 du décret du 24 novembre de la même année (**M.**), elle ne doit être adressée au condamné qu'alors que le jugement, devenu définitif, est mis à exécution dans la forme prescrite par l'article 242.

Le jugement prononce l'acquittement ou l'absolution, selon que l'accusé **45** n'est pas reconnu coupable ou que le fait n'est point défendu par une loi pénale. L'individu acquitté ou absous ne peut être repris ni accusé à raison du même fait (art. 167); toutefois, l'article 166 indique, par ses deux derniers paragraphes, que l'absolution de l'accusé n'amène pas, comme l'acquittement, sa libération immédiate et définitive, puisque cette libération est subordonnée à l'exercice du recours en revision par le commissaire impérial. Ce recours s'exerce, en effet, dans les limites déterminées par les articles 409 et 410 du Code d'instruction criminelle (art. 174), et conformément au principe de droit commun qui veut que tout pourvoi, *formé dans le délai légal*, soit suspensif de l'exécution du jugement, *hors le cas d'acquittement*. Aussi le commissaire impérial ne peut-il se pourvoir que *dans l'intérêt de la loi*, s'il y a eu acquittement ou, *en tout autre cas*, si son pourvoi *n'a point été fait dans le délai légal*. Mais si ce pourvoi est fait en temps utile, le commissaire impérial peut poursuivre l'annulation du jugement, soit pour fausse application de la peine, soit lorsqu'une absolution a été motivée sur la non-existence d'une loi pénale qui pourtant existait.

46 C'est à partir de l'expiration du jour où lecture du jugement a été donnée au condamné que court le délai de vingt-quatre heures accordé, soit au condamné, soit au commissaire impérial, pour se pourvoir en revision (art. 173 et 174, § 2).

47 Le recours en revision contre les jugements d'incompétence ou d'incidents n'interrompt pas le cours de l'affaire : les débats continuent néanmoins ; seulement il est statué sur le recours en même temps que sur la décision au fond : quant au pourvoi en cassation, il ne peut être intenté que dans les trois jours qui suivent la notification de la décision du conseil de revision ou, s'il n'y a pas eu recours en revision, dans les trois jours qui suivent l'expiration du délai accordé pour l'exercer (art. 111, 153 et 177).

48 L'article 180 autorise MM. les préfets maritimes à suspendre l'exécution des jugements, à la charge d'en informer sur-le-champ le ministre de la marine.

Aux termes d'une décision royale du 2 septembre 1831, notifiée aux préfets maritimes le 15 septembre 1831, il sera sursis à l'exécution de toute *condamnation à mort* prononcée dans les ports ou sur les rades de France par tel tribunal de la marine que ce soit.

49 L'article 181 comporte une observation en ce qui touche la mesure dans laquelle le commissaire impérial est tenu de concourir à l'exécution du jugement. Il n'est plus désormais chargé d'y veiller et d'y présider et son intervention doit se borner à requérir ladite exécution, à laquelle assiste le greffier, qui dresse procès-verbal. Il est, d'ailleurs, à remarquer que les articles 242 et 245, qui traitent de l'exécution des jugements portant condamnation aux peines de la dégradation et des travaux publics, n'impliquent, ni l'un ni l'autre, la présence du commissaire impérial.

La partie des présentes Instructions qui déterminera le mode d'exécution des condamnations capitales établira qu'en pareil cas la présence du commissaire impérial n'est pas non plus exigée.

Le jugement, aux termes de l'article 170, est en même temps la décision **50** rendue sur le fond et le procès-verbal de l'audience : il ne reproduit pas les dépositions des témoins et, parmi les réponses de l'accusé, il ne doit reproduire que celles qui ont été faites en conformité de l'article 147.

Les formules de jugement que j'ai fait imprimer ont été rédigées avec un grand soin, de façon qu'on ne puisse omettre les mentions exigées, *à peine de nullité*, par l'article 170; c'est un point fort important sur lequel j'appelle l'attention spéciale de MM. les présidents, les commissaires impériaux et les greffiers.

L'article 182, qui traite de la procédure devant les conseils de guerre **51** dans les corps expéditionnaires, ne me paraît comporter aucun développement.

Il en est de même des articles 183 à 196, qui règlent la procédure devant **52** les conseils de revision des arrondissements maritimes et des corps expéditionnaires; toutefois il est bon de remarquer que l'article 194 permet de ne recommencer la procédure qu'à partir de l'acte annulé; d'où il résulte qu'une annulation étant prononcée pour fausse application de la peine, le renvoi devant un autre conseil n'a pour objet que l'application de la peine légalement encourue à raison des faits reconnus constants par le premier conseil de guerre.

Tout ce qui concerne la procédure devant les tribunaux maritimes et les **53** tribunaux de revision est réglé par les articles 197 à 203. A cet égard, je ne puis que me référer à ce qui vient d'être dit concernant les conseils de guerre et les conseils de revision des arrondissements; j'ajouterai cependant que, dans les audiences des tribunaux maritimes et des tribunaux de revision, les juges de l'ordre civil occuperont la place qui leur avait été assignée par une circulaire ministérielle du 12 août 1807; c'est-à-dire qu'ils continueront à siéger à la droite du président. Cette préséance accordée aux juges civils a pour conséquence qu'ils doivent être considérés comme plus élevés en grade et, par suite, d'après l'esprit du dernier paragraphe de l'article 161 (qui, aux termes de l'article 197, est applicable à la procédure devant les tribunaux maritimes), qu'ils doivent opiner avant le président, mais après tous les autres juges marins.

La qualité d'officiers de police judiciaire a été dévolue aux commissaires **54** impériaux rapporteurs près les tribunaux maritimes, ainsi qu'aux maîtres entretenus et conducteurs de travaux, pour tous les faits qui sont de la compétence des tribunaux maritimes.

Le titre II du livre III (art. 204 à 226) règle la procédure devant les juri- **55** dictions maritimes siégeant à bord; ce titre est divisé en deux chapitres : le premier, relatif aux conseils de guerre et aux conseils de revision; le second, relatif aux conseils de justice.

Les juridictions de bord ne pouvant être permanentes, des règles spéciales devaient être établies en ce qui les concerne.

L'article 204 prescrit de désigner un officier de police judiciaire chaque fois qu'il y a lieu de constater un crime ou un délit de la compétence des conseils de guerre à bord des bâtiments de l'État : la désignation de cet officier appartient au commandant du bâtiment sur lequel le fait s'est produit; le crime ou le délit ayant été commis à terre, la désignation de l'officier de police judiciaire appartient au commandant du bâtiment sur lequel est embarqué l'inculpé. Quand il s'agit de faits n'ayant pas eu lieu à bord d'un bâtiment de l'État, mais dont les auteurs sont embarqués sur des navires du commerce, la désignation de l'officier de police judiciaire appartient au commandant supérieur; il en est de même au cas où il y a trahison de la part d'un pilote, et enfin lorsque les crimes ou les délits mentionnés à l'article 98 ont eu lieu *dans la zone établie autour de nos vaisseaux* et que les prévenus ont été arrêtés dans le périmètre déterminé.

L'article 205 précise les droits qui sont accordés, en pays étranger, à l'officier de police judiciaire, et l'article 206 indique la suite qui doit être donnée aux actes et procès-verbaux dressés par lui.

56   Sur les rades étrangères, les relations de MM. les commandants et des autorités du pays sont généralement fort délicates; aussi y a-t-il un sérieux avantage à s'entendre au préalable avec les consuls de France chaque fois qu'un de nos marins a été arrêté par les autorités locales ou chaque fois qu'un étranger s'est rendu coupable d'un crime ou d'un délit de la compétence de nos conseils de guerre. En pareil cas, on ne saurait agir avec trop de prudence et, s'il arrivait que les autorités du pays refusassent de déférer aux réquisitions qui leur seraient adressées, il faudrait se borner à m'en rendre compte, sans jamais recourir à la force ou à la violence. Toutefois, si certains de nos marins étaient poursuivis devant les tribunaux du pays, MM. les commandants, d'accord avec les consuls, devraient faire toutes les démarches nécessaires pour que les prévenus fussent traités avec humanité, défendus et jugés impartialement et conformément aux traités existant entre ces pays et la France.

57   L'article 78 ayant établi que la connaissance de certains faits qui se produisent à bord de nos bâtiments est réservée aux conseils de guerre permanents des arrondissements maritimes, l'inculpé est, en pareil cas, renvoyé, avec toutes les pièces, à la disposition du préfet maritime ou à celle du ministre; mais, dans toutes les autres circonstances, cet inculpé est renvoyé, avec les pièces, à l'autorité qui est appelée à donner l'ordre d'informer (art. 207).

58   Aux termes de l'article 208, la faculté d'arrêter l'affaire ou d'y donner cours appartient à l'autorité dont relève, même à titre temporaire, le commandant du bâtiment; c'est seulement lorsqu'il est isolé qu'un commandant a le droit d'ordonner l'information.

L'autorité qui a ordonné l'information est chargée de nommer le commissaire impérial, le rapporteur et le greffier près le conseil de guerre (art. 209), de prononcer sur la mise en jugement et, s'il y a lieu, de nommer les juges, en fixant le lieu de la réunion du conseil (art. 211). C'est à cette autorité que doivent être remis mandats de comparution ou d'amener et les citations de témoins, lorsqu'il s'agit d'individus résidant en pays étranger (art. 210); mais il doit être entendu que, si l'un de ces témoins ne se rend pas à la citation qui lui est ainsi faite, il sera passé outre à la continuation de l'instruction.

Un principe nouveau est posé à l'article 212 : l'accusé peut être traduit **59** directement et sans instruction préalable devant le conseil de guerre à bord des bâtiments de l'État : cette faculté sera précieuse dans plus d'une circonstance ; mais mon intention est qu'il n'en soit usé que *dans des cas urgents et à charge de m'en rendre compte aussitôt.*

L'autorité qui a donné l'ordre d'informer peut suspendre l'exécution du **60** jugement, sauf à m'en aviser sur-le-champ. Il serait dangereux d'établir ici une règle absolue en ce qui concerne les exécutions à mort: je m'en rapporte donc, sur ce point, à la sagesse de MM. les commandants à la mer : tous savent combien l'Empereur tient à son droit de grâce; c'est leur dire que des cas d'urgence extrême devront seuls les déterminer à priver le condamné du bénéfice d'un recours à l'exercice de la prérogative de Sa Majesté. Alors donc seulement que *la discipline, le succès d'une opération, la sûreté du bâtiment,* seront mis en question, MM. les commandants à la mer pourront user, dans sa plénitude, du droit qui leur est dévolu par les articles 181 et 213.

L'exécution des jugements a lieu, autant que possible, à bord du bâti- **61** ment auquel appartient le condamné (art. 213); il doit en être de même pour les séances du conseil de guerre[1].

Les articles 214 et 215 sont relatifs à la procédure devant les conseils de **62** revision à bord des bâtiments de l'État. Il ne faut pas perdre de vue que la nomination des membres de ce tribunal doit être faite en même temps que celle des juges du conseil de guerre; aucune considération ne peut permettre de transgresser cette importante prescription.

Comme un assez grand nombre de dispositions relatives à la procédure

---

[1] Lorsque, par suite d'un sursis, le jugement ou la décision qui en adoucit le prononcé est exécutoire sur les ordres d'une autorité autre que celle qui a donné l'ordre d'informer, l'un des commissaires impériaux près les conseils de guerre permanents des arrondissements maritimes est chargé de pourvoir à l'exécution du jugement ou de la décision de commutation, en l'absence et en remplacement du commissaire impérial auquel ce soin incombait régulièrement. (*Circulaire du 26 août 1858.*)

des conseils de guerre et des conseils de revision permanents sont applicables à la procédure des conseils de guerre et des conseils de revision siégeant à bord, je ne puis que me référer aux explications déjà données sur ces dispositions, en faisant observer qu'au nombre des formes communes à la procédure à terre et à la procédure à bord se trouvent toutes celles prescrites *à peine de nullité*, lesquelles ont été ci-devant énumérées à propos du n° 4 de l'article 87, réglant les pouvoirs d'annulation des conseils de revision à terre et à bord.

64 Le chapitre 2 n'a que peu modifié, pour les conseils de justice, les formes de procédure qui y étaient en usage.

À moins qu'il ne s'agisse d'un bâtiment isolé (cas prévu au dernier paragraphe de l'article 208), la plainte[1] est soumise par le commandant à l'autorité dont il relève (art. 216) : cette autorité prononce sur la suite à donner et nomme, s'il y a lieu, les membres du conseil de justice, en désignant le lieu, le jour et l'heure de la réunion (art. 217).

Il conviendra que le conseil siège et que l'exécution ait lieu, autant que possible, à bord du bâtiment auquel appartiendra le prévenu (art. 213, n° 3, et 226).

Le juge désigné par le président pour faire le rapport de l'affaire n'a, comme par le passé, aucune conclusion à prendre. Les articles 219 à 223 règlent tout ce qui est relatif à l'audience et au jugement.

Après la délibération, qui a eu lieu à huis clos hors de la présence du greffier, c'est en séance publique et *en présence de l'inculpé* que le président proclame la décision du conseil de justice, qui peut être prise *à la simple majorité des voix* et qui, ainsi qu'il a été dit, n'est assujettie à aucun recours.

65 Tout en admettant que l'instruction continuerait à être orale, il a fallu, en prévision de certains cas, établir qu'il serait dressé un procès-verbal spécial de la séance; ce procès-verbal est exigé lorsqu'il y a eu déclaration d'incompétence (art. 219) et lorsque le jugement a prononcé la peine de l'emprisonnement (art. 225, § 2).

Je recommande à MM. les présidents des conseils de justice de veiller à ce que cet acte soit dressé aussi complet que possible, dans les deux cas spécifiés, et notamment à ce qu'il reproduise succinctement les dépositions des témoins entendus.

J'appelle aussi leur attention toute particulière sur l'exacte transmission des autres pièces dont l'envoi est prescrit par les trois derniers paragraphes de l'article 225.

66 Le droit de commutation est exercé par l'autorité qui a saisi le conseil; mais ce droit est limité suivant les distinctions établies à l'article 366

---

[1] Voir la Circulaire du 5 août 1858, déjà citée en note sous le paragraphe 38 des présentes Instructions.

(art. 224); il appartient à cette même autorité d'ordonner l'exécution du jugement (art. 225).

La procédure devant le conseil de justice est enfin complétée par l'application qui lui est faite (art. 226) de plusieurs dispositions relatives à la procédure des conseils de guerre, parmi lesquelles il s'en trouve une seule prescrite à peine de nullité : c'est celle de l'article 143 qui exige la publicité de l'audience. **67**

Avant d'en terminer avec la procédure devant les juridictions maritimes siégeant à bord, j'ajouterai qu'il sera délivré désormais à tout bâtiment de l'État un registre des jugements des conseils de guerre et des conseils de revision et un registre des jugements des conseils de justice; les registres de chaque bâtiment sont destinés à recevoir non seulement les minutes des jugements rendus par les juridictions de bord concernant les individus y embarqués, mais encore les actes ou procès-verbaux dont il est question aux articles 171, 173, 174, 177, 181, 184, 224 et 225, relatifs aux recours en revision, aux pourvois en cassation, aux commutations et aux exécutions [1]. **68**

Le nouveau Code n'a rien fixé quant à la tenue des officiers qui seront appelés à siéger dans les divers tribunaux de la marine. **69**
J'ai décidé que les officiers des différents corps de la marine, faisant partie des conseils de guerre et des tribunaux maritimes, des conseils et des tribunaux de revision, s'y rendront en petite tenue; les officiers de la marine, du génie et du commissariat auront le chapeau monté..... [2].
Dans les conseils de justice, les juges seront en redingote et casquette; ils seront armés [3].

Le titre III (art. 227 à 231) règle les formes à suivre pour juger les individus inculpés d'un crime ou d'un délit qui se seraient soustraits aux poursuites de la justice maritime; les dispositions en sont empruntées au Code d'instruction criminelle, avec les changements nécessités par la différence des juridictions. **70**

Il y est, en outre, apporté une dérogation sur laquelle je dois entrer dans quelques explications. **71**
Cette dérogation est inscrite à l'article 236 qui, après avoir déclaré applicable à la justice maritime le chapitre du Code d'instruction criminelle qui traite de la prescription, y fait une exception à l'égard de celle qui résulte de la désertion.

---

[1] C'est la copie et non la minute du jugement qui, désormais, figurera sur le registre. (Circ. du 13 mars 1911, *B. O.*, p. 410.)
[2] Tenue dite n° 1. (*A. M.*, 19 juin 1912, *B. O.*, p. 1378.)
[3] Tenue dite n° 2. (*A. M.*, 19 juin 1912.)

Cette disposition nouvelle, abolissant l'*imprescriptibilité absolue* qui naguère existait contre ce délit, *déclaré successif*, le couvre par une prescription qu'il fait courir du jour où le déserteur a atteint l'âge de 47 ou de 50 ans, selon le titre sous lequel il était tenu au service de l'État. La fixation de ce double point de départ est puisée dans l'article 11 de la loi du 26 avril 1855 et dans l'article 24 de la loi du 3 brumaire an IV (25 octobre 1795). Le déserteur ne peut donc être jugé ni par défaut ni par contumace pendant la durée de cette *imprescriptibilité temporaire.*

72 Les dispositions de droit commun sont rendues applicables au mode de procéder, dans le cas où un second jugement est annulé par les mêmes motifs que le premier (art. 233). Il en est de même pour la reconnaissance d'un individu condamné par un tribunal de la marine (art. 232). Cette reconnaissance est dévolue à celui qui paraît avoir le plus de moyens de discerner la vérité.

Livre IV. — Pénalités.

73 Le livre IV traite de la pénalité : le titre 1ᵉʳ définit les peines et leurs effets ; le titre II énumère les faits qui constituent des crimes et des délits, en ne les distinguant autrement que par la nature des peines qui doivent leur être appliquées.

La nomenclature de ces peines fait l'objet des articles 237 et 238, qui les divisent en peines afflictives et infamantes ou seulement infamantes, applicables aux crimes, et en peines correctionnelles, applicables aux délits.

74 (1) . . . .

75 Ces diverses prescriptions, reproduites de la loi du 12 mai 1793, ne font nulle mention de l'intervention du commissaire impérial, par la raison qu'aux termes de l'article 181 les jugements sont exécutés *à la diligence* et non *en présence* de l'officier du ministère public. Il suffit donc que le commissaire impérial assure, *par délégation*, l'exécution dont il est chargé.

76 La dégradation militaire, définie par l'article 242, est tantôt une peine *principale*, tantôt une peine *accessoire.*

Comme peine *principale*, elle est toujours accompagnée d'un emprisonnement dont la durée, fixée par le jugement, peut atteindre le maximum de cinq années (art. 243).

Comme peine *accessoire* elle se joint de plein droit :

1° Aux travaux forcés, à la déportation, à la détention, à la reclusion et

____

(1) Les prescriptions qui figuraient à cette place fixaient le cérémonial des exécutions capitales, cérémonial qui est actuellement réglé par l'article 53 du décret du 7 octobre 1909 (*Guerre*) sur le service de place.

au bannissement, peines dont l'application et les effets sont d'ailleurs déterminés par le Code pénal ordinaire (art. 241);

2° A toute condamnation à mort prononcée en vertu de ce même Code (art. 240);

Dans certains cas prévus au titré II, la dégradation militaire accompagne encore la peine de mort, qui alors seulement a un caractère infamant.

Toutefois, aux termes de l'article 242, il ne doit point y avoir exécution effective de la dégradation militaire lorsqu'elle est l'accessoire d'une condamnation capitale.

Les articles 248, 249 et 250 définissent les peines de l'inaptitude à l'avan- **77** cement et de la réduction de grade ou de classe....................

. . . .

L'article 252 est d'une haute importance et comporte quelques explications **78** de détail.

En abrogeant toutes les dispositions antérieures relatives à la justice maritime (art. 374), il a fallu faire une exception concernant les peines prononcées contre la piraterie et contre les crimes et délits commis par les forçats : les pirates et les condamnés aux travaux forcés restent donc soumis à la législation pénale qui leur était précédemment applicable.

A tous leurs autres justiciables, et *sauf les cas dont il va être parlé au paragraphe suivant,* les tribunaux de la marine font application des peines prononcées par le Code de justice militaire pour l'armée de mer............

L'exception mentionnée au précédent paragraphe porte sur les militaires ou assimilés des armées de terre et de mer qui ne sont pas embarqués ou qui, étant embarqués, se sont rendus coupables soit de désertion (art. 324), soit de vente, détournement, destruction, mise en gage et recel des effets militaires (art. 330). Pour ces militaires, de même que pour les individus justiciables des conseils de guerre dans les corps expéditionnaires, les peines édictées par le Code de justice militaire de l'armée de terre sont applicables par priorité et de préférence à celles du Code de justice militaire de l'armée de mer ; et c'est subsidiairement, dans le silence des deux Codes militaires, qu'il y a lieu de recourir à la loi ordinaire. Dans cette dernière hypothèse, les circonstances atténuantes peuvent être admises chaque fois que le Code pénal ordinaire en établit la faculté; mais, dans le cas d'application de l'une des lois militaires, cette faculté n'existe que si l'*article* appliqué l'autorise expressément, ou si le coupable n'appartient pas aux armées de terre ou de mer.

Les articles 253 et 254 posent, *pour les cas de complicité,* des règles pré- **79** cises concernant la peine que doit appliquer le tribunal compétent. Chacun est puni d'après la loi qui lui est spéciale ; seulement, si un individu n'appartenant ni à l'armée de mer, ni à l'armée de terre est déclaré coupable d'un crime ou d'un délit non prévu par les lois ordinaires, il est condamné aux peines portées par le Code maritime. Enfin, les peines prononcées contre les marins, militaires et assimilés par un tribunal dont ils ne sont pas directement justiciables sont exécutées conformément aux dispositions des Codes de justice militaire, et à la diligence des autorités maritimes ou militaires.

80   L'article 255 prévoit les cas où la peine prononcée contre un crime ou un délit ne pourrait être appliquée, à raison de sa nature ou de la qualité du justiciable ; cette peine est alors remplacée par une autre :

A l'égard des individus qui ne sont ni marins, ni militaires, ni assimilés, la dégradation militaire, prononcée comme peine principale, est remplacée par la dégradation civique ;

A l'égard des individus qui ne sont ni fonctionnaires publics, ni marins, ni militaires, la destitution est remplacée par un emprisonnement d'un an à cinq ans ;

A l'égard des individus qui ne sont ni marins, ni militaires, ni assimilés, ou qui n'appartiennent pas à l'inscription maritime, les travaux publics sont également remplacés par un emprisonnement d'un an à cinq ans ;

Enfin, à l'égard des individus qui n'appartiennent pas aux équipages de la flotte, l'inaptitude à l'avancement est remplacée par un emprisonnement qui ne peut excéder six mois, et la réduction de grade ou de classe par un emprisonnement de trois mois au plus.

81   Les articles 257 et 260 rendent applicables devant les tribunaux de la marine certaines dispositions du Code pénal ordinaire relatives au discernement, à la tentative, à la complicité et aux cas d'excuses ; quant à la récidive, elle n'a pas été inscrite dans le nouveau Code, sauf en ce qui concerne la désertion (art. 310 et 314) : hors cette double exception, on n'encourra donc les effets de la *récidive* qu'autant que le fait qui aurait motivé la première condamnation serait une infraction au droit commun, aux termes du dernier paragraphe de l'article 56 du Code pénal ordinaire.

82   L'article 258, qui détermine à quelle époque les peines prononcées par les tribunaux de la marine commencent à courir, ne prévoit pas le cas où les travaux forcés à temps, la déportation, la détention, la réclusion et le bannissement auraient été prononcés contre un individu auquel la dégradation militaire ne serait pas applicable ; il faudrait alors se reporter à l'article 23 du Code pénal ordinaire, d'après lequel la durée des peines temporaires doit compter du jour où la condamnation est devenue irrévocable. En vue des dispositions de cet article 258, il y aura lieu, *sauf les cas de sursis ordonné pour recours en commutation d'une peine infamante,* d'accélérer autant que possible *la mise à exécution* du jugement, attendu que tout retard aurait pour effet d'augmenter la durée de la détention du condamné. Je rappelle, au surplus, que tout jugement de conseil de justice doit être exécuté *dans les vingt-quatre heures* (art. 225, § 1er).

83   L'article 259 détermine les cas dans lesquels la condamnation prononcée contre un officier, pour un simple délit, entraîne la perte du grade.

Enfin, l'article 261 règle, quant à l'application des peines, l'assimilation 84 des divers justiciables des tribunaux de la marine ; en ce qui concerne les individus non marins ou militaires embarqués sur les bâtiments de l'État, cette assimilation est déterminée par la table à laquelle ils sont admis.

Le titre II du livre IV donne l'énumération des crimes et des délits mari- 85 times ; dans la rédaction des articles on s'est attaché à bien préciser les catégories d'individus auxquels chacun d'eux est applicable.

Sous les dénominations de *marins et militaires*, on a compris tous les justi- 86 ciables des conseils de guerre permanents : dans l'intention de la loi, la première de ces dénominations s'applique aux individus qui sont soumis aux règlements maritimes ; la seconde, aux individus qui sont régis par les dispositions spéciales à l'armée de terre.

Lorsqu'un article du Code dit *tout marin*, cet article s'applique au marin 87 servant à terre aussi bien qu'au marin embarqué.

Par cette expression de *marins*, on a entendu désigner non seulement les officiers de marine, les aspirants et le personnel des équipages de la flotte, mais encore tous leurs assimilés judiciaires, à savoir :

Les officiers du corps du génie maritime et de celui des ingénieurs hydrographes ;

Les officiers, commis et écrivains du commissariat, de l'inspection et du personnel administratif des directions de travaux dans les ports et les établissements de la marine situés hors des ports ;

Le personnel du service des manutentions et de celui de la justice maritime ;

Les agents de la comptabilité des matières ;

Les officiers de santé ;

Les examinateurs et professeurs de l'école navale et des écoles d'hydrographie ;

Les trésoriers des invalides :

Les conducteurs des forges de la Chaussade :

Le corps des infirmiers permanents.

La dénomination de *militaire* s'applique : 88

1° Aux corps de la gendarmerie, de l'artillerie, de l'infanterie, des agents de surveillance des chiourmes, à la compagnie de discipline, etc. ;

2° Aux employés de l'artillerie, aux armuriers militaires, aux gardiens de batterie, etc.

Les dispositions du titre II du livre IV sont applicables aux militaires de la marine alors seulement qu'ils sont embarqués ; d'un autre côté, les militaires de l'armée de terre sont soumis aux mêmes dispositions, quand ils deviennent nos justiciables par suite de leur inscription au rôle d'équipage d'un bâtiment de l'État : il s'ensuit que le titre II a employé l'expression *tout militaire embarqué*, laquelle s'applique aux militaires de l'armée de terre comme à ceux de l'armée de mer.

89 Tous les individus exerçant à bord une fonction quelconque, qu'ils soient marins ou ne le soient pas, sont désignés dans le Code sous le titre d'*individus faisant partie de l'équipage d'un bâtiment de l'État.*

90 *Par individu embarqué sur un bâtiment de l'État,* on entend tout individu qui figure au rôle d'équipage, à quelque titre que ce soit, alors même qu'il y serait inscrit comme simple passager.

91 *L'individu au service de la marine* est celui qui reçoit une solde du département, qu'il soit ou ne soit pas marin ou militaire.

92 Enfin, l'expression *tout individu,* qui est parfois employée, saisit le coupable quelle que soit sa qualité.

Ces explications préalables m'ont semblé nécessaires pour bien faire comprendre le langage de la loi nouvelle ; je pense qu'elles suffiront pour que chacun se rende un compte exact de la portée des diverses dispositions du titre II, à l'égard des personnes qui y sont désignées.

93 Le chapitre 1er prévoit les faits de *trahison,* d'*espionnage* et d'*embauchage ;* dans tous les cas prévus à ce chapitre, la peine de mort est accompagnée de la dégradation militaire, lorsque le coupable est marin ou militaire (art. 266).

94 *Les crimes et délits contre le-devoir maritime* font l'objet du chapitre II. Des principes nouveaux ont été posés en ce qui concerne la perte des bâtiments de l'État ; c'est l'auteur de l'événement qui en sera désormais responsable : d'un autre côté, l'impéritie du commandant, qui, d'après la loi de 1790, entraînait la cassation et l'incapacité de servir, ne sera punie que de la privation de commandement (art. 267 et 269). L'article 275 prévoit les cas de surprise par l'ennemi, d'incendie, d'abordage, d'échouage et d'*avarie grave :* il est inutile de dire que, par cette dernière expression, le Code n'a voulu désigner que les avaries qui auraient de sérieuses conséquences pour nos bâtiments.

A l'avenir, l'abandon de la faction, du quart ou du poste et de la corvée ou de l'embarcation sera réprimé d'une manière efficace (art. 283, 284 et 285). Enfin l'enlèvement des embarcations est puni par l'article 288.

95 Le chapitre III (*Révolte, insubordination et rébellion*) contient des dispositions nouvelles qui faciliteront le maintien de la discipline, et qui ne semblent pas exiger des explications de détail : je me bornerai à faire remarquer que la rédaction des articles 300 et 302 a été calculée de manière à établir qu'à bord les voies de fait ou l'outrage envers un supérieur sont toujours punis comme ayant eu lieu en service.

Il me paraît à propos de parler ici de la conduite qu'un supérieur doit suivre **96**
à l'égard d'un inférieur dont la raison est momentanément troublée par un
usage immodéré de vin ou de liqueurs.

Me référant, à ce sujet, aux recommandations consignées au dernier paragraphe de l'article 332 du décret du 3 décembre 1856, sur le service intérieur dans les divisions, je rappellerai qu'aux termes de l'article 580 (n° 3)
du réglement du 28 août 1852 sur le service intérieur à bord, «un homme
qui réclame étant dans l'ivresse ne peut être entendu».

Il importe, en effet, que la justice n'ait point à punir des crimes ou délits
à la perpétration desquels tout discernement est resté étranger; le moyen le
plus efficace pour atteindre un but si désirable consiste, avant tout, dans le
soin que doit prendre le supérieur d'éviter tout contact avec un homme ivre,
en le faisant saisir, s'il y a lieu, *par ses égaux et sans l'intervention d'un chef;*
c'est ainsi que sa résistance n'attirera sur lui qu'une légère répression.

J'ajoute que, à moins de *nécessité absolue,* la punition que cet homme aurait encourue ne devrait lui être infligée que lorsque l'état d'ivresse aurait
cessé. Je prie MM. les préfets maritimes et MM. les commandants à la mer
d'appeler l'attention de chacun sur l'utilité incontestable de ces mesures de
précaution, faute desquelles la sévérité de la loi militaire pourrait parfois
priver la flotte de bons serviteurs.

Au surplus, l'examen des procédures qui me sont journellement adressées
me permettra de distinguer les chefs qui ne tiendront pas la main à ce que
ces instructions soient strictement observées.

Le chapitre IV (*Abus d'autorité*) comporte une observation au sujet de **97**
l'article 308, corrélatif des dispositions comprises au chapitre III, et notamment des articles 299 à 303, qui répriment les voies de fait et les outrages
envers des supérieurs.

Il était convenable, en effet, que, par une juste réciprocité, l'inférieur fût
protégé contre l'emploi abusif des violences réprouvées par la loi maritime,
d'où les châtiments corporels ont disparu depuis longtemps; aussi l'article 308
sévit-il contre le supérieur qui frappe son inférieur.

Toutefois, en prévision de circonstances dans lesquelles une rude énergie **98**
a été reconnue nécessaire, une voie de fait du supérieur envers l'inférieur
est déclarée excusable; il appartiendrait à l'autorité supérieure d'apprécier,
le cas échéant, si la circonstance qui aurait donné lieu à un acte de violence
de l'espèce était de celles prévues par l'article 308 ou si, sans saisir la
justice, il y aurait lieu d'infliger à l'auteur du fait, soit une punition disciplinaire, soit seulement une réprimande.

Je dois appeler particulièrement votre attention sur le chapitre V qui traite **99**
de la *désertion.*

A l'intérieur, la désertion ne sera plus déclarée qu'après six jours d'absence **100**
et même après un mois d'absence pour les hommes n'ayant pas six mois de

service; l'individu voyageant isolément, celui dont le congé ou la permission
est expiré et l'inscrit maritime levé pour le service sont considérés comme
déserteurs lorsque, dans les quinze jours qui suivent l'époque qui leur a été
fixée, ils ne se sont pas présentés devant l'autorité compétente (art. 309).
Ces divers délais, de même que ceux qui sont déterminés pour les officiers
par l'article 311, sont réduits de moitié en temps de guerre (art. 312).

101   Pour la désertion à l'étranger, il suffit de trois jours d'absence, et ce délai
n'est pas même nécessaire pour l'individu qui prend du service à l'étranger
ou qui est trouvé à bord d'un navire étranger, sans permission ou motif légitime (art. 313).

102   L'article 320 dispose que tout individu non officier est réputé déserteur
par le seul fait qu'il était absent illégalement au moment du départ de son
bâtiment; cette mesure nouvelle comble une lacune de notre ancienne législation, et donnera à l'autorité les moyens de sévir, lorsqu'elle le jugera
nécessaire.

103   L'article 322 consacre la confiscation, au profit de la caisse des invalides,
des sommes dues par l'État au déserteur et des parts de prise qui pourraient
lui revenir; il ne s'agit ici, du reste, que de sommes non encore ordonnan-
cées ni déposées dans les caisses des invalides ou des gens de mer : d'après
cet article, la confiscation doit toujours être expressément prononcée par le
jugement.

104   Les dispositions du chapitre V ne s'appliquent pas aux militaires embarqués qui, pour les faits de désertion, restent soumis au Code de justice militaire pour l'armée de terre.

105 . . . .

106   Le chapitre VI prévoit les faits de *vente, détournement, destruction, mise en
gage et recel des effets militaires.*
       L'article 328 punit le jet à la mer des effets du marin ; quant au bris ou
jet à la mer des armes et autres objets du bord, il tombe sous le coup des
dispositions de l'article 343. L'article 330 renvoie au Code de justice militaire pour l'armée de terre, en ce qui concerne les délits prévus à ce chapitre,
lorsque leur auteur est un militaire embarqué.

107   Le chapitre VII qui traite *du vol* pose des règles nouvelles, sur lesquelles
je dois appeler la sérieuse attention de chacun.
       Le dernier paragraphe de l'article 331 établit que le *vol simple*, lorsque la
valeur de l'objet n'excédera pas 40 francs, sera puni de six mois à deux ans
d'emprisonnement. Bien que cette mesure soit également applicable au service à terre, elle a été prise surtout au point de vue de nos bâtiments, afin
que les conseils de justice pussent continuer à connaître des vols peu impor-

tants qui seraient commis à bord; mais il est essentiel de remarquer que toute circonstance aggravante qui aurait acccompagné la faute interdirait absolument l'application du paragraphe précité.

En ce qui concerne l'estimation de l'objet volé, voici quelles sont les dispo- **108** sitions qu'il m'a semblé convenable d'adopter.

Lorsque l'inculpé ne sera pas un homme embarqué et que, par conséquent, la compétence des juridictions siégeant à terre ne sera point douteuse, le rapporteur chargé de l'instruction nommera d'office deux experts qu'il aura choisis parmi les personnes présumées, par leur art ou profession, capables d'apprécier la valeur des objets soustraits. Les experts prêteront le serment de donner leur avis en leur honneur et conscience et leurs déclarations seront reproduites par le rapporteur dans son procès-verbal, auquel ils signeront, après qu'il leur en aura donné lecture.

Lorsqu'un vol paraissant être de l'espèce mentionnée au dernier paragraphe de l'article 331, mais *ne rentrant pas dans la compétence générale de l'article 88*, sera imputé à un individu porté au rôle d'équipage d'un bâtiment se trouvant dans l'enceinte d'un arsenal maritime, il y aura incertitude sur la juridiction à saisir, puisque, aux termes de l'article 78, le renvoi devra être fait, soit *au conseil de justice*, soit à *un conseil de guerre permanent*, suivant que la valeur de l'objet volé n'excédera pas ou excédera 40 francs. — Il faudra donc que, dans ce dernier cas, le préfet maritime ajourne, au besoin, la poursuite, jusqu'à ce qu'il lui ait été donné une évaluation permettant de statuer sur la question de compétence; il est bien entendu que cette évaluation administrative ne saurait tenir lieu de l'expertise judiciaire à soumettre à l'appréciation du tribunal, et que le conseil de justice saisi aurait le droit et le devoir de se déclarer incompétent si, à la suite de l'instruction orale, l'objet volé lui semblait valoir plus de 40 francs. Quant au conseil de guerre devant lequel l'affaire serait portée, il serait tenu de statuer sur la prévention, quel qu'eût été le mérite de la décision du conseil de justice, dont la juridiction se trouverait épuisée.

J'ajoute que le conseil de guerre ne devrait point se refuser à juger, lors même qu'il résulterait des débats que le vol n'aurait point le caractère de gravité qui, sur les premiers indices, en avait soustrait la connaissance au conseil de justice; il devrait, dans ce cas, faire application de la pénalité inscrite au dernier paragraphe de l'article 331.

Je termine ces explications, qui peuvent facilement s'approprier à la procédure devant les conseils de guerre siégeant à bord, en rappelant que les juges ne sont pas liés par l'avis des experts, si leur conviction y est contraire; ils motiveraient alors dans le jugement les modifications qu'ils auraient apportées aux estimations de l'expertise ou leur rejet.

Le chapitre VIII (*Pillage, destruction, dévastation de bâtiments, d'édifices ou* **109** *du matériel naval*) renferme des dispositions nouvelles, notamment sur les incendies par négligence (art. 339), et la destruction volontaire des matériaux confiés pour être travaillés (art. 345).

110   Les faits de bris, destruction ou jet à la mer des armes et objets de matériel sont des faits graves qu'on ne pouvait réprimer qu'en leur appliquant l'article 4 de la loi du 15 juillet 1829, relatif au détournement et à la dissipation des armes. Cette lacune se trouve désormais comblée par les articles 343 et 344, dont l'un ou l'autre sera applicable, en pareille matière, selon que la faute aura été commise à bord ou à terre.

Dans tous les cas spécifiés au chapitre VIII, la peine de mort est accompagnée de la dégradation militaire, si le coupable est marin ou militaire (art. 348).

111   Il n'y a pas lieu de donner d'explication sur les chapitres IX (*Faux en matière d'administration maritime*), X (*Corruption, prévarication et infidélité dans le service et l'administration maritime*) et XI (*Usurpation d'uniformes, costumes, insignes, décorations et médailles*).

112   Quant au chapitre XII (*Crimes ou délits commis par les marins du commerce dans leurs rapports avec les bâtiments de l'État*), il prévoit les fautes des pilotes (art. 360), celle des capitaines convoyés (art. 361), le refus d'assistance dont un capitaine de navire du commerce se rendrait coupable envers un bâtiment de l'État dans la détresse (art. 362), et enfin le fait d'avoir favorisé, au moyen d'une embarcation, l'évasion du bord de marins embarqués (art. 363) : seulement, dans ce dernier cas, l'affaire n'est du ressort du conseil de guerre que si le coupable a été saisi dans le périmètre fixé par l'article 98 ; autrement elle doit être déférée aux tribunaux appelés à en connaître, selon la qualité du délinquant.

113   Un examen attentif des dispositions du titre II du livre IV conduira certainement à remarquer que les peines ont été souvent édictées en raison des circonstances dans lesquelles la faute a été commise et que, presque toujours, une latitude étendue a été laissée à l'appréciation des juges pour l'application de la peine ; c'est à la sagesse et à la conscience des officiers qu'il appartient de proportionner le châtiment à la gravité de la faute ; nos justiciables ne sauraient assurément avoir de meilleures garanties.

114   Parmi les dispositions générales qui se trouvent groupées dans le titre III, je signalerai particulièrement l'article 365 qui consacre à nouveau le *droit de vie et de mort* accordé au commandant, et l'article 366 qui établit la règle applicable au droit de commutation. Je rappelle ici que ce droit, naguère attribué au commandant du bâtiment pour tous les jugements des conseils de justice, appartient désormais à *l'autorité qui a saisi le conseil, et est restreint aux jugements qui ne prononcent pas plus d'une année d'emprisonnement.*

Les officiers qui jugeront à propos d'en user devront se renfermer strictement dans les limites qui en modèrent graduellement l'exercice et qu'ils ne pourraient franchir sans commettre un excès de pouvoir. Tout adoucissement de peine outrepassant la mesure de leur autorité en pareille matière devrait être scrupuleusement réservé à la clémence de l'Empereur.

L'article 369, relatif à l'action disciplinaire, est complété par un des dé-**115**
crets ci-joints (du 21 juin 1858); l'autorité se trouvera suffisamment armée
désormais, en raison des pouvoirs nouveaux qui lui sont accordés. MM. les
préfets maritimes voudront bien remarquer que, la police et la discipline des
ports et arsenaux leur appartenant, ils ont, par suite, la faculté de prendre
telles mesures d'application que cette attribution générale leur semblera
comporter. Ils peuvent, par exemple, lorsqu'ils ne croiraient pas devoir donner
l'ordre d'informer, centraliser, comme par le passé, l'examen des affaires de
simple police, en transmettant les rapports des chefs de service ou de détail
au commissaire impérial rapporteur près le premier tribunal maritime, qui
aurait à leur remettre un procès-verbal de ses investigations. Ils peuvent
même, dans certains cas, donner l'ordre d'informer, sauf à user, après l'instruction, du droit que leur confère l'article 138, § 1er, de prononcer sur la
mise en jugement.

L'article 371 reproduit l'ensemble des dispositions existantes, en vertu **116**
desquelles le produit de toutes les confiscations et amendes prononcées
d'après le Code maritime est attribué à la caisse des invalides; il est bien
entendu que les retenues de solde qui accompagnent la peine de l'inaptitude
à l'avancement rentrent dans la catégorie de ces confiscations.

Enfin l'article 372 établit une réserve pour les infractions commises aux **117**
lois sur la chasse, la pêche, les douanes, les contributions indirectes, les
octrois, les forêts et la grande voirie, tous les délits de cette nature n'étant
pas soumis à la juridiction des tribunaux de la marine.

. . . . **118**

. . . . **119**

Une double série de formules [1] (*service à terre et service à la mer*) est **120**
annexée aux présentes Instructions; il sera nécessaire de s'y conformer pour
éviter toute cause de nullité.

. . . . **121**

. . . . **122**

L'Amiral Ministre Secrétaire d'État
de la Marine et des Colonies,

Signé : HAMELIN.

---

[1] Voir la liste et les modèles de ces *formules* ci-devant, p. 119 et suivantes.

TEXTE DES LOIS

AUXQUELLES RENVOIE LE CODE DU 4 JUIN 1858

OU QUI S'Y RÉFÈRENT

TEXTE DES LOIS

AUXQUELLES RENVOIE LE CODE DU 4 JUIN 1858

OU QUI S'Y RÉFÈRENT

Extraits du Code d'instruction criminelle.

Art. 31. Les dénonciations seront rédigées par les dénonciateurs, ou par leurs fondés de procuration spéciale, ou par le procureur imperial s'il en est requis; elles seront toujours signées par le procureur impérial à chaque feuillet et par les dénonciateurs ou par leurs fondés de pouvoirs.

Si les dénonciateurs ou leurs fondés de pouvoirs ne savent ou ne veulent pas signer, il en sera fait mention.

La procuration demeurera toujours annexée à la dénonciation et le dénonciateur pourra se faire délivrer, mais à ses frais, une copie de sa dénonciation.

Art. 33. Le procureur impérial pourra aussi, dans le cas de l'article précédent, appeler à son procès-verbal les parents, voisins ou domestiques, présumés en état de donner des éclaircissements sur le fait; il recevra leurs déclarations, qu'ils signeront; les déclarations reçues en conséquence du présent article et de l'article précédent seront signées par les parties, ou, en cas de refus, il en sera fait mention.

Art. 36. Si la nature du crime ou du délit est telle que la preuve puisse vraisemblablement être acquise par les papiers ou autres pièces et effets en la possession du prévenu, le procureur impérial se transportera de suite dans le domicile du prévenu, pour y faire la perquisition des objets qu'il jugera utiles à la manifestation de la vérité.

Art. 37. S'il existe, dans le domicile du prévenu, des papiers ou effets qui puissent servir à conviction ou à décharge, le procureur impérial en dressera procès-verbal, et se saisira desdits effets ou papiers.

Art. 38. Les objets saisis seront clos et cachetés, si faire se peut; ou, s'ils ne sont pas susceptibles de recevoir des caractères d'écriture, ils seront mis dans un vase ou dans un sac, sur lequel le procureur impérial attachera une bande de papier qu'il scellera de son sceau.

Art. 39. Les opérations prescrites par les articles précédents seront faites en présence du prévenu, s'il a été arrêté; et s'il ne veut ou ne peut y assister, en présence d'un fondé de pouvoirs qu'il pourra nommer. Les objets lui seront présentés à l'effet de les reconnaître et de les parafer, s'il y a lieu, et au cas de refus, il en sera fait mention au procès-verbal.

Art. 65. Les dispositions de l'article 31 concernant les dénonciations seront communes aux plaintes.

Art. 73. Ils seront entendus séparément, et hors de la présence du prévenu, par le juge d'instruction, assisté de son greffier.

Art. 74. Ils représenteront, avant d'être entendus, la citation qui leur aura été donnée pour déposer; et il en sera fait mention dans le procès-verbal.

Art. 75. Les témoins prêteront serment de dire toute la vérité, rien que la vérité; le juge d'instruction leur demandera leurs nom, prénoms, âge, état, profession, demeure, s'ils sont domestiques, parents ou alliés des parties, et à quel degré; il sera fait mention de la demande et des réponses des témoins.

Art. 76. Les dépositions seront signées du juge, du greffier et du témoin, après que lecture lui en aura été faite et qu'il aura déclaré y persister; si le témoin ne veut ou ne peut signer, il en sera fait mention.

Chaque page du cahier d'information sera signée par le juge et le greffier.

Art. 78. Aucun interligne ne pourra être fait; les ratures et les renvois seront approuvés et signés par le juge d'instruction, par le greffier et par le témoin, sous les peines portées en l'article précédent. Les interlignes, ratures et renvois non approuvés seront réputés non avenus.

Art. 79. Les enfants de l'un et de l'autre sexe, au-dessous de l'âge de quinze ans, pourront être entendus par forme de déclaration et sans prestation de serment.

Art. 82. Chaque témoin qui demandera une indemnité sera taxé par le juge d'instruction.

Art. 83. Lorsqu'il sera constaté, par le certificat d'un officier de santé, que des témoins se trouvent dans l'impossibilité de comparaître sur la citation qui leur aura été donnée, le juge d'instruction se transportera en leur demeure, quand ils habiteront dans le canton de la justice de paix du domicile du juge d'instruction.

Si les témoins habitent hors du canton, le juge d'instruction pourra commettre le juge de paix de leur habitation à l'effet de recevoir leur déposition, et il enverra au juge de paix des notes et instructions qui feront connaître les faits sur lesquels les témoins devront déposer.

Art. 84. Si les témoins résident hors de l'arrondissement du juge d'instruction, celui-ci requerra le juge d'instruction de l'arrondissement dans lequel les témoins sont résidants de se transporter auprès d'eux pour recevoir leurs dépositions.

Dans le cas où les témoins n'habiteraient pas le canton du juge d'instruction ainsi requis, il pourra commettre le juge de paix de leur habitation à l'effet de recevoir leurs dépositions, ainsi qu'il est dit dans l'article précédent.

Art. 85. Le juge qui aura reçu les dépositions en conséquence des articles 83 et 84 ci-dessus les enverra closes et cachetées au juge d'instruction du tribunal saisi de l'affaire.

Art. 315. Le procureur général exposera le sujet de l'accusation; il présentera ensuite la liste des témoins qui devront être entendus soit à sa requête, soit à la requête de la partie civile, soit à celle de l'accusé.

Cette liste sera lue à haute voix par le greffier.

Elle ne pourra contenir que les témoins dont les noms, profession et résidence auront été notifiés, vingt-quatre heures au moins avant l'examen de ces témoins, à l'accusé, par le procureur général ou la partie civile, et au procureur général par l'accusé, sans préjudice de la faculté accordée au président par l'article 269. (Voir l'article 125 du Code de justice militaire.)

L'accusé et le procureur général pourront, en conséquence, s'opposer à l'audition d'un témoin qui n'aurait pas été indiqué ou qui n'aurait pas été clairement désigné dans l'acte de notification.

La cour statuera de suite sur cette opposition.

Art. 316. Le président ordonnera aux témoins de se retirer dans la chambre qui leur sera destinée. Ils n'en sortiront que pour déposer. Le président prendra des précautions, s'il en est besoin, pour empêcher les témoins de conférer entre eux du délit et de l'accusé, avant leur déposition.

Art. 317. Les témoins déposeront séparément l'un de l'autre, dans l'ordre établi par le procureur général. Avant de déposer, ils prêteront, à peine de nullité, le serment de parler sans haine et sans crainte, de dire toute la vérité et rien que la vérité.

Le président leur demandera leurs nom, prénoms, âge, profession, leur domicile ou résidence, s'ils connaissaient l'accusé avant le fait mentionné dans l'acte d'accusation, s'ils sont parents ou alliés, soit de l'accusé, soit de la partie civile, et à quel degré; il leur demandera encore s'ils ne sont pas attachés au service de l'un ou de l'autre: cela fait, les témoins déposeront oralement.

Art. 318. Le président fera tenir note, par le greffier, des additions, changements ou variations qui pourraient exister entre la déposition d'un témoin et ses précédentes déclarations.

Le procureur général et l'accusé pourront requérir le président de faire tenir les notes de ces changements, additions et variations.

Art. 319. Après chaque déposition, le président demandera au témoin si c'est de l'accusé présent qu'il a entendu parler; il demandera ensuite à l'accusé s'il veut répondre à ce qui vient d'être dit contre lui.

Le témoin ne pourra être interrompu; l'accusé ou son conseil pourront le questionner par l'organe du président, après sa déposition, et dire, tant contre lui que contre son témoignage, tout ce qui pourra être utile à la défense de l'accusé.

Le président pourra également demander au témoin et à l'accusé tous les éclaircissements qu'il croira nécessaires à la manifestation de la vérité.

Les juges, le procureur général et les jurés auront la même faculté, en demandant la parole au président. La partie civile ne pourra faire de questions, soit au témoin, soit à l'accusé, que par l'organe du président.

Art. 320. Chaque témoin, après sa déposition, restera dans l'auditoire, si le président n'en a ordonné autrement, jusqu'à ce que les jurés se soient retirés pour donner leur déclaration.

Art. 321. Après l'audition des témoins produits par le procureur général et par la partie civile, l'accusé fera entendre ceux dont il aura notifié la liste, soit sur les faits mentionnés dans l'acte d'accusation, soit pour attester qu'il est homme d'honneur, de probité et d'une conduite irréprochable.

Les citations faites à la requête des accusés seront à leurs frais, ainsi que les salaires des témoins cités, s'ils en requièrent; sauf au procureur général à faire citer à sa requête les témoins qui lui seront indiqués par l'accusé, dans le cas où il jugerait que leur déclaration pût être utile pour la découverte de la vérité.

Art. 322. Ne pourront être reçues les dépositions :

1° Du père, de la mère, de l'aïeul, de l'aïeule, ou de tout autre ascendant de l'accusé, ou de l'un des accusés présents et soumis au même débat;

2° Du fils, fille, petit-fils, petite-fille, ou de tout autre descendant;

3° Des frères et sœurs;

4° Des alliés aux mêmes degrés;

5° Du mari et de la femme, même après le divorce prononcé;

6° Des dénonciateurs dont la dénonciation est récompensée pécuniairement par la loi.

Sans néanmoins que l'audition des personnes ci-dessus désignées puisse opérer une nullité, lorsque, soit le procureur général, soit la partie civile, soit les accusés, ne se sont pas opposés à ce qu'elles soient entendues.

Art. 323. Les dénonciateurs autres que ceux récompensés pécuniairement par la loi pourront être entendus en témoignage; mais le jury sera averti de leur qualité de dénonciateurs.

ART. 324. Les témoins produits par le procureur général ou par l'accusé seront entendus dans le débat, même lorsqu'ils n'auraient pas préalablement déposé par écrit, lorsqu'ils n'auraient reçu aucune assignation, pourvu, dans tous les cas, que ces témoins soient portés sur la liste mentionnée dans l'article 315.

ART. 325. Les témoins, par quelque partie qu'ils soient produits, ne pourront jamais s'interpeller entre eux.

ART. 326. L'accusé pourra demander, après qu'ils auront déposé, que ceux qu'il désignera se retirent de l'auditoire, et qu'un ou plusieurs d'entre eux soient introduits et entendus de nouveau, soit séparément, soit en présence les uns des autres.

Le procureur général aura la même faculté.

Le président pourra aussi l'ordonner d'office.

ART. 327. Le président pourra, avant, pendant, ou après l'audition d'un témoin, faire retirer un ou plusieurs accusés, et les examiner séparément sur quelques circonstances du procès; mais il aura soin de ne reprendre la suite des débats généraux qu'après avoir instruit chaque accusé de ce qui se sera fait en son absence, et de ce qui en sera résulté.

ART. 328. Pendant l'examen, les jurés, le procureur général et les juges pourront prendre note de ce qui leur paraîtra important, soit dans les dépositions des témoins, soit dans la défense de l'accusé, pourvu que la discussion ne soit pas interrompue.

ART. 329. Dans le cours ou à la suite des dépositions, le président fera représenter à l'accusé toutes les pièces relatives au délit, et pouvant servir à conviction; il l'interpellera de répondre personnellement s'il les reconnaît; le président les fera aussi représenter aux témoins s'il y a lieu.

ART. 332. Dans le cas où l'accusé, les témoins, ou l'un d'eux, ne parleraient pas la même langue ou le même idiome, le président nommera d'office, à peine de nullité, un interprète âgé de vingt et un ans au moins, et lui fera, sous la même peine, prêter serment de traduire fidèlement les discours à transmettre entre ceux qui parlent des langages différents.

L'accusé et le procureur général pourront récuser l'interprète en motivant leur récusation.

La cour prononcera.

L'interprète ne pourra à peine de nullité, même du consentement de l'accusé ni du procureur général, être pris parmi les témoins, les juges et les jurés.

Art. 333. Si l'accusé est sourd-muet et ne sait pas écrire, le président nommera d'office, pour son interprète, la personne qui aura le plus d'habitude de converser avec lui.

Il en sera de même à l'égard du témoin sourd-muet.

Le surplus des dispositions du précédent article sera exécuté.

Dans le cas où le sourd-muet saurait écrire, le greffier écrira les questions et observations qui lui seront faites; elles seront remises à l'accusé ou au témoin, qui donneront par écrit leurs réponses ou déclarations. Il sera fait lecture du tout par le greffier.

Art. 334. Le président déterminera celui des accusés qui devra être soumis le premier aux débats, en commençant par le principal accusé, s'il y en a un.

Il se fera ensuite un débat particulier sur chacun des autres accusés.

Art. 354. Lorsqu'un témoin qui aura été cité ne comparaîtra pas, la cour pourra, sur la réquisition du procureur général, et avant que les débats soient ouverts par la déposition du premier témoin inscrit sur la liste, renvoyer l'affaire à la prochaine session.

Art. 355. Si, à raison de la non-comparution du témoin, l'affaire est renvoyée à la session suivante, tous les frais de citation, actes, voyages de témoins, et autres ayant pour objet de faire juger l'affaire, seront à la charge de ce témoin, et il y sera contraint, même par corps, sur la réquisition du procureur général, par l'arrêt qui renverra les débats à la session suivante.

Le même arrêt ordonnera, de plus, que ce témoin sera amené par la force publique devant la cour pour y être entendu.

Et néanmoins, dans tous les cas, le témoin qui ne comparaîtra pas, ou qui refusera, soit de prêter serment, soit de faire sa déposition, sera condamné à la peine portée en l'article 80 [1].

Art. 409. Dans le cas d'acquittement de l'accusé, l'annulation de l'ordonnance qui l'aura prononcé et de ce qui l'aura précédé ne pourra être poursuivie par le ministère public que dans l'intérêt de la loi et sans préjudicier à la partie acquittée.

Art. 410. Lorsque la nullité procédera de ce que l'arrêt aura prononcé une peine autre que celle appliquée par la loi à la nature du crime, l'annulation de l'arrêt pourra être poursuivie, tant par le ministère public que par la partie condamnée.

La même action appartiendra au ministère public contre les arrêts

---

[1] Voir l'article 133 du Code de justice maritime.

d'absolution mentionnés en l'article 364 [1], si l'absolution a été prononcée sur le fondement de la non-existence d'une loi pénale qui pourtant aurait existé.

ART. 441. Lorsque, sur l'exhibition d'un ordre formel à lui donné par le Ministre de la justice, le procureur général près la Cour de cassation dénoncera à la section criminelle des actes judiciaires, arrêts ou jugements contraires à la loi, ces actes, arrêts ou jugements pourront être annulés, et les officiers de police ou les juges poursuivis, s'il y a lieu, de la manière exprimée au chapitre III du titre IV du présent livre.

ART. 442. Lorsqu'il aura été rendu par une cour impériale ou d'assises, ou par un tribunal correctionnel ou de police, un arrêt ou jugement en dernier ressort, sujet à cassation, et contre lequel néanmoins aucune des parties n'aurait réclamé dans le délai déterminé, le procureur général près la Cour de cassation pourra aussi d'office, et nonobstant l'expiration du délai, en donner connaissance à la Cour de cassation; l'arrêt ou le jugement sera cassé, sans que les parties puissent s'en prévaloir pour s'opposer à son exécution.

ART. 443. La revision pourra être demandée en matière criminelle ou correctionnelle, quelle que soit la juridiction qui ait statué, dans chacun des cas suivants :

1° Lorsque, après une condamnation pour homicide, des pièces seront représentées propres à faire naître de suffisants indices sur l'existence de la prétendue victime de l'homicide;

2° Lorsque, après une condamnation pour crime ou délit, un nouvel arrêt ou jugement aura condamné, pour le même fait, un autre accusé ou prévenu, et que les deux condamnations ne pouvant se concilier, leur contradiction sera la preuve de l'innocence de l'un ou de l'autre condamné;

3° Lorsqu'un des témoins entendus aura été, postérieurement à la condamnation, poursuivi et condamné pour faux témoignage contre l'accusé ou le prévenu.

Le témoin ainsi condamné ne pourra pas être entendu dans les nouveaux débats;

4° Lorsque, après une condamnation, un fait viendra à se produire ou à se révéler, ou lorsque des pièces inconnues lors des débats sont représentées, de nature à établir l'innocence du condamné.

ART. 444. Le droit de demander la revision appartiendra :

1° Au Ministre de la justice;

2° Au condamné;

---

[1] Voir l'article 166, 4° paragraphe, du Code de justice maritime.

3° Après la mort du condamné, à son conjoint, à ses enfants, à ses parents, à ses légataires universels ou à titre universel, à ceux qui en ont reçu de lui la mission expresse.

Dans le quatrième cas, au Ministre de la justice seul, qui statuera après avoir pris l'avis d'une commission composée des directeurs de son ministère et de trois magistrats de la Cour de cassation annuellement désignés par elle et pris en dehors de la chambre criminelle.

La demande sera non recevable si elle n'a été inscrite au ministère de la justice ou introduite par le Ministre, sur la demande des parties, dans le délai d'un an à dater du jour où celles-ci auront connu le fait donnant ouverture à revision.

Si l'arrêt ou le jugement de condamnation n'a pas été exécuté, l'exécution sera suspendue de plein droit à partir de la transmission de la demande par le Ministre de la justice à la Cour de cassation.

Si le condamné est en état de détention, l'exécution pourra être suspendue, sur l'ordre du Ministre de la justice, jusqu'à ce que la Cour de cassation ait prononcé, et ensuite, s'il y a lieu, par l'arrêt de cette Cour statuant sur la recevabilité.

Art. 445. En cas de recevabilité, la chambre criminelle statuera sur la demande en revision, si l'affaire est en état.

Si l'affaire n'est pas en état, la chambre criminelle procédera directement ou par commissions rogatoires, à toutes enquêtes sur le fond, confrontations, reconnaissances d'identité et moyens propres à mettre la vérité en évidence. Après la fin de l'instruction, il sera alors statué par les chambres réunies de la Cour de cassation.

Lorsque l'affaire sera en état, si la chambre criminelle, dans le cas du paragraphe 1er ci-dessus, ou les chambres réunies, dans le cas du paragraphe 2, reconnaissent qu'il peut être procédé à de nouveaux débats contradictoires, elles annuleront les jugements ou arrêts et tous actes qui feraient obstacle à la revision; elles fixeront les questions qui devront être posées et renverront les accusés ou prévenus, selon les cas, devant une cour ou un tribunal autres que ceux qui auraient primitivement connu l'affaire.

Dans les affaires qui devront être soumises au jury, le procureur général près la cour de renvoi dressera un nouvel acte d'accusation.

Lorsqu'il ne pourra être procédé de nouveau à des débats oraux contre toutes les parties, notamment en cas de décès, de démence, de contumace, ou de défaut d'un ou plusieurs condamnés, d'irresponsabilité pénale ou d'excusabilité, en cas de prescription de l'action ou de celle de la peine, la Cour de cassation, après avoir constaté expressément cette impossibilité, statuera au fond, sans cassation préalable ni renvoi, en présence des parties civiles s'il y en a au procès, et des curateurs nommés par elle à la mémoire de chacun des morts; dans ce cas, elle annulera seulement celle des condamnations qui avait été injustement prononcée et déchargera, s'il y a lieu, la mémoire des morts.

Si l'annulation du jugement ou de l'arrêt à l'égard d'un condamné vivant ne laisse rien subsister qui puisse être qualifié crime ou délit, aucun renvoi ne sera prononcé.

Si les accusés ou prévenus sont décédés ou tombés en état de démence depuis l'arrêt de la Cour de cassation qui a annulé le jugement ou arrêt de condamnation, la Chambre criminelle, sur les réquisitions du procureur général près la Cour de cassation, rapportera la désignation par elle faite de la juridiction de renvoi et statuera comme il est dit au quatrième paragraphe du présent article et à l'article 446 du présent Code.

Art. 446. L'arrêt ou le jugement de revision d'où résultera l'innocence d'un condamné pourra, sur sa demande, lui allouer des dommages-intérêts, à raison du préjudice que lui aura causé la condamnation.

Si la victime de l'erreur judiciaire est décédée, le droit de demander des dommages-intérêts appartiendra, dans les mêmes conditions, à son conjoint, à ses ascendants et descendants.

Il n'appartiendra aux parents d'un degré plus éloigné qu'autant qu'ils justifieront d'un préjudice matériel résultant pour eux de la condamnation.

La demande sera recevable en tout état de la procédure en revision.

Les dommages-intérêts alloués seront à la charge de l'État, sauf son recours contre la partie civile, le dénonciateur ou le faux témoin par la faute desquels la condamnation aura été prononcée. Ils seront payés comme frais de justice criminelle.

Les frais de l'instance en revision seront avancés par le demandeur jusqu'à l'arrêt de recevabilité; pour les frais postérieurs à cet arrêt, l'avance sera faite par le Trésor.

Si l'arrêt ou le jugement définitif de revision prononce une condamnation, il mettra à la charge du condamné le remboursement des frais envers l'État et envers les demandeurs en revision, s'il y a lieu.

Le demandeur en revision qui succombera dans son instance sera condamné à tous les frais.

L'arrêt ou jugement de revision d'où résulte l'innocence d'un condamné sera affiché dans la ville où a été prononcée la condamnation, dans celle où siège la juridiction de revision, dans la commune du lieu où le crime ou le délit aura été commis, dans celle du domicile du demandeur en revision et du dernier domicile de la victime de l'erreur judiciaire, si elle est décédée. Il sera inséré d'office au *Journal officiel* et sa publication dans cinq journaux, au choix du demandeur, sera en outre ordonnée s'il le requiert.

Les frais de la publicité ci-dessus prévue seront à la charge du Trésor.

Art. 471. Si le contumax est condamné, ses biens seront, à partir de l'exécution de l'arrêt, considérés et régis comme biens d'absent; et le compte du séquestre sera rendu à qui il appartiendra, après que la condamnation sera devenue irrévocable par l'expiration du délai donné pour purger la contumace.

Art. 474. En aucun cas, la contumace d'un accusé ne suspendra ni ne retardera de plein droit l'instruction à l'égard de ses co-accusés présents.

La Cour pourra ordonner, après le jugement de ceux-ci, la remise des effets déposés au greffe comme pièce de conviction, lorsqu'ils seront réclamés par les propriétaires ou ayants droit. Elle pourra aussi ne l'ordonner qu'à charge de représenter, s'il y a lieu.

Cette remise sera précédée d'un procès-verbal de description dressé par le greffier, à peine de 100 francs d'amende.

Art. 475. Durant le séquestre, il peut être accordé des secours à la femme, aux enfants, au père ou à la mère de l'accusé, s'ils sont dans le besoin.

Ces secours sont réglés par l'autorité administrative.

Art. 476. Si l'accusé se constitue prisonnier ou s'il est arrêté avant que la peine soit éteinte par prescription, le jugement rendu par contumace et les procédures faites contre lui depuis l'ordonnance de prise de corps ou de se représenter seront anéantis de plein droit, et il sera procédé à son égard dans la forme ordinaire.

Si cependant la condamnation par contumace était de nature à emporter la mort civile[1], et si l'accusé n'a été arrêté ou ne s'est représenté qu'après les cinq ans qui ont suivi l'exécution du jugement de contumace, ce jugement, conformément à l'article 30 du Code Napoléon, conservera, pour le passé, les effets que la mort civile aurait produits dans l'intervalle écoulé depuis l'expiration des cinq ans jusqu'au jour de la comparution de l'accusé en justice.

Art. 477. Dans les cas prévus par l'article précédent, si, pour quelque cause que ce soit, des témoins ne peuvent être produits aux débats, leurs dépositions écrites et les réponses écrites des autres accusés du même délit seront lues à l'audience; il en sera de même de toutes les autres pièces qui seront jugées par le président être de nature à répandre la lumière sur le délit et les coupables.

Art. 527. Il y aura également à être réglé de juges par la Cour de cassation, lorsqu'un tribunal militaire ou maritime, ou un officier de police militaire, ou tout autre tribunal d'exception, d'une part, une cour impériale ou d'assises, un tribunal jugeant correctionnellement, un tribunal de police ou un juge d'instruction, d'autre part, seront saisis de la connaissance du même délit, ou de délits connexes, ou de la même contravention.

Art. 542, § 1. En matière criminelle, correctionnelle et de police, la Cour de cassation peut, sur la réquisition du procureur général près cette Cour, renvoyer la connaissance d'une affaire d'une cour royale (cour d'appel) ou

---

[1] La mort civile a été abrogée par la loi du 31 mai 1854, qui y a substitué les incapacités établies par les articles 28, 29 et 31 du Code pénal.

d'assises à une autre, d'un tribunal correctionnel ou de police à un autre tribunal de même qualité, d'un juge d'instruction à un autre juge d'instruction, pour cause de sûreté publique ou de suspicion légitime.

Art. 635. Les peines portées par les arrêts ou jugements rendus en matière criminelle se prescriront par vingt années révolues à compter de la date des arrêts ou jugements.

Néanmoins, le condamné ne pourra résider dans le département où demeureraient, soit celui sur lequel ou contre la propriété duquel le crime aurait été commis, soit ses héritiers directs.

Le Gouvernement pourra assigner au condamné le lieu de son domicile.

Art. 636. Les peines portées par les arrêts ou jugements rendus en matière correctionnelle se prescriront par cinq années révolues à compter de la date de l'arrêt ou du jugement rendu en dernier ressort; et, à l'égard des peines prononcées par les tribunaux de première instance, à compter du jour où ils ne pourront plus être attaqués par la voie de l'appel.

Art. 637. L'action publique et l'action civile résultant d'un crime de nature à entraîner la peine de mort ou des peines afflictives perpétuelles, ou de tout autre crime emportant peine afflictive ou infamante, se prescriront après dix années révolues à compter du jour où le crime aura été commis, si dans cet intervalle il n'a été fait aucun acte d'instruction ni de poursuite.

S'il a été fait, dans cet intervalle, des actes d'instruction ou de poursuite non suivis de jugement, l'action publique et l'action civile ne se prescriront qu'après dix années révolues à compter du dernier acte, à l'égard même des personnes qui ne seraient pas impliquées dans cet acte d'instruction ou de poursuite.

Art. 638. Dans les deux cas exprimés en l'article précédent, et suivant les distinctions d'époques qui y sont établies, la durée de la prescription sera réduite à trois années révolues s'il s'agit d'un délit de nature à être puni correctionnellement.

Art. 639. Les peines portées par les jugements rendus pour contraventions de police seront prescrites après deux années révolues, savoir: pour les peines prononcées par arrêt ou jugement en dernier ressort, à compter du jour de l'arrêt; et, à l'égard des peines prononcées par les tribunaux de première instance, à compter du jour où ils ne pourront plus être attaqués par la voie de l'appel.

Art. 640. L'action publique et l'action civile pour une contravention de police seront prescrites après une année révolue à compter du jour où elle aura été commise, même lorsqu'il y aura eu procès-verbal, saisie, instruction ou poursuite, si dans cet intervalle il n'est point intervenu de condamnation: s'il y a eu un jugement définitif de première instance, de nature à être attaqué par la voie de l'appel, l'action publique et l'action civile se prescriront après une année révolue à compter de la notification de l'appel qui en aura été interjeté.

Art. 641. En aucun cas, les condamnés par défaut ou par contumace dont la peine est prescrite ne pourront être admis à se présenter pour purger le défaut ou la contumace.

Art. 642. Les condamnations civiles portées par les arrêts ou par les jugements rendus en matière criminelle, correctionnelle ou de police, et devenues irrévocables, se prescriront d'après les règles établies par le Code Napoléon.

Art. 643. Les dispositions du présent chapitre ne dérogent point aux lois particulières relatives à la prescription des actions résultant de certains délits ou de certaines contraventions.

Extraits du Code pénal ordinaire.

Art. 2. Toute tentative de *crime* qui aura été manifestée par un commencement d'exécution, si elle n'a été suspendue ou si elle n'a manqué son effet que par des circonstances indépendantes de la volonté de son auteur, est considérée comme le *crime* même.

Art. 3. Les tentatives de *délits* ne sont considérées comme *délits* que dans les cas déterminés par une disposition spéciale de la loi.

Art. 15. Les hommes condamnés aux travaux forcés seront employés aux travaux les plus pénibles; ils traîneront à leurs pieds un boulet, ils seront attachés deux à deux avec une chaîne, lorsque la nature du travail auquel ils seront employés le permettra [1].

Art. 16. Les femmes et les filles condamnées aux travaux forcés n'y seront employées que dans l'intérieur d'une maison de force.

Art. 17. La peine de la déportation consistera à être transporté et à demeurer à perpétuité dans un lieu déterminé par la loi, hors du territoire continental de l'empire [2].

---

[1] La loi du 30 mai 1854 a modifié le mode d'exécution des travaux forcés, mais elle n'a pas changé ses effets légaux.

[2] La Nouvelle-Calédonie a été déclarée lieu de déportation par la loi du 23 mars 1872.

Si le déporté rentre sur le territoire de l'empire, il sera, sur la seule preuve de son identité, condamné aux travaux forcés à perpétuité.

Le déporté qui ne sera pas rentré sur le territoire de l'empire, mais qui sera saisi dans les pays occupés par les armées françaises, sera conduit dans le lieu de sa déportation.

Tant qu'il n'aura pas été établi un lieu de déportation, le condamné subira à perpétuité la peine de la détention soit dans une prison de la République, soit dans une prison située hors du territoire continental, dans l'une des possessions françaises qui sera déterminée par la loi selon que les juges l'auront expressément décidé par l'arrêt de condamnation.

Lorsque les communications seront interrompues entre la métropole et le lieu de l'exécution de la peine, l'exécution aura lieu provisoirement en France.

Art. 19. La condamnation à la peine des travaux forcés à temps sera prononcée pour cinq ans au moins et vingt ans au plus.

Art. 20. Quiconque aura été condamné à la détention sera renfermé dans l'une des forteresses situées sur le territoire continental de l'empire, qui auront été déterminées par décret de l'Empereur rendu dans la forme des règlements d'administration publique.

Il communiquera avec les personnes placées dans l'intérieur du lieu de la détention ou avec celles du dehors, conformément aux règlements de police établis par un décret de l'Empereur.

La détention ne peut être prononcée pour moins de cinq ans ni pour plus de vingt ans, sauf le cas prévu par l'article 33.

Art. 21. Tout individu de l'un ou de l'autre sexe condamné à la peine de la réclusion sera renfermé dans une maison de force, et employé à des travaux dont le produit pourra être en partie appliqué à son profit, ainsi qu'il sera réglé par le Gouvernement.

La durée de cette peine sera au moins de cinq années et de dix ans au plus.

Art. 28. La condamnation à la peine des travaux forcés à temps, de la détention, de la réclusion ou du bannissement, emportera la dégradation civique. La dégradation civique sera encourue du jour où la condamnation sera devenue irrévocable et, en cas de condamnation par contumace, du jour de l'exécution par effigie.

Art. 29. Quiconque aura été condamné à la peine des travaux forcés à temps, de la détention ou de la réclusion, sera, de plus, pendant la durée de sa peine, en état d'interdiction légale; il lui sera nommé un tuteur ou un subrogé tuteur pour gérer et administrer ses biens, dans les formes prescrites pour les nominations des tuteurs et subrogés tuteurs aux interdits.

Art. 32. Quiconque aura été condamné au bannissement sera transporté, par ordre du Gouvernement, hors du territoire du royaume.

La durée du bannissement sera au moins de cinq années et de dix ans au plus.

Art. 33. Si le banni, avant l'expiration de sa peine, rentre sur le territoire de l'empire, il sera, sur la seule preuve de son identité, condamné à la détention pour un temps au moins égal à celui qui restait à courir jusqu'à l'expiration du bannissement, et qui ne pourra excéder le double de ce temps.

Art. 34. La dégradation civique consiste :

1° Dans la destitution et l'exclusion des condamnés de toutes fonctions, emplois ou offices publics ;

2° Dans la privation du droit de vote, d'élection, d'éligibilité, et en général de tous les droits civiques et politiques, et du droit de porter aucune décoration ;

3° Dans l'incapacité d'être juré-expert, d'être employé comme témoin dans des actes, et de déposer en justice autrement que pour y donner de simples renseignements ;

4° Dans l'incapacité de faire partie d'aucun conseil de famille et d'être tuteur, curateur, subrogé tuteur ou conseil judiciaire, si ce n'est de ses propres enfants, et sur l'avis conforme de la famille ;

5° Dans la privation du droit de port d'armes, du droit de faire partie de la garde nationale, de servir dans les armées françaises, de tenir école, ou d'enseigner et d'être employé dans aucun établissement d'instruction, à titre de professeur ou surveillant.

Art. 35. Toutes les fois que la dégradation civique sera prononcée comme peine principale, elle pourra être accompagnée d'un emprisonnement dont la durée, fixée par l'arrêt de condamnation, n'excédera pas cinq ans.

Si le coupable est un étranger ou un Français ayant perdu la qualité de citoyen la peine de l'emprisonnement devra toujours être prononcée.

Art. 36. Tous les arrêts qui porteront la peine de mort, des travaux forcés à perpétuité et à temps, la déportation, la détention, la réclusion, la dégradation civique et le bannissement seront imprimés par extrait.

Ils seront affichés dans la ville centrale du département, dans celle où l'arrêt aura été rendu, dans la commune du lieu où le délit aura été commis, dans celle où se fera l'exécution, et dans celle du domicile du condamné.

Art. 57. Quiconque, ayant été condamné pour crime à une peine supérieure à une année d'emprisonnement, aura, dans un délai de cinq années après l'expiration de cette peine ou sa prescription, commis un délit ou un crime qui devra être puni de la peine de l'emprisonnement, sera condamné au maximum de la peine portée par la loi et cette peine pourra être élevée jusqu'au double.

Défense pourra être faite, en outre, au condamné de paraître, pendant cinq ans au moins et dix ans au plus, dans les lieux dont l'interdiction lui sera signifiée par le Gouvernement avant sa libération.

Art. 58. Il en sera de même pour les condamnés à un emprisonnement de plus d'une année pour délit qui, dans le même délai, seraient reconnus coupables du même délit ou d'un crime devant être puni de l'emprisonnement.

Ceux qui, ayant été antérieurement condamnés à une peine d'emprisonnement de moindre durée, commettraient le même délit dans les mêmes conditions de temps, seront condamnés à une peine d'emprisonnement qui ne pourra être inférieure au double de celle précédemment prononcée, sans toutefois qu'elle puisse dépasser le double du maximum de la peine encourue.

Les délits de vol, escroquerie et abus de confiance seront considérés comme étant, au point de vue de la récidive, un même délit.

Il en sera de même des délits de vagabondage et de mendicité.

Le recel sera considéré, au point de vue de la récidive, comme le délit qui a procuré les choses recélées [1].

Art. 59. Les complices d'un crime ou d'un délit seront punis de la même peine que les auteurs mêmes de ce crime ou de ce délit, sauf les cas où la loi en aurait disposé autrement.

Art. 60. Seront punis comme complices d'une action qualifiée crime ou délit ceux qui, par dons, promesses, menaces, abus d'autorité ou de pouvoir, machinations ou artifices coupables, auront provoqué à cette action ou donné des instructions pour la commettre.

Ceux qui auront procuré des armes, des instruments, ou tout autre moyen qui aura servi à l'action, sachant qu'ils devaient y servir.

Ceux qui auront, avec connaissance, aidé ou assisté l'auteur ou les auteurs de l'action, dans les faits qui l'auront préparée ou facilitée, ou dans ceux qui l'auront consommée ; sans préjudice des peines qui seront spécialement portées par le présent Code contre les auteurs des complots ou de provocations attentatoires à la sûreté intérieure ou extérieure de l'État, même dans le cas où le crime qui était l'objet des conspirateurs ou des provocateurs n'aurait pas été commis.

Art. 61. Ceux qui, connaissant la conduite criminelle des malfaiteurs exerçant des brigandages ou des violences contre la sûreté de l'État, la paix publique, les personnes ou les propriétés, leur fournissent habituelle-

---

[1] Alinéa ajouté par la loi du 22 mai 1915 (*sur le recel*).

ment logement, lieu de retraite ou de réunion, seront punis comme leurs complices.

Art. 64. Il n'y a ni crime ni délit lorsque le prévenu était en état de démence au temps dé l'action, ou lorsqu'il a été contraint par une force à laquelle il n'a pu résister.

Art. 65. Nul crime ou délit ne peut être excusé, ni la peine mitigée, que dans les cas et dans les circonstances où la loi déclare le fait excusable, ou permet de lui appliquer une peine moins rigoureuse.

Art. 66 [1]. Lorsque le prévenu ou l'accusé aura plus de seize ans et moins de dix-huit ans, s'il est décidé qu'il a agi sans discernement, il sera acquitté ; mais il sera, selon les circonstances, remis à ses parents, à une personne ou à une institution charitable, ou conduit dans une colonie pénitentiaire, pour y être élevé et détenu pendant le nombre d'années que le jugement déterminera, et qui, toutefois, ne pourra excéder l'époque où il aura atteint l'âge de vingt et un ans.

Dans le cas où le tribunal aura ordonné que le mineur sera remis à ses parents, à une personne ou à une institution charitable, il pourra décider, en outre, que ce mineur sera placé, jusqu'à l'âge de vingt et un ans au plus, sous le régime de la liberté surveillée.

A l'expiration de la période fixée par le tribunal, celui-ci statuera à nouveau à la requête du procureur de la République.

Art. 67. S'il est décidé qu'un mineur de plus de treize ans et moins de seize ans a agi avec discernement, les peines seront prononcées ainsi qu'il suit :

S'il a encouru la peine de mort, des travaux forcés à perpétuité, de la déportation, il sera condamné à la peine de dix à vingt ans d'emprisonnement dans une colonie correctionnelle.

S'il a encouru la peine des travaux forcés à temps, de la détention ou de la reclusion, il sera condamné à être enfermé dans une colonie correctionnelle pour un temps égal au tiers au moins et à la moitié au plus de celui pour lequel il aurait pu être condamné à l'une de ces peines.

Dans tous les cas, il pourra lui être fait défense de paraître pendant cinq ans au moins et dix au plus dans les lieux dont l'interdiction lui sera signifiée par le Gouvernement.

S'il a encouru la peine de la dégradation civile ou du bannissement, il sera condamné à être enfermé, d'un an à cinq ans, dans une colonie pénitentiaire, ou une colonie correctionnelle.

---

[1] Cet article et les trois suivants ont été modifiés par la loi du 22 juillet 1912 (*sur les tribunaux pour enfants*).

Art. 68. Le mineur âgé de plus de treize ans et de moins de seize ans, qui n'aura pas de complices présents au-dessus de cet âge et qui sera pré-venu de crimes, sera jugé par les tribunaux correctionnels, qui se conforme-ront aux deux articles ci-dessus.

Art. 69. Dans tous les cas où le mineur âgé de plus de treize ans et de moins de seize ans n'aura commis qu'un simple délit, la peine qui sera prononcée contre lui ne pourra s'élever au-dessus de la moitié de celle à laquelle il aurait pu être condamné s'il avait eu seize ans.

Art. 70. Les peines des travaux forcés à perpétuité, de la déportation et des travaux forcés à temps ne seront prononcées contre aucun individu âgé de soixante-dix ans accomplis au moment du jugement[1].

Art. 71. Ces peines seront remplacées, à leur égard, savoir : celle de la déportation, par la détention à perpétuité ; et les autres par celle de la réclusion, soit à perpétuité, soit à temps, selon la durée de la peine qu'elle remplacera.

Art. 169. Tout percepteur, tout commis à une perception, dépositaire ou comptable public, qui aura détourné ou soustrait des deniers publics ou privés, ou effets actifs en tenant lieu, ou des pièces, titres, actes, effets mo-biliers qui étaient entre ses mains en vertu de ses fonctions, sera puni des travaux forcés à temps, si les choses détournées ou soustraites sont d'une valeur au-dessus de trois mille francs.

Art. 170. La peine des travaux forcés à temps aura lieu également, quelle que soit la valeur des deniers ou des effets détournés ou soustraits, si cette valeur égale ou excède, soit le tiers de la recette ou du dépôt, s'il s'agit de deniers ou effets une fois reçus ou déposés, soit le cautionnement, s'il s'agit d'une recette ou d'un dépôt attaché à une place sujette à cautionne-ment, soit enfin le tiers du produit commun de la recette pendant un mois, s'il s'agit d'une recette composée de rentrées successives et non sujette à cau-tionnement.

Art. 174. Tous fonctionnaires, tous officiers publics, leurs commis ou préposés, tous percepteurs des droits, taxes, contributions, deniers, revenus publics ou communaux ou leurs commis et préposés, qui se seront rendus coupables du crime de concussion, en ordonnant de percevoir ou en exigeant ou en recevant ce qu'ils savaient n'être pas dû ou excéder ce qui était dû pour droits, taxes, contributions, deniers ou revenus, ou pour salaires ou

---

[1] Aux termes de l'article 5 de la loi du 3o mai 1854, la limite de l'âge à la-quelle on peut prononcer la peine des travaux forcés à perpétuité ou à temps est fixée à soixante ans.

traitements, seront punis, savoir : les fonctionnaires ou les officiers publics, de la peine de la réclusion ; et leurs commis ou préposés, d'un emprisonnement de deux ans au moins et de cinq ans au plus, lorsque la totalité des sommes exigées ou reçues, ou dont la perception a été ordonnée, a été supérieure à trois cents francs.

Toutes les fois que la totalité de ces sommes n'excédera pas trois cents francs, les fonctionnaires ou les officiers publics ci-dessus désignés seront punis d'un emprisonnement de deux à cinq ans, et leurs commis ou préposés d'un emprisonnement d'une année au moins et de quatre ans au plus.

La tentative de ce délit sera punie comme le délit lui-même.

Dans tous les cas où la peine d'emprisonnement sera prononcée, les coupables pourront, en outre, être privés des droits mentionnés en l'article 42 du présent Code pendant cinq ans au moins et dix ans au plus à compter du jour où ils auront subi leur peine ; ils pourront aussi être mis, par l'arrêt ou le jugement, sous la surveillance de la haute police pendant le même nombre d'années.

Dans tous les cas prévus par le présent article, les coupables seront condamnés à une amende dont le *maximum* sera le quart des restitutions et des dommages-intérêts, et le *minimum* le douzième.

Les dispositions du présent article sont applicables aux greffiers et officiers ministériels, lorsque le fait a été commis à l'occasion des recettes dont ils sont chargés par la loi.

Art. 175. Tout fonctionnaire, tout officier public, tout agent du Gouvernement, qui, soit ouvertement, soit par actes simulés, soit par interposition de personnes, aura pris ou reçu quelque intérêt que ce soit dans les actes, adjudications, entreprises ou régies dont il a ou avait, au temps de l'acte, en tout ou en partie, l'administration ou la surveillance, sera puni d'un emprisonnement de six mois au moins et de deux ans au plus, et sera condamné à une amende qui ne pourra excéder le quart des restitutions et des indemnités, ni être au-dessous du douzième.

Il sera de plus déclaré à jamais incapable d'exercer aucune fonction publique.

La présente disposition est applicable à tout fonctionnaire ou agent du Gouvernement qui aura pris un intérêt quelconque dans une affaire dont il était chargé d'ordonnancer le payement ou de faire la liquidation.

Art. 177. Tout fonctionnaire public de l'ordre administratif ou judiciaire, tout agent ou préposé d'une administration publique, qui aura agréé des offres ou promesses ou reçu des dons ou présents pour faire un acte de sa fonction ou son emploi, même juste, mais non sujet à salaire, sera puni de la dégradation civique, et condamné à une amende double de la valeur des promesses agréées ou des choses reçues, sans que ladite amende puisse être inférieure à deux cents francs.

La présente disposition est applicable à tout fonctionnaire, agent ou préposé de la qualité ci-dessus exprimée qui, par offres ou promesses agréées, dons ou présents reçus, se sera abstenu de faire un acte qui entrait dans l'ordre de ses devoirs.

Sera puni de la même peine tout arbitre ou expert nommé soit par un tribunal, soit par les parties, qui aura agréé des offres ou promesses, ou reçu des dons ou présents, pour rendre une décision ou donner une opinion favorable à l'une des parties.

Sera punie des mêmes peines toute personne investie d'un mandat électif, qui aura agréé des offres ou promesses, reçu des dons ou présents pour faire obtenir ou tenter de faire obtenir des décorations, médailles, distinctions ou récompenses, des places, fonctions ou emplois, des faveurs quelconques, accordées par l'autorité publique, des marchés, entreprises, ou autres bénéfices résultant de traités conclus également avec l'autorité publique, et aura ainsi abusé de l'influence, réelle ou supposée, que lui donne son mandat.

Toute autre personne qui se sera rendue coupable de faits semblables sera punie d'un emprisonnement d'un an au moins et de cinq ans au plus, et d'une amende égale à celle prononcée par le premier paragraphe du présent article.

Les coupables pourront, en outre, être interdits des droits mentionnés dans l'article 42 du présent Code pendant cinq ans au moins et dix ans au plus, à compter du jour où ils auront subi leur peine.

Art. 179. Quiconque aura contraint ou tenté de contraindre par voies de fait ou menaces, corrompu ou tenté de corrompre, par promesses, offres, dons ou présents, l'une des personnes de la qualité exprimée en l'article 177, pour obtenir, soit une opinion favorable, soit des procès-verbaux, états, certificats ou estimations contraires à la vérité, soit des places, emplois, adjudications, entreprises ou autres bénéfices quelconques, soit tout autre acte du ministère du fonctionnaire, agent ou préposé, soit enfin l'abstention d'un acte qui rentrait dans l'exercice de ses devoirs, sera puni des mêmes peines que la personne corrompue.

Toutefois, si les tentatives de contrainte ou corruption n'ont eu aucun effet, les auteurs de ces tentatives seront simplement punis d'un emprisonnement de trois mois au moins et de six mois au plus, et d'une amende de cent francs à trois cents francs.

Art. 237. Toutes les fois qu'une évasion de détenu aura lieu, les huissiers, les commandants en chef ou en sous-ordre, soit de la gendarmerie, soit de la force armée servant d'escorte ou garnissant les postes, les concierges, gardiens, geôliers, et tous autres préposés à la conduite, au transport ou à la garde des détenus, seront punis ainsi qu'il suit.

Art. 238. Si l'évadé était prévenu de délits de police, ou de crimes simplement infamants, ou condamné pour l'un de ces crimes, s'il était prisonnier de guerre, les préposés à sa garde ou conduite seront punis, en cas de négligence, d'un emprisonnement de six jours à deux mois, et, en cas de connivence, d'un emprisonnement de six mois à deux ans.

Ceux qui, n'étant pas chargés de la garde ou de la conduite du détenu, auront procuré ou facilité son évasion, seront punis de six jours à trois mois d'emprisonnement.

Art. 239. Si les détenus évadés, ou l'un d'eux, étaient prévenus ou accusés d'un crime de nature à entraîner une peine afflictive à temps, ou condamnés pour l'un de ces crimes, la peine sera, contre les préposés à la garde ou conduite, en cas de négligence, un emprisonnement de deux mois à six mois ; en cas de connivence, la reclusion.

Les individus non chargés de la garde des détenus qui auront procuré ou facilité l'évasion seront punis d'un emprisonnement de trois mois à deux ans.

Art. 240. Si les évadés, ou l'un d'eux, sont prévenus ou accusés de crimes de nature à entraîner la peine de mort ou des peines perpétuelles, ou s'ils sont condamnés à l'une de ces peines, leurs conducteurs ou gardiens seront punis d'un an à deux ans d'emprisonnement, en cas de négligence, et des travaux forcés à temps, en cas de connivence.

Les individus non chargés de la conduite ou de la garde qui auront facilité ou procuré l'évasion seront punis d'un emprisonnement d'un an au moins et de cinq ans au plus.

Art. 241. Si l'évasion a eu lieu ou a été tentée avec violences ou bris de prison, les peines contre ceux qui l'auront favorisée en fournissant des instruments propres à l'opérer seront :

Si le détenu qui s'est évadé se trouve dans le cas prévu par l'article 238, trois mois à deux ans d'emprisonnement ; au cas de l'article 239, un an à quatre ans d'emprisonnement ; et, au cas de l'article 240, deux ans à cinq ans de la même peine et une amende de cinquante francs à deux mille francs.

Dans ce dernier cas, les coupables pourront, en outre, être privés des droits mentionnés en l'article 42 du présent Code [1] pendant cinq ans au moins et dix ans au plus, à compter du jour où ils auront subi leur peine.

Art. 242. Dans tous les cas ci-dessus, lorsque les tiers qui auront procuré ou facilité l'évasion y seront parvenus en corrompant les gardiens ou geôliers, ou de connivence avec eux, ils seront punis des mêmes peines que lesdits gardiens et geôliers.

Art. 243. Si l'évasion avec bris ou violence a été favorisée par transmission d'armes, les gardiens et conducteurs qui y auront participé seront punis des travaux forcés à perpétuité ; les autres personnes, des travaux forcés à temps.

---

[1] L'article 42 est transcrit en renvoi sous l'article 401.

Art. 247. Les peines d'emprisonnement ci-dessus établies contre les conducteurs ou les gardiens, en cas de négligence seulement, cesseront lorsque les évadés seront repris ou représentés, pourvu que ce soit dans les quatre mois de l'évasion, et qu'ils ne soient pas arrêtés pour d'autres crimes ou délits commis postérieurement.

Art. 248. Ceux qui auront recélé ou fait recéler des personnes qu'ils savaient avoir commis des crimes emportant peine afflictive seront punis de trois mois d'emprisonnement au moins et de deux ans au plus.

Sont exceptés de la présente disposition les ascendants ou descendants, époux ou épouse même divorcés, frères ou sœurs des criminels recélés, ou leurs alliés aux mêmes degrés.

Art. 380, § 2. A l'égard de tous autres individus qui auraient recélé ou appliqué à leur profit tout ou partie des objets volés, ils seront punis comme coupables de recel, conformément aux articles 460 et 461 [1].

Art. 381. Seront punis des travaux forcés à perpétuité les individus coupables de vols commis avec la réunion des cinq circonstances suivantes :

1° Si le vol a été commis la nuit ;

2° S'il a été commis par deux ou plusieurs personnes ;

3° Si les coupables ou l'un d'eux étaient porteurs d'armes apparentes ou cachées ;

4° S'ils ont commis le crime, soit à l'aide d'effraction extérieure, ou d'escalade, ou de fausses clefs, dans une maison, appartement, chambre ou logement habités ou servant à l'habitation, ou leurs dépendances, soit en prenant le titre d'un fonctionnaire public ou d'un officier civil ou militaire, ou après s'être revêtus de l'uniforme ou du costume du fonctionnaire ou de l'officier, ou en alléguant un faux ordre de l'autorité civile ou militaire ;

5° S'ils ont commis le crime avec violence ou menace de faire usage de leurs armes.

Art. 382. Sera puni de la peine des travaux forcés à temps tout individu coupable de vol commis à l'aide de violence. Si la violence à l'aide de laquelle le vol a été commis a laissé des traces de blessures ou de contusions, cette circonstance suffira pour que la peine des travaux forcés à perpétuité soit prononcée.

Art. 383. Les vols commis sur les chemins publics emporteront la peine des travaux forcés à perpétuité lorsqu'ils auront été commis avec deux des circonstances prévues dans l'article 381.

Ils emporteront la peine des travaux forcés à temps lorsqu'ils auront été

---

[1] Alinéa ainsi modifié par la loi du 22 mai 1915, sur le recel.

commis avec une seule de ces circonstances. Dans les autres cas, la peine sera celle de la reclusion.

Art. 384. Sera puni de la peine des travaux forcés à temps tout individu coupable de vol commis à l'aide d'un des moyens énoncés dans le n° 4 de l'article 381, même quoique l'effraction, l'escalade et l'usage des fausses clefs aient eu lieu dans des édifices, parcs ou enclos non servant à l'habitation et non dépendants des maisons habitées, et lors même que l'effraction n'aurait été qu'intérieure.

Art. 385. Sera également puni de la peine des travaux forcés à temps tout individu coupable de vol commis avec deux des trois circonstances suivantes :

1° Si le vol a été commis la nuit;

2° S'il a été commis dans une maison habitée, ou dans un des édifices consacrés aux cultes légalement établis en France ;

3° S'il a été commis par deux ou plusieurs personnes ;

Et si, en outre, le coupable ou l'un des coupables, était porteur d'armes apparentes ou cachées.

Art. 390. Est réputée *maison habitée* tout bâtiment, logement, loge, cabane, même mobile, qui, sans être actuellement habité, est destiné à l'habitation et à tout ce qui en dépend, comme cours, basses-cours, granges, écuries, édifices qui y sont enfermés, quel qu'en soit l'usage, et quand même ils auraient une clôture particulière dans la clôture ou enceinte générale.

Art. 391. Est réputé *parc* ou *enclos* tout terrain environné de fossés, de pieux, de claies, de planches, de haies vives ou sèches, ou de murs de quelque espèce de matériaux que ce soit, quelles que soient la hauteur, la profondeur, la vétusté, la dégradation de ces diverses clôtures, quand il n'y aurait pas de porte fermant à clef ou autrement, ou quand la porte serait à claire-voie et ouverte habituellement.

Art. 392. Les parcs mobiles destinés à contenir du bétail dans la campagne, de quelque matière qu'ils soient faits, sont aussi réputés enclos ; et lorsqu'ils tiennent aux cabanes mobiles ou autres abris destinés aux gardiens, ils sont réputés dépendants de maison habitée.

Art. 393. Est qualifié *effraction* tout forcement, rupture, dégradation, démolition, enlèvement de murs, toits, planchers, portes, fenêtres, serrures, cadenas ou autres ustensiles ou instruments servant à fermer ou à empêcher le passage, et de toute espèce de clôture, quelle qu'elle soit.

Art. 394. Les effractions sont extérieures ou intérieures.

Art. 395. Les effractions extérieures sont celles à l'aide desquelles on peut s'introduire dans les maisons, cours, basses-cours, enclos ou dépendances, ou dans les appartements ou logements particuliers.

Art. 396. Les effractions intérieures sont celles qui, après l'introduction dans les lieux mentionnés en l'article précédent, sont faites aux portes ou clôtures du dedans, ainsi qu'aux armoires ou autres meubles fermés.

Est compris dans la classe des effractions intérieures le simple enlèvement des caisses, boîtes, ballots sous toile et corde, et autres meubles fermés, qui contiennent des effets quelconques, bien que l'effraction n'ait pas été faite sur le lieu.

Art. 397. Est qualifiée *escalade* toute entrée dans les maisons, bâtiments, cours, basses-cours, édifices quelconques, jardins, parcs, enclos, exécutée par-dessus les murs, portes, toitures ou toute autre clôture.

L'entrée par une ouverture souterraine, autre que celle qui a été établie pour servir d'entrée, est une circonstance de même gravité que l'escalade.

Art. 398. Sont qualifiés *fausses clefs* tous crochets, rossignols, passe-partout, clefs imitées, contrefaites, altérées ou qui n'ont pas été destinées par le propriétaire, locataire, aubergiste ou logeur, aux serrures, cadenas, ou aux fermetures quelconques auxquelles le coupable les aura employées.

Art. 401. Les autres vols non spécifiés dans la présente section, les larcins et filouteries, ainsi que les tentatives de ces mêmes délits, seront punis d'un emprisonnement d'un an au moins et de cinq ans au plus, et pourront même l'être d'une amende qui sera de seize francs au moins et de cinq cents francs au plus.

Les coupables pourront encore être interdits des droits mentionnés en l'article 42 du présent Code [1], pendant cinq ans au moins et dix ans au plus, à compter du jour où ils auront subi leur peine.

---

[1] Art. 42. Les tribunaux jugeant correctionnellement pourront, dans certains cas, interdire, en tout ou en partie, l'exercice des droits civiques, civils et de famille suivants :

1° De vote et d'élection ;

2° D'éligibilité ;

3° D'être appelé ou nommé aux fonctions de juré ou autres fonctions publiques, ou aux emplois de l'administration, ou d'exercer ces fonctions ou emplois ;

4° Du port d'armes ;

5° Du vote et du suffrage dans les délibérations de famille ;

6° D'être tuteur, curateur, si ce n'est de ses enfants et sur l'avis seulement de la famille ;

7° D'être expert ou employé comme témoin dans les actes ;

8° De témoignage en justice, autrement que pour y faire de simples déclarations.

Ils pourront aussi être mis, par l'arrêt ou le jugement, sous la surveillance de la haute police pendant le même nombre d'années.

Quiconque, sachant qu'il est dans l'impossibilité absolue de payer, se sera fait servir des boissons ou des aliments qu'il aura consommés, en tout ou en partie, dans les établissements à ce destinés, sera puni d'un emprisonnement de six jours au moins et de six mois au plus, et d'une amende de seize francs au moins et de deux cents francs au plus.

Art. 402. Ceux qui, dans les cas prévus par le Code de commerce, seront déclarés coupables de banqueroute seront punis ainsi qu'il suit :

Les banqueroutiers frauduleux seront punis de la peine des travaux forcés à temps ;

Les banqueroutiers simples seront punis d'un emprisonnement d'un mois au moins et de deux ans au plus.

Art. 403. Ceux qui, conformément au Code de commerce, seront déclarés complices de banqueroute frauduleuse seront punis de la même peine que les banqueroutiers frauduleux.

Art. 405. Quiconque, soit en faisant usage de faux noms ou de fausses qualités, soit en employant des manœuvres frauduleuses pour persuader l'existence de fausses entreprises, d'un pouvoir ou d'un crédit imaginaire, ou pour faire naître l'espérance ou la crainte d'un succès, d'un accident ou de tout autre événement chimérique, se sera fait remettre ou délivrer ou aura tenté de se faire remettre ou délivrer des fonds, des meubles ou des obligations, dispositions, billets, promesses, quittances ou décharges, et aura, par un de ces moyens, escroqué ou tenté d'escroquer la totalité ou partie de la fortune d'autrui, sera puni d'un emprisonnement d'un an au moins et de cinq ans au plus et d'une amende de cinquante francs au moins et trois mille francs au plus.

Le coupable pourra être, en outre, à compter du jour où il aura subi sa peine, interdit, pendant cinq ans au moins et dix ans au plus, des droits mentionnés en l'article 42 du présent Code ; le tout sauf les peines plus graves, s'il y a crime de faux.

Art. 406. Quiconque aura abusé des besoins, des faiblesses ou des passions d'un mineur pour lui faire souscrire, à son préjudice, des obligations, quittances ou décharges, pour prêt d'argent ou de choses mobilières, ou d'effets de commerce, ou de tous autres effets obligatoires, sous quelque forme que cette négociation ait été faite ou déguisée, sera puni d'un emprisonnement de deux mois au moins, de deux ans au plus, et d'une amende qui ne pourra excéder le quart des restitutions et des dommages-intérêts qui seront dus aux parties lésées, ni être moindre de vingt-cinq francs.

La disposition portée au second paragraphe du précédent article pourra de plus être appliquée.

Art. 407. Quiconque, abusant d'un blanc-seing qui lui aura été confié, aura frauduleusement écrit au-dessus une obligation ou décharge, ou tout autre acte pouvant compromettre la personne ou la fortune du signataire, sera puni des peines portées en l'article 405.

Dans le cas ou le blanc-seing ne lui aurait pas été confié, il sera poursuivi comme faussaire et puni comme tel.

Art. 408. Quiconque aura détourné ou dissipé, au préjudice des propriétaires, possesseurs ou détenteurs, des effets, deniers, marchandises, billets, quittances ou tous autres écrits contenant ou opérant obligation ou décharge qui ne lui auraient été remis qu'à titre de louage, de dépôt, de mandat, de nantissement, de prêt à usage, ou pour un travail salarié ou non salarié, à la charge de les rendre ou représenter, ou d'en faire un usage ou un emploi déterminé, sera puni des peines portées en l'article 406.

Si l'abus de confiance prévu et puni par le précédent paragraphe a été commis par un officier public ou ministériel, ou par un domestique, homme de service à gages, élève, clerc, commis, ouvrier, compagnon ou apprenti, au préjudice de son maître, la peine sera celle de la reclusion.

Le tout sans préjudice de ce qui est dit aux articles 254, 255 et 256, relativement aux soustractions et enlèvements de deniers, effets ou pièces commis dans les dépôts publics [1].

Art. 460 [2]. Ceux qui, sciemment, auront recélé, en tout ou en partie, des choses enlevées, détournées ou obtenues à l'aide d'un crime ou d'un délit seront punis des peines prévues par l'article 401.

L'amende pourra même être élevée au delà de cinq cents francs jusqu'à la moitié de la valeur des objets recélés.

Le tout sans préjudice de plus fortes peines, s'il y échet, en cas de complicité de crime, conformément aux articles 59, 60 et 61.

---

[1] Art. 254. Quant aux soustractions, destructions et enlèvements de pièces ou de procédures criminelles ou d'autres papiers, registres, actes et effets, contenus dans les archives, greffes ou dépôts publics, ou remis à un dépositaire public en cette qualité, les peines seront, contre les greffiers, archivistes, notaires et autres dépositaires négligents, de trois mois à un an d'emprisonnement, ou d'une amende de cent francs à trois cents francs.

Art. 255. Quiconque se sera rendu coupable des soustractions, enlèvements ou destructions mentionnés en l'article précédent, sera puni de la reclusion.

Si le crime est l'ouvrage du dépositaire lui-même, il sera puni des travaux forcés à temps.

Art. 256. Si le bris de scellés, les soustractions, enlèvements ou destructions de pièces ont été commis avec violence envers les personnes, la peine sera, contre toute personne, celle des travaux forcés à temps, sans préjudice de peines plus fortes, s'il y a lieu, d'après la nature des violences et des autres crimes qui y seraient joints.

[2] Ainsi modifié par la loi du 22 mai 1915, sur le recel.

Aᴀᴛ. 461. Dans le cas où une peine afflictive et infamante est applicable au fait qui a procuré les choses recélées, le recéleur sera puni de la peine attachée par la loi au crime et aux circonstances du crime dont il aura eu connaissance au temps du recélé. Néanmoins, la peine de mort sera remplacée à l'égard des recéleurs par celle des travaux forcés à perpétuité. L'amende prévue par l'article précédent pourra toujours être prononcée [1].

Aᴀᴛ. 463. Les peines prononcées par la loi contre celui ou ceux des accusés reconnus coupables, en faveur de qui le jury aura déclaré les circonstances atténuantes, seront modifiées ainsi qu'il suit :

Si la peine prononcée par la loi est la mort, la cour appliquera la peine des travaux forcés à perpétuité ou celle des travaux forcés à temps.

Si la peine est celle des travaux forcés à perpétuité, la cour appliquera la peine des travaux forcés à temps ou celle de la reclusion.

Si la peine est celle de la déportation dans une enceinte fortifiée, la cour appliquera celle de la déportation simple ou celle de la détention ; mais dans les cas prévus par les articles 96 et 97, la peine de la déportation simple sera seule appliquée [2].

Si la peine est celle de la déportation, la cour appliquera la peine de la détention ou celle du bannissement.

Si la peine est celle des travaux forcés à temps, la cour appliquera la peine de la réclusion ou les dispositions de l'article 401, sans toutefois pouvoir réduire la durée de l'emprisonnement au-dessous de deux ans.

Si la peine est celle de la réclusion, de la détention, du bannissement ou de la dégradation civique, la cour appliquera les dispositions de l'article 401,

---

[1] Ainsi modifié par la loi du 22 mai 1915, sur le recel.

[2] Aᴀᴛ. 96. Quiconque, soit pour envahir des domaines, propriétés ou deniers publics, places, villes, forteresses, postes, magasins, arsenaux, ports, vaisseaux ou bâtiments appartenant à l'État, soit pour piller ou partager des propriétés publiques ou nationales, ou celles d'une généralité de citoyens, soit enfin pour faire attaque ou résistance envers la force publique agissant contre les auteurs de ces crimes, se sera mis à la tête de bandes armées, ou y aura exercé une fonction ou commandement quelconque, sera puni de mort.

Les mêmes peines seront appliquées à ceux qui auront dirigé l'association, levé ou fait lever, organisé ou fait organiser les bandes ou leur auront, sciemment et volontairement, fourni ou procuré des armes, munitions et instruments de crime, ou envoyé des convois de subsistance, ou qui auront de toute autre manière pratiqué des intelligences avec les directeurs ou commandants des bandes.

Aᴀᴛ. 97. Dans le cas où l'un ou plusieurs des crimes mentionnés aux articles 86, 87 et 91 auront été exécutés ou simplement tentés par une bande, la peine de mort sera appliquée, sans distinction de grades, à tous les individus faisant partie de la bande et qui auront été saisis sur le lieu de la réunion séditieuse.

Sera puni des mêmes peines, quoique non saisi sur le lieu, quiconque aura dirigé la sédition, ou aura exercé dans la bande un emploi ou commandement quelconque.

sans toutefois pouvoir réduire la durée de l'emprisonnement au-dessous d'un an.

Dans le cas où le Code prononce le maximum d'une peine afflictive, s'il existe des circonstances atténuantes, la Cour appliquera le minimum de la peine, ou même la peine inférieure.

Dans tous les cas où la peine de l'emprisonnement et celle de l'amende sont prononcées par le Code pénal, si les circonstances paraissent atténuantes, les tribunaux correctionnels sont autorisés, même en cas de récidive, à réduire l'emprisonnement même au-dessous de six jours et l'amende même au-dessous de seize francs; ils pourront aussi prononcer séparément l'une ou l'autre de ces peines, et même substituer l'amende à l'emprisonnement, sans qu'en aucun cas elle puisse être au-dessous des peines de simple police.

Dans le cas où l'amende est substituée à l'emprisonnement, si la peine de l'emprisonnement est seule prononcée par l'article dont il est fait application, le maximum de cette amende sera de 3,000 francs.

Décret-disciplinaire et pénal pour la marine marchande.
(Du 24 mars 1852.)

Au nom du peuple français

LOUIS-NAPOLÉON, Président de la République Française,

Sur le rapport du Ministre secrétaire d'État de la marine et des colonies, Le Conseil d'amirauté entendu,

Décrète :

DISPOSITIONS PRÉLIMINAIRES.

Art. 1er. Les infractions que le présent décret punit de peines disciplinaires sont des fautes de discipline.

Les infractions qu'il punit de peines correctionnelles sont des délits.

Les infractions qu'il punit de peines afflictives ou infamantes sont des crimes.

Art. 2. Les fautes de discipline et les délits énoncés dans le présent décret seront jugés et punis conformément aux dispositions qu'il renferme.

Seront jugés par les tribunaux ordinaires, et punis conformément aux dispositions du présent décret, les crimes y énoncés.

Seront jugés et punis conformément aux lois ordinaires, les contraventions, délits ou crimes non énoncés dans le présent décret.

Art. 3. Les dispositions du présent décret sont applicables à tous les navires et bateaux français, appartenant à des particuliers ou à des administrations publiques, qui se livrent à la navigation ou à la pêche dans les limites de l'inscription maritime. Toutefois sont exceptées les embarcations des douanes à manœuvres basses.

Restent soumis aux mêmes dispositions les équipages des navires et bateaux qui ne sortent que momentanément des limites de l'inscription maritime.

Sont, en conséquence, soumises aux règles d'ordre, de service, de discipline et de police établies sur les navires et bateaux marchands, et passibles des peines déterminées par le présent décret, pour les fautes de discipline, les délits et crimes y énoncés, toutes les personnes embarquées, employées ou reçues à bord de ces navires et bateaux, à quelque titre que ce soit[1], à partir du jour de leur inscription au rôle d'équipage ou de leur embarquement en cours de voyage, jusques et y compris le jour de leur débarquement administratif[2].

Art. 4. Les personnes mentionnées dans l'article précédent continueront d'être placées sous le régime qu'il prescrit en cas de perte du navire par naufrage, chance de guerre ou toute autre cause, jusqu'à ce qu'elles aient pu être remises à une autorité française.

Toutefois, cette disposition n'est pas applicable aux passagers autres que les marins naufragés, déserteurs ou délaissés, qui, sur l'ordre d'une autorité française, auront été embarqués pour être rapatriés, à moins que ces passagers ne demandent à suivre la fortune de l'équipage.

TITRE PREMIER.

DE LA JURIDICTION.

CHAPITRE PREMIER.

DE LA JURIDICTION EN MATIÈRE DE DISCIPLINE.

Art. 5. Le droit de connaître des fautes de discipline et de prononcer les peines qu'elles comportent est attribué sans appel[3] ni recours en revision ou cassation :

1° Aux commissaires de l'inscription maritime ;

---

[1] Même les marins de l'État embarqués en complément d'équipage (Arrêt de cassation du 10 juin 1915) et aussi les militaires passagers (art. 18 et 20 de l'Instruction ministérielle du 17 mars 1912 pour les commandants de troupes passagères).

[2] Toute infraction *commise* dans la période de temps ainsi délimitée tombe sous le coup du décret-loi, alors même qu'elle n'aurait été *dénoncée* et *poursuivie* que postérieurement au désarmement administratif. (Cir. min. du 20 septembre 1854.)

[3] Le Ministre de la Marine se réserve néanmoins le droit de réduire ou même

2° Aux commandants des bâtiments de l'État;

3° Aux consuls de France[1];

4° Aux capitaines de navires de commerce commandant sur les rades étrangères[2];

5° Aux capitaines de navires.

Art. 6. Ce droit s'exerce de la manière suivante :

Lorsque le navire se trouve dans un port ou sur une rade de France, ou dans un port d'une colonie française, le droit de discipline appartient au commissaire de l'inscription maritime à qui la plainte est adressée par le capitaine.

Sur les rades d'une colonie française, le droit de discipline appartient au commandant du bâtiment de l'État présent sur les lieux, ou, en l'absence de celui-ci, au commissaire de l'inscription maritime.

Le capitaine du navire adresse sa plainte à l'un ou à l'autre, suivant le cas.

Les gouverneurs des colonies françaises détermineront, par un arrêté, les limites entre la rade et le port.

Cet arrêté sera soumis à l'approbation du Ministre de la Marine.

Dans les ports et rades des pays étrangers, le droit de discipline appartient au commandant du bâtiment de l'État, ou, à son défaut, au consul de France.

Le capitaine adresse sa plainte à l'un ou à l'autre, suivant le cas.

En l'absence de bâtiments de l'État et à défaut de consul, le droit de discipline appartient au plus âgé des capitaines de navire.

Les capitaines au long cours auront toujours, à cet égard, la priorité sur les maîtres au cabotage[3].

En mer et dans les lieux où il ne se trouve aucune des autorités mentionnées ci-dessus, le capitaine du navire prononce et fait appliquer les peines de discipline, sauf à en rendre compte, dans le premier port où il aborde, soit au commissaire de l'inscription maritime, soit au commandant du bâtiment de l'État, soit au consul.

---

d'annuler les peines disciplinaires quand elles sont entachées d'excès de pouvoir, ou quand, en raison de leur nombre ou de leur rigueur, il y a eu exagération dans l'application de la loi. (Cir. min. du 24 mars 1882.) A cet effet, les autorités maritimes et consulaires doivent se faire représenter les livres de punitions, les examiner avec soin et, si certaines peines prononcées sont irrégulières, surseoir à l'exécution jusqu'à la réception des ordres du Ministre. (Cir. min. du 21 septembre 1888.)

[1] Cette expression comprend les *consuls généraux* et, depuis 1881, les *vice-consuls*, mais non les simples *agents consulaires*.

[2] C'est-à-dire au plus âgé des capitaines présents sur rade (art. 6 du décret-loi), à moins que l'un de ces capitaines ne soit un officier de la Marine nationale, auquel le commandement de la rade revient de droit en vertu de l'article 425, § 2, du décret du 15 mai 1910.

[3] Et, faut-il ajouter, les officiers de la marine de l'État sur ceux de la marine du commerce. (Voir note 2 ci-dessus.)

Art. 7. Dans tous les cas, et en quelque lieu que se trouve le navire, le capitaine, maître ou patron, peut infliger les peines de discipline prévues par l'article 53 du présent décret, sans en référer préalablement à l'une des autorités énoncées en l'article 5, mais à charge par lui de leur rendre compte dans le plus bref délai possible.

Art. 8. En cas de conflit sur la compétence en matière de discipline, il sera statué dans les ports et rades de France par le préfet maritime de l'arrondissement, et dans les ports et rades d'une colonie française par le gouverneur.

L'autorité saisie du conflit renverra l'affaire devant le fonctionnaire qui devra en connaître.

CHAPITRE II.

DE LA JURIDICTION EN MATIÈRE DE DÉLITS MARITIMES.

Art. 9. Il est institué des tribunaux maritimes commerciaux.

Ces tribunaux connaissent des délits maritimes prévus dans le présent décret.

Art. 10. Lorsque le navire se trouve dans un port ou sur une rade de France, ou dans un port d'une colonie française, la connaissance des délits appartient au tribunal maritime commercial présidé par le commissaire de l'inscription maritime du lieu.

Sur les rades des colonies françaises, la connaissance des délits appartient au tribunal maritime commercial présidé par le commandant du bâtiment de guerre présent sur les lieux, et, en son absence [1], au tribunal présidé par le commissaire de l'inscription maritime.

Dans les ports et sur les rades des pays étrangers, la connaissance des délits appartient au tribunal maritime commercial présidé par le commandant du bâtiment de l'État présent sur les lieux, et, en son absence, au tribunal présidé par le consul.

En cas de conflit sur la compétence, il sera statué comme il est dit à l'article 8.

Art. 11. La connaissance des délits communs non prévus par le présent décret appartient au tribunal correctionnel de l'arrondissement où se trouve le navire, ou du premier port français où il aborde.

---

[1] Ou si le bâtiment de guerre présent sur les lieux n'a pas un état-major suffisant (deux ou trois officiers suivant le cas) pour que le tribunal soit constitué conformément à l'article 12 ou 13. (Dép. min. du 30 janvier 1857, 5 février 1864, 6 et 20 août 1866.)

CHAPITRE III.

ORGANISATION DES TRIBUNAUX MARITIMES COMMERCIAUX.

Art. 12. Sur un bâtiment de l'État, le tribunal maritime commercial est composé de cinq membres, savoir :

Le commandant du bâtiment, *président ;*

> *Juges :*

L'officier de vaisseau le plus élevé en grade après le second, ou, à défaut, le second lui-même :

Le plus âgé des capitaines.
Le plus âgé des officiers,
Et le plus âgé des maîtres d'équipages
} des navires de commerce présents sur les lieux.

Le tribunal ne se réunit qu'avec l'autorisation du commandant de la rade.

Art. 13. S'il n'y a pas sur les lieux d'autre navire de commerce que celui à bord duquel se trouve l'inculpé, le tribunal sera composé de la manière suivante, savoir :

Le commandant du bâtiment de l'État, *président ;*

> *Juges :*

Les deux plus anciens officiers de vaisseau après le commandant ;
Le plus ancien second-maître ;
Un officier ou un matelot du navire où le délit a été commis.

Art. 14 (*modifié*). Dans un port de France, le tribunal maritime commercial sera composé de cinq membres, savoir :

Le commissaire de l'inscription maritime, *président :*

> *Juges :*

Un armateur patenté ou un ancien armateur ;
Le capitaine du port, suppléé en cas d'empêchement par l'agent qui le suivra immédiatement dans l'ordre du service, le lieutenant ou le maître de port ;
Un capitaine au long cours inactif, de moins de soixante ans, inscrit dans le quartier et ayant été embarqué comme capitaine ou officier pendant trois ans au moins, et, à défaut, le capitaine au long cours le plus âgé, embarqué comme capitaine ou officier et présent sur les lieux :
Le plus âgé des maîtres d'équipage ou, à défaut, le plus âgé parmi les marins du quartier de moins de cinquante ans, ayant rempli ces fonctions, ou, dans les mêmes conditions d'âge, un mécanicien chargé ou, à défaut,

ayant été chargé, en chef ou en second, de la conduite d'une machine, si le prévenu est mécanicien ou chauffeur.

L'armateur sera désigné par le tribunal de commerce duquel la place relève. Il sera nommé pour un an avec un suppléant.

Chaque année, la chambre de commerce dont la place relève arrêtera une liste d'au moins deux capitaines inactifs réunissant les conditions ci-dessus fixées. Ces capitaines siégeront au tribunal maritime commercial dans leur ordre d'inscription sur ladite liste, le premier devant toujours être préféré au second, le second au troisième et ainsi de suite.

Le capitaine en exercice, à défaut du capitaine inactif, et le maître d'équipage, matelot ou mécanicien, appelés par leur âge à faire partie du tribunal maritime commercial, seront désignés par le commissaire de l'inscription maritime d'après les rôles d'équipage des navires présents dans le port ou d'après les matricules.

Art. 14 *bis* (*nouveau*). Dans un port des colonies françaises, le tribunal maritime commercial sera composé de cinq membres, savoir :

Le commissaire de l'inscription maritime, *président;*

    Juges :

Un armateur ou un agent commercial maritime désigné par le tribunal de commerce ou, à défaut, par le tribunal civil;
Le capitaine, le lieutenant ou le maître de port;
Un capitaine de la marine marchande ou au long cours, dans les conditions indiquées à l'article précédent;
Un maître d'équipage, matelot ou mécanicien, dans les conditions indiquées à l'article précédent.
Le tribunal ne se réunit qu'avec l'autorisation du chef du service maritime présent sur les lieux.

Art. 15. Dans un port étranger et en l'absence d'un bâtiment de guerre français [1], le tribunal maritime commercial sera composé de cinq membres, savoir :

Le consul de France, *président;*

    Juges :

Le plus âgé des capitaines au long cours présents sur les lieux [1];
Le plus âgé des officiers des navires du commerce présents sur les lieux;
Un négociant français désigné par le consul;
Le plus âgé des maîtres d'équipage des navires du commerce présents sur les lieux.

---

[1] Voir la note 1 de la page 294.

Art. 16. Le président désigne le membre du tribunal qui doit remplir les fonctions de rapporteur.

Art. 17 (*modifié*). Les fonctions de greffier sont remplies :
Sur un bâtiment de l'État par l'officier d'administration ou, à son défaut, par toute autre personne désignée par le commandant;
Dans un port de France ou d'une colonie française, par le commis du bureau de l'inscription maritime le plus ancien;
Dans un port étranger, par le chancelier ou, à défaut, par un employé du consulat.

Art. 18. Ne peuvent faire partie d'un tribunal maritime commercial :
1° Le capitaine qui a porté la plainte;
2° Toute autre personne embarquée sur le navire, si elle est offensée, lésée ou partie plaignante.

Art. 19. Le président du tribunal maritime commercial devra être âgé de vingt-cinq ans et les autres membres de vingt et un ans au moins.

Art. 20. Les parents ou alliés, jusqu'aux degrés d'oncle et de neveu inclusivement, ne peuvent être membres du même tribunal maritime commercial.

Art. 21 (*modifié*). La parenté, aux degrés fixés par l'article précédent, de l'un des membres du tribunal avec le prévenu ou l'un des prévenus est une cause de récusation qui peut être invoquée par les prévenus ou admise d'office par le tribunal.

CHAPITRE IV.
DE LA JURIDICTION EN MATIÈRE DE CRIMES MARITIMES.

Art. 22. Les tribunaux ordinaires connaissent des crimes maritimes prévus par le présent décret.

TITRE II.
DE LA FORME DE PROCÉDER.

CHAPITRE PREMIER.
DE LA FORME DE PROCÉDER EN MATIÈRE DE FAUTES DE DISCIPLINE.

Art. 23. — Le capitaine tiendra [1] un livre spécial, dit *livre de punitions*, sur lequel toute faute de discipline sera mentionnée par lui ou par l'officier de quart.

---

[1] Sous peine d'être puni conformément à l'article 86 du décret-loi. (Circ. min. du 25 mars 1874.)

L'autorité qui aura statué inscrira sa décision en marge.

Le capitaine annotera de la même manière, sur le livre de punitions, toutes les peines de discipline infligées pendant le cours du voyage[1].

Le livre de punitions sera coté et paraphé par le commissaire de l'inscription maritime du port d'armement du navire. Il sera remis au commissaire de l'inscription maritime du port où le navire sera désarmé administrativement.

Le livre de punitions sera présenté au visa du commissaire de l'inscription maritime ou du consul, suivant le cas, lorsqu'une faute de discipline aura été commise dans l'intervalle compris entre le dernier départ et l'arrivée ou la relâche.

CHAPITRE II.

DE LA FORME DE PROCÉDER EN MATIÈRE DE DÉLITS MARITIMES.

ART. 24. Aussitôt qu'un délit[2] a été commis à bord, le rapport en est fait au capitaine par le second ou l'officier de quart.

Si le délit a été commis hors du bord, le second en fait le rapport au capitaine.

Si le délit a été commis en présence du capitaine et en l'absence du second et de l'officier de quart, ou s'il parvient à la connaissance du capitaine sans qu'il lui ait été signalé par un rapport de l'un de ces deux officiers, il constate lui-même ce délit.

Les circonstances du délit sont toujours mentionnées sur le livre de punitions.

ART. 25. Le capitaine, assisté, s'il y a lieu, de l'officier qui a fait le rapport et qui remplit les fonctions de greffier, procède ensuite à une instruction sommaire, reçoit la déposition des témoins à charge et à décharge, et dresse procès-verbal du tout[3].

---

[1] Ne prononcer aucune peine disciplinaire sans avoir entendu le coupable dans ses moyens de défense et consigner sur le livre de punitions que cette formalité a été accomplie. (Circ. min. des 7 avril 1862, 4 août 1883 et 2 mai 1884.)

[2] Sans qu'il y ait à distinguer entre les délits *maritimes* prévus par le décret-loi et les délits prévus par le Code pénal ordinaire ou délits *communs*. La procédure tracée par les articles 24 et 25 s'applique à tous les délits et même, d'après l'article 49, à tous les crimes commis à bord.

[3] Dans le silence de la loi, il y a lieu de se conformer, pour cette instruction sommaire, aux dispositions du Code d'instruction criminelle et, par conséquent, de faire prêter aux témoins le serment de dire toute la vérité, rien que la vérité — de leur demander leurs noms, prénoms, âge, état, profession, demeure, s'ils sont domestiques, parents ou alliés du prévenu et à quel degré, — de leur lire leurs dépositions et de leur demander s'ils y persistent, — s'ils ne veulent ou ne peuvent signer, d'en faire mention au procès-verbal. Ce dernier document, dont il n'existe pas de modèle réglementaire, doit, vu son importance, être signé à chaque page par

Le procès-verbal est signé des témoins, du capitaine et de l'officier faisant fonctions de greffier. Mention de ce procès-verbal est faite sur le livre de punitions.

Art. 26. Si les faits se sont passés dans un port ou sur une rade de France, ou dans un port d'une colonie française, le capitaine adresse sa plainte et les pièces du procès au commissaire de l'inscription maritime, dans les trois jours qui suivent celui où le délit a été constaté; s'ils se sont passés sur la rade d'une colonie française, il l'adresse dans le même délai au bâtiment de l'État présent sur les lieux, ou, en l'absence de celui-ci, au commissaire de l'inscription maritime; s'ils se sont passés à l'étranger, il l'adresse au commandant du bâtiment de l'État présent sur les lieux, ou, à son défaut, au consul de France. Si le délit a été commis, soit en mer, soit dans une localité étrangère où il n'y ait ni bâtiment de l'État ni consul de France, le capitaine remet sa plainte, dans le premier port où il aborde, soit au commissaire de l'inscription maritime, soit au commandant du bâtiment de l'État, soit au consul, suivant qu'il y a lieu, en se conformant aux dispositions du présent article.

Lorsque les faits rentrent dans la catégorie des délits communs non prévus par le présent décret et sont, en conséquence, réservés aux tribunaux ordinaires, le commissaire de l'inscription maritime ou le commandant du bâtiment de l'État qui a reçu la plainte la transmet au procureur de la République du lieu.

Art. 27. Lorsque le prévenu d'un des délits énoncés dans le présent décret sera le capitaine du navire, les poursuites auront lieu, soit sur la plainte des officiers et marins de l'équipage ou des passagers, soit d'office.

Dans le premier cas, la plainte sera portée dans les délais prescrits par l'article 26 au commissaire de l'inscription maritime, au commandant du bâtiment de l'État ou au consul, suivant les circonstances prévues par cet article.

Art. 28. L'autorité saisie de la plainte nomme le tribunal maritime commercial qui doit en connaître, désigne le rapporteur, qu'elle charge de prendre immédiatement les informations nécessaires, et convoque le tribunal dès que l'affaire est suffisamment instruite [1].

---

le capitaine et l'officier faisant fonction de greffier; les interlignes, ratures et renvois qu'ils peuvent contenir doivent être approuvés et signés. (Art. 75, 76 et 78 du Code d'instruction criminelle.)

[1] Elle peut, en outre, si elle le juge à propos, ordonner la détention préventive de l'inculpé. (Circ. min. du 12 avril 1853.)

En cas de condamnation à l'emprisonnement, la durée de la détention préventive est déduite de la durée de la peine, à moins que le tribunal maritime commercial, par une déclaration *spéciale* et *motivée*, n'en ait décidé autrement. (Loi du 15 novembre 1892; circulaires ministérielles des 24 février et 17 avril 1893.)

Art. 29. Les séances des tribunaux maritimes commerciaux sont publiques. Leur police appartient au président.

A terre, le tribunal s'assemble, soit au bureau de l'inscription maritime, soit au bureau de la chancellerie, suivant qu'il y a lieu.

A bord, le tribunal se réunit dans le local affecté aux séances du conseil de guerre.

Art. 30. A l'ouverture de la séance, le président fait déposer sur le bureau un exemplaire du présent décret.

Il dit ensuite à haute voix aux membres du tribunal, qui sont comme lui debout et découverts :

«Nous jurons devant Dieu de remplir nos fonctions au tribunal maritime commercial avec impartialité.»

Chaque membre répond : «Je le jure.»

Mention de cette formalité est faite au procès-verbal.

Art. 31. Le président fait donner lecture, par le rapporteur, de la plainte et des différentes pièces de la procédure, tant à charge qu'à décharge.

L'accusé est ensuite introduit devant le tribunal; il y comparaît libre et assisté, s'il le désire, d'un défenseur de son choix [1].

Art. 32. Le président fait connaître à l'accusé, après constatation de son identité, le délit pour lequel il est traduit devant le tribunal.

Il l'avertit, ainsi que son défenseur, qu'il lui est permis de dire tout ce qu'il jugera utile à sa défense, sans s'écarter toutefois des bornes de la décence et de la modération, ou du respect dû au principe d'autorité.

Art. 33. Le président est investi d'un pouvoir discrétionnaire pour la direction des débats et la découverte de la vérité.

L'accusé peut faire appeler toutes les personnes qu'il désire faire entendre. Toutefois le retard d'un témoin ne peut arrêter les débats.

Art. 34 (*modifié*). Le président interroge l'accusé et reçoit les dépositions des témoins.

Ne peuvent être reçues les dépositions des ascendants ou descendants, des frères ou sœurs ou des alliés au même degré, du conjoint de l'accusé ou de l'un des accusés du même fait.

Chacun des membres du tribunal est autorisé à poser des questions à l'accusé comme aux témoins, après en avoir fait la demande au président.

L'accusé présente sa défense, soit par lui-même, soit par l'organe de son défenseur.

---

[1] Les tribunaux maritimes commerciaux ne peuvent juger par défaut c'est-à-dire en l'absence de l'accusé. (Circ. min. du 29 novembre 1853.)

Le président demande à l'accusé s'il n'a rien à ajouter dans l'intérêt de sa défense, et prononce la clôture des débats.

Art. 35. Après la clôture des débats, le président fait retirer l'accusé ainsi que l'auditoire pour délibérer.

Les membres du tribunal opinent dans l'ordre inverse des classifications mentionnées aux articles 12, 13, 14 et 15. Le président émet son opinion le dernier.

Art. 36. Toutes les questions de culpabilité posées par le président sont résolues à la majorité des voix.

Si l'accusé est déclaré coupable, le tribunal délibère sur l'application de la peine [1] [2].

Art. 37. — Le tribunal, si le fait paraît rentrer dans la catégorie des fautes de discipline, peut prononcer seulement une des peines prévues par l'article 52 du présent décret.

Art. 38. Si le tribunal reconnaît que le fait est de la compétence des tribunaux ordinaires, il déclare et motive son incompétence.

Dans ce cas, on applique les dispositions du chapitre III du présent titre.

La déclaration du tribunal est jointe au dossier de l'affaire.

Art. 39. Le jugement est rédigé en trois expéditions, dont une servant de minute, par le greffier et signée par le président et par les membres du tribunal.

Il mentionne l'observation des dispositions prescrites par les articles 12 à 21, et par les articles 30, 31, 32 et 36 du présent décret.

Il indique, s'il y a lieu, les quartier et numéro d'inscription de l'accusé.

Art. 40. Le président écrit au bas du jugement : «Soit exécuté selon la forme et teneur», et il prend les mesures nécessaires pour en assurer l'exécution.

---

[1] L'accusé reconnu coupable de plusieurs des délits prévus par le décret-loi ne doit être condamné qu'à la peine la plus forte de toutes celles qu'il a ainsi encourues. (Dép. min. du 20 octobre 1852.)

[2] La loi du 26 mars 1891 (loi Bérenger) est applicable aux condamnations prononcées par les tribunaux maritimes commerciaux, ainsi qu'il résulte de l'article 2 de la loi du 15 avril 1898 ainsi conçu :

La loi du 26 mars 1891 sur le sursis à l'exécution de la peine est applicable.

En cas de condamnation nouvelle dans les conditions qu'elle édicte pour crime ou délit de droit commun ou pour crime ou délit maritime, la première peine est d'abord exécutée sans qu'elle puisse se confondre avec la seconde.

Art. 41. Lorsque le jugement est rendu en France et emporte la peine d'emprisonnement, le coupable est remis sans délai, par le président du tribunal, avec une expédition du jugement, à la disposition du procureur de la République du lieu, qui fait exécuter la sentence.

La peine d'emprisonnement prononcée hors de France est toujours subie dans la métropole, lorsque la durée de cette peine excède trois mois. Dans ce cas, le coupable est renvoyé le plus promptement possible, et remis, à son arrivée dans un port français, au procureur de la République du lieu, par l'autorité maritime locale [1].

Lorsque la peine d'emprisonnement prononcée hors de France n'excède pas trois mois, le coupable peut la subir, soit en France, soit dans la colonie française, soit dans le pays étranger où le jugement a été rendu.

Art. 42. Les peines prononcées hors de France contre les capitaines de navires ne seront subies par eux qu'à leur retour dans la métropole [2].

Les jugements portant ces pénalités seront inscrits, à cet effet, sur le livre des punitions, par le président du tribunal maritime commercial qui aura rendu la sentence. Mention en sera faite, en outre, sur le rôle d'équipage du navire.

Art. 43. Le payement des amendes prononcées en vertu du présent décret est poursuivi, dans les formes ordinaires, par le receveur des domaines du lieu où désarme le navire à bord duquel le coupable est embarqué ou du lieu d'inscription du délinquant. Cette poursuite est faite à la requête de l'autorité maritime locale.

Si le coupable est débarqué en cours de voyage, le payement des amendes est poursuivi par le receveur des domaines du lieu où le débarquement s'opère.

Si le débarquement s'effectue à l'étranger, le consul est chagé de poursuivre le payement des amendes.

Les poursuites peuvent aussi avoir lieu, dans tous les cas, par voie administrative, à la diligence des commissaires de l'inscription maritime ou des consuls.

Art. 44. Une expédition du jugement est adressée au Ministre de la Marine.

---

[1] Les condamnés ne doivent pas être mis aux fers pendant la traversée de retour (à moins qu'il ne s'agisse d'hommes dangereux) et les dispositions à prendre à leur égard doivent se borner à une surveillance suffisante pour prévenir leur évasion. (Circ. min. des 14 juillet 1853, 24 juillet 1863 et 22 mai 1890.)

[2] A plus forte raison les capitaines ne peuvent-ils être débarqués par simple mesure disciplinaire, si ce n'est dans les cas déterminés par l'article 42 de l'ordonnance du 29 octobre 1833, c'est-à-dire lorsque leur débarquement est demandé par le consignataire ou par l'équipage du navire pour des motifs dont l'autorité consulaire reste d'ailleurs seule juge. (Circ. min. du 6 septembre 1865.)

Art. 45 (*modifié*). Le prévenu condamné par jugement des tribunaux maritimes commerciaux pourra se pourvoir en cassation pour violation ou fausse application de la loi.

Le pourvoi sera formé par une déclaration reçue par le greffier du tribunal qui aura rendu le jugement et inscrite sur un registre spécial tenu à cet effet. Il sera, quant aux délais et aux formes, assimilé aux pourvois en matière de police correctionnelle.

Le Ministre de la Marine pourra, dans les cas prévus par l'article 441 du Code d'instruction criminelle, transmettre au Ministre de la Justice pour être déférés à la Cour de cassation, dans l'intérêt de la loi, les jugements des tribunaux maritimes commerciaux qui seraient susceptibles d'être annulés pour violation des articles 12 à 20, 29, 30, 31 ou des dispositions concernant les pénalités.

Art. 46. La procédure devant les tribunaux maritimes commerciaux ne donne lieu à la perception d'aucuns frais ni d'aucune taxe quelconques.

Art. 47. Le greffier mentionne au bas du jugement si la sentence a ou non reçu son exécution. Le capitaine fait transcrire le jugement sur le livre des punitions, auquel il reste annexé pour être remis au commissaire de l'inscription maritime du port de désarmement. La transcription ainsi faite est certifiée par le greffier.

Art. 48. Le capitaine, maître ou patron qui aura négligé de se conformer aux prescriptions des chapitres I et II du titre II sera puni d'une amende de 25 à 300 francs.

CHAPITRE III.
DE LA FORME DE PROCÉDER EN MATIÈRE DE CRIMES MARITIMES.

Art. 49. Aussitôt qu'un crime a été commis à bord d'un navire, le capitaine, maître ou patron se conforme, pour constater les faits et pour procéder à l'instruction, aux articles 24 et 25 ci-dessus.

Il saisit, en outre, les pièces à conviction et fait arrêter le prévenu.

Art. 50. Immédiatement après son arrivée dans un port ou sur une rade de France ou d'une colonie française, le capitaine, maître ou patron remet le prévenu et les pièces du procès au commissaire de l'inscription maritime du lieu.

Ce fonctionnaire complète au besoin l'instruction, transmet les pièces dans les vingt-quatre heures au procureur de la République de l'arrondissement et pourvoit au transport du prévenu devant l'autorité judiciaire.

Art. 51. Si le navire aborde dans un port étranger, le capitaine, maître ou patron remplit envers le consul français les dispositions prescrites par le premier paragraphe de l'article précédent.

Le consul complète, au besoin, l'instruction dans le plus bref délai possible, et, s'il le juge nécessaire, fait débarquer le prévenu [1] pour l'envoyer au port d'armement avec les pièces du procès.

À défaut du consul, le capitaine, maître ou patron agit de la même manière à l'égard du commandant du bâtiment de l'État présent sur les lieux. Celui-ci procède comme l'eût fait le consul.

TITRE III.
DE LA PÉNALITÉ [2].

CHAPITRE PREMIER.
DES PEINES.

ART. 52 (*modifié*). Les peines applicables aux fautes de discipline [3] sont :

Pour les hommes de l'équipage :

1° La consigne à bord pendant huit jours au plus :

2° Le retranchement de la ration de boisson fermentée au plus pendant trois jours et à deux repas par jour;

3° La retenue d'un à dix jours de solde, si l'équipage est engagé au mois, ou de deux à vingt francs (2 à 20 fr.) s'il est engagé à la part [4].

4° La prison pendant quatre jours au plus;

5° Le cachot pendant deux jours au plus;

La peine du cachot peut être accompagnée du retranchement de la ration de boisson fermentée et, s'il s'agit d'un homme dangereux ou en prévention de crime, peut être prolongée aussi longtemps que la nécessité l'exige.

Il pourra, de plus, être fait usage, à titre exceptionnel, dans les cas de force majeure constatés par une mention sur le livre de punitions et pour assurer la sécurité de l'équipage du navire, de la boucle simple ou de la boucle double.

---

[1] Même si celui-ci n'est autre que le capitaine. (Circ. min. du 6 sept. 1865.)

[2] Le texte des articles 52, 53, 55, 58 et 60 a été modifié conformément à la loi du 31 juillet 1902.

[3] La durée maximum de ces peines, telle que l'a fixée le décret-loi, ne doit être dépassée dans aucun cas. (Circ. min. du 21 septembre 1888.)

[4] La retenue de solde étant la peine la plus préjudiciable non seulement aux marins, mais à leurs familles, ne doit être employée que comme dernière ressource et toujours avec modération, le maximum ne devant être prononcé que dans des circonstances exceptionnelles, par exemple quand on a affaire à un récidiviste incorrigible (Circ. min. des 2 mai 1884 et 21 septembre 1888.)

Pour les officiers [1] :

1° La retenue d'un à vingt jours de solde, s'ils sont engagés au mois, ou de dix à cent francs (10 à 100 fr.) s'ils sont engagés à la part;

2° Les arrêts simples pendant quinze jours au plus, avec continuation du service;

3° Les arrêts forcés dans la chambre pendant dix jours au plus;

4° La suspension temporaire des fonctions, avec exclusion de la table du capitaine et suppression de solde;

5° Les arrêts forcés et la suspension temporaire de fonctions sont toujours accompagnés de la suppression de la moitié de la solde, si l'officier est engagé au mois, et d'une retenue pouvant s'élever jusqu'à cent francs (100 fr.) s'il est engagé à la part.

Pour les passagers de chambre :

1° L'exclusion de la table du capitaine;

2° Les arrêts dans la chambre.

Pour les passagers d'entrepont :

La privation de monter sur le pont pendant plus de deux heures chaque jour.

Ces peines ne pourront être appliquées pendant plus de huit jours consécutifs.

Tout homme puni de la peine de la boucle simple ou double ou de celle du cachot, ainsi que tout officier ou passager puni des arrêts dans la chambre, doit être conduit sur le pont deux fois par jour, pendant une heure chaque fois.

Art. 53 (*modifié*). Les peines que peut infliger le capitaine, maître ou patron, aux termes de l'article 7 du présent décret-loi, sont :

1° La consigne pendant huit jours;

2° Le retranchement de la boisson fermentée pendant trois jours.

---

[1] Bien que compris au nombre des officiers par l'article 57, le capitaine ne peut pas être puni en vertu de l'article 52. C'est qu'en effet le droit de discipline dévolu aux autorités mentionnées à l'article 5 ne saurait atteindre les capitaines, attendu qu'aucune des infractions à la police du bord prévues par l'article 58 n'est de nature à être commise par eux et que, d'après l'article 6, c'est sur leur plainte seulement que ces infractions peuvent être punies. Le ministre de la marine seul a une action disciplinaire sur les capitaines, en vertu de l'art. 87 du décret-loi. (Circ. min. des 6 septembre 1865 et 22 septembre 1880.)

Art. 54 (*modifié*). Les passagers de chambre ou d'entrepont qui, condamnés à une peine disciplinaire, refuseront de s'y soumettre, pourront être mis aux arrêts forcés pendant dix jours au plus.

Ces peines pourront être prolongées autant que la nécessité l'exigera, s'il s'agit d'un homme dangereux ou en prévention de crime.

Art. 55 (*modifié*). Les peines applicables aux délits sont :

1° L'amende de seize à trois cents francs (16 à 3oo fr.);

2° La perte ou la suspension de la faculté de commander;

3° L'emprisonnement pendant six jours au moins et deux ans au plus.

Art. 56. Les peines en matière criminelle sont les mêmes que celles qui sont énoncées dans les lois ordinaires, sauf les cas prévus par le présent décret.

Art. 57 (*modifié*). Sont compris sous la dénomination d'officiers :

Le capitaine, maître ou patron; — le second; — les lieutenants;

Le mécanicien chargé en chef de la machine et, sur les bâtiments d'une force de 3oo chevaux (effectifs) au moins, les mécaniciens en sous-ordre;

Le commissaire de paquebots;

Le subrécargue et le médecin.

CHAPITRE II.

DES INFRACTIONS ET DE LEUR PUNITION.

SECTION Ire. — *Des fautes de discipline.*

Art. 58. Sont considérées comme fautes de discipline [1] :

1° La désobéissance simple;

2° La négligence à prendre son poste ou à s'acquitter d'un travail relatif au service du bord;

3° Le manque au quart, ou le défaut de vigilance pendant le quart;

4° L'ivresse sans désordre;

5° Les querelles ou disputes, sans voies de fait, entre les hommes de l'équipage ou les passagers;

6° L'absence du bord sans permission, quand elle n'excède pas trois jours;

---

[1] Les actes d'improbité ne peuvent, dans aucun cas, être considérés comme fautes de discipline. (Dép. min. du 31 décembre 1852.)

7° Le séjour illégal à terre, moins de trois jours après l'expiration d'un congé;

8° Le manque de respect aux supérieurs;

9° Le fait d'avoir allumé une première fois des feux sans permission, ou d'avoir circulé dans des lieux où cela est interdit à bord avec des feux, une pipe ou un cigare allumés;

10° Le fait de s'être endormi une première fois, étant à la barre, en vigie ou au bossoir;

11° L'emploi non autorisé, dans un port ou rade, sans perte, dégradation ou abandon, d'une embarcation du navire.

12° Enfin, et généralement, tous les faits de négligence ou de paresse qui ne constituent qu'une faute légère ou un simple manquement à l'ordre ou au service du navire, ou aux obligations stipulées dans l'acte d'engagement.

Ces fautes seront punies de l'une [1] des peines spécifiées à l'article 52, au choix des autorités désignées par l'article 5 du présent décret.

Seront également considérées comme fautes de discipline les infractions au décret du 9 janvier 1852 et aux règlements sur la pêche côtière, qu'en raison de leur peu de gravité les commissaires de l'inscription maritime ne croiront pas devoir déférer aux poursuites du ministère public.

Ces officiers d'administration prononceront, dans ce cas, contre les délinquants, un emprisonnement ou une interdiction de pêche d'un à cinq jours.

Art. 59. Les marins qui, pendant la durée de la peine de la prison, de la boucle ou du cachot, prononcée en matière de discipline, sont remplacés dans le service à bord du navire auquel ils appartiennent supportent, au moyen d'une retenue sur leur gages, les frais de ce remplacement [2].

SECTION II. — *Des délits maritimes.*

Art. 60 (*modifié*). Les délits maritimes sont :

1° Les fautes de discipline réitérées;

2° La désobéissance, accompagnée d'un refus formel d'obéir;

3° La désobéissance avec injures ou menaces;

4° Les rixes ou voies de fait entre les hommes de l'équipage, lorsqu'elles ne donnent pas lieu à une maladie ou à une incapacité de travail de plus de trente jours;

---

[1] Et non de plusieurs de ces peines cumulativement. Rien n'empêche d'ailleurs de porter à son maximum l'unique peine prononcée, s'il y a lieu de se montrer rigoureux. (Circ. min. des 3 octobre 1883 et 21 septembre 1888.)

[2] L'autorité qui a infligé la peine disciplinaire motivant le remplacement doit consigner sur le livre de punitions que ce remplacement a eu lieu, afin d'éviter toute réclamation ultérieure de l'homme puni. (Cir. min. du 7 avril 1862.)

5° L'ivresse avec désordre ;

6° L'emploi, sans autorisation, d'une embarcation du navire dans des conditions autres que celles prévues à l'article 58 ;

7° La dégradation d'objets à l'usage du bord ;

8° L'altération des vivres ou marchandises par le mélange de substances non malfaisantes ;

9° Le détournement ou le gaspillage des vivres ou des liquides à l'usage du bord ;

10° L'embarquement clandestin d'armes à feu, d'armes blanches, de poudres à tirer, de matières inflammables ou de liqueurs spiritueuses.

Ces objets seront saisis par le capitaine et, suivant qu'il y aura lieu d'après leur nature comme d'après les circonstances, détruits ou sequestrés dans sa chambre, pour être, dans ce dernier cas, confisqués au profit de la caisse des invalides de la marine à l'expiration du voyage, sans préjudice des poursuites à exercer contre le passager qui ne se conformerait point à la teneur de son billet de passage ;

11° Le vol commis par un officier-marinier, un matelot, un novice ou un mousse, quand la valeur de l'objet n'excède pas vingt francs (20 fr.) et qu'il n'y a pas eu effraction ou usage de fausses clefs ;

12° La désertion ;

13° Les voies de fait contre un supérieur autre que le capitaine [1] ou un officier du bord, lorsqu'elles ne donnent pas lieu à une maladie ou une incapacité de travail de plus de trente jours ;

14° La rébellion non armée envers le capitaine [1] ou l'officier commandant le quart, lorsqu'elle a lieu en réunion d'un nombre quelconque de personnes, sans excéder le tiers des hommes de l'équipage, y compris les officiers.

Ces délits seront punis des peines énoncées dans l'article 55, au choix du juge, excepté dans les cas prévus par les articles suivants [2].

Art. 61. Tout marin coupable d'outrages par paroles, gestes ou menaces [3] envers son capitaine [1] ou un officier du bord, sera puni d'un emprisonnement de six jours à un an, auquel il pourra être joint une amende de 16 à 100 francs.

---

[1] Le mot «capitaine», quand il est employé seul, désigne le chef du navire, que celui-ci soit un capitaine au long cours, un maître au cabotage ou même un simple patron. (Dép. min. du 7 juillet 1883.)

[2] L'impossibilité de réunir sur place un tribunal maritime commercial n'autorise pas à considérer comme faute de discipline une infraction qualifiée de délit par l'article 60. En pareil cas, il y a lieu de surseoir à toute décision jusqu'à l'arrivée du navire dans un port où le tribunal maritime commercial peut être constitué. (Circ. min. du 21 septembre 1888.)

[3] Ou *par écrit*. (Cir. min. du 19 janvier 1880.)

Art. 62. Tout officier coupable du même délit envers son supérieur sera puni d'un emprisonnement d'un mois à deux ans et d'une amende de 5o à 3oo francs.

Art. 63 (*modifié*). Toute personne embarquée, coupable de voies de fait envers un officier du bord autre que le capitaine [1] sera punie d'un emprisonnement de trois mois à deux ans.

Toute personne embarquée, coupable de voies de fait envers le capitaine [1] sera punie d'un emprisonnement de trois mois à trois ans.

Dans les deux cas, une amende de vingt-cinq à cinq cents francs (25 à 5oo fr.) sera en outre prononcée.

Si les voies de fait ont déterminé une maladie ou une incapacité de travail de plus de trente jours, les coupables seront punis conformément à l'article 3o9 du Code pénal.

Art. 64 (*modifié*). Tout marin qui aura formellement refusé d'obéir aux ordres du capitaine [1] ou d'un officier du bord pour assurer la manœuvre sera puni de six jours à six mois de prison.

Une amende de seize à cent francs (16 à 100 fr.) pourra être jointe à cette peine.

Tout refus formel d'obéir aux ordres donnés pour assurer le salut du navire ou de la cargaison, ou le maintien de l'ordre, sera assimilé à la rébellion et puni, suivant les cas, des peines édictées à l'article 6o, paragraphe 14, et à l'article 95 de la présente loi.

Art. 65 (*modifié*). Les gens de mer, mécaniciens, chauffeurs et médecins français ou étrangers [2] qui, dans un port de France, s'absentent sans permission pendant trois fois vingt-quatre heures de leur navire ou du poste où ils ont été placés, ou laissent partir le navire sans se rendre à bord [3], sont réputés déserteurs et punis de quinze jours à six mois de prison.

Cette peine sera de quinze jours à deux mois pour les déserteurs âgés de moins de 21 ans.

Art. 66 (*modifié*). Sont également réputés déserteurs et punis d'un mois à un an de prison les gens de mer, mécaniciens, chauffeurs et médecins français ou étrangers qui, dans les colonies françaises, sur une rade étrangère ou dans un port étranger, s'absentent sans permission pendant deux fois

---

[1] Voir note 1 de la page précédente.

[2] Cette énumération est limitative. Le législateur de 1898 n'a pas admis que les gagistes et serviteurs (cuisiniers, maîtres d'hôtel…) qui figurent au rôle d'équipage, mais ne sont pas employés à la manœuvre du navire, puissent être réputés déserteurs et poursuivis comme tels. (Circ. min. du 2 juin 1898.)

[3] Même si l'abandon du navire a eu lieu au cours d'une grève déclarée. (Arrêt de cassation du 24 octobre 1912.)

vingt-quatre heures de leur navire ou du poste auquel ils ont été placés, ou laissent partir le navire sans se rendre à bord [1].

Les déserteurs âgés de moins de 21 ans seront condamnés à un emprisonnement d'un à trois mois.

Art. 67 et 68. (Abrogés par l'article 91 de la loi du 24 décembre 1896 sur l'inscription maritime.)

Art. 69 (*modifié*). Tout déserteur perd le droit de solde par lui acquise sur le bâtiment auquel il appartenait au jour du délit. S'il est marié, un tiers de cette solde retourne à sa femme, un tiers à l'armement, un tiers à la caisse des invalides de la marine. Dans le cas contraire, la moitié de cette solde retourne à l'armement, l'autre moitié est versée à la caisse des invalides de la marine.

Art. 70 (*modifié*). Les complices de la désertion sont punis des mêmes peines que le déserteur.

Une amende de seize à cinq cents francs (16 à 500 fr.) sera ajoutée à leur peine, s'ils ne font pas partie de l'équipage.

Art. 71. Les gens de mer qui, à l'insu du capitaine, maître ou patron, embarquent ou débarquent des objets dont la saisie constitue l'armement en frais et dommages, sont punis d'un mois à un an de prison indépendamment de l'amende par eux encourue à raison de la saisie et sans préjudice de l'indemnité due à l'armement pour les frais que la saisie a pu lui occasionner.

Art. 72. Tout officier qui, hors le cas de nécessité absolue, maltraite ou frappe un marin ou un passager, est puni d'un emprisonnement de six jours à trois mois.

La peine pourra être doublée s'il s'agit d'un novice ou d'un mousse.

Si les voies de fait ont occasionné une maladie ou une incapacité de travail de plus de trente jours, le coupable sera puni conformément à l'article 309 du Code pénal.

Art. 73. Tout officier qui s'enivre habituellement ou pendant qu'il est de quart, est puni de quinze jours à un mois de prison et d'une amende de 50 à 300 francs.

Art. 74. Tout capitaine, maître, patron ou officier qui, volontairement, détruit, dégrade ou vend un objet utile à la navigation, à la manœuvre ou à la sûreté du navire, est puni de quinze jours à trois mois de prison.

---

[1] Tombe sous le coup de cet article le marin absent au départ du navire, dès lors qu'il y a eu faute de sa part, même s'il n'a pas eu la volonté d'abandonner son bord. (Arrêt de cassation, 5 août 1909.)

Art. 75. Est puni de la même peine tout capitaine, maître, patron ou officier qui, hors le cas de force majeure, a volontairement altéré les vivres, boissons et autres objets de consommation destinés aux passagers et à l'équipage, lorsqu'il n'y a pas eu mélange de substances malfaisantes.

Une amende de 16 à 300 francs pourra, en outre, être prononcée.

Art. 76. Tout capitaine, maître ou patron qui, hors le cas de force majeure, prive l'équipage de l'intégralité de la ration stipulée avant le départ, ou, à défaut de convention, de la ration équivalente à celle que reçoivent les marins de la flotte[1], est tenu de payer, à titre de dommages-intérêts, 50 centimes par jour pendant la durée du retranchement à chaque personne composant l'équipage, et peut, en outre, être puni de 50 à 500 francs d'amende[2]. Les cas de force majeure sont constatés par procès-verbaux signés du capitaine, maître ou patron, et des principaux de l'équipage, et alors même il est dû à chaque homme une indemnité représentative du retranchement auquel il a été soumis[3].

Art. 77. Est puni de trois mois de prison, tout capitaine, maître ou patron qui, en faisant ou autorisant la contrebande, donne lieu à une amende de moins de 1,000 francs à la charge de l'armement.

La peine de la prison sera de trois mois à un an, indépendamment de la suspension de commandement pendant deux ans au moins et trois ans au plus, sans préjudice de l'action civile réservée à l'armateur, si la contrebande donne lieu, soit à la confiscation du navire ou de tout ou partie de la cargaison, soit à une amende de plus de 1,000 francs.

Art. 78. Tout capitaine, maître ou patron qui s'enivre pendant qu'il est chargé de la conduite[4] du navire, est puni d'un emprisonnement de quinze

---

[1] Se référer, pour la composition de la ration, à l'arrêté ministériel du 20 juillet 1910. (*B. O.*, p. 2076.)

[2] Toutes les fois qu'une autorité maritime ou consulaire reçoit une plainte sérieuse et motivée relative à la nourriture à bord d'un navire en cours de voyage, elle doit ouvrir une enquête et procéder à l'examen des vivres dénoncés et, si la plainte est reconnue fondée, réunir le tribunal civil commercial ou, si c'est impossible, adresser au Ministre de la Marine un procès-verbal détaillé pour que l'affaire puisse être ultérieurement jugée. Si, d'ailleurs, l'expertise révélait l'existence de vivres avariés, il conviendrait de forcer le capitaine à remplacer les denrées impropres à la consommation et l'empêcher de partir jusqu'à ce qu'il eût obéi. (Cir. min. du 2 mai 1884 et du 31 mai 1902.)

[3] D'après l'article 31 de la loi du 17 avril 1907, sur la sécurité de la navigation, ces procès-verbaux doivent être signés par le médecin du bord, s'il y en a un, et deux membres de l'équipage appartenant, l'un au personnel du pont, l'autre à celui des machines.

[4] Le capitaine doit être considéré comme chargé de cette conduite, aussi longtemps qu'il exerce le commandement, même lorsqu'il se trouve dans un port et qu'il est descendu à terre. (Dép. min. du 16 juillet 1896.)

jours à un an. Il peut, en outre, être interdit de tout commandement pendant un intervalle de six mois à deux ans.

En cas de récidive, l'interdiction de commander peut être définitive.

Art. 79. Tout capitaine, maître ou patron qui se permet ou tolère à son bord des abus de pouvoir[1], ou qui, hors le cas de nécessité absolue, exerce des voies de fait envers son inférieur ou un passager, est puni de six jours à trois mois de prison.

Le coupable peut, en outre, être privé de commander pendant six mois au moins et deux ans au plus.

La peine pourra être doublée s'il s'agit d'un novice ou d'un mousse.

Si les voies de fait ont entraîné une maladie ou une incapacité de travail de plus de trente jours, le coupable sera puni conformément à l'article 309 du Code pénal.

Art. 80 (*modifié*). Tout capitaine, maître ou patron qui, en présence d'un péril quelconque, abandonne son navire à la mer, hors le cas de force majeure dûment constaté par les officiers et principaux de l'équipage ou qui, ayant pris leur avis, néglige, avant d'abandonner le navire, de sauver les papiers de bord, notamment le journal de route, les dépêches postales, l'argent ou les marchandises précieuses, est puni d'un emprisonnement d'un mois à un an.

La même peine peut être prononcée contre le capitaine, maître ou patron qui, forcé d'abandonner son navire, ne reste pas à bord le dernier.

Dans l'un et l'autre cas, l'interdiction de commandement peut, en outre, être prononcée pour un à cinq ans.

Art. 81 (*modifié*). Tout capitaine, maître ou patron qui, hors le cas d'un danger quelconque, rompt son engagement et abandonne son navire avant d'avoir été dûment remplacé, est puni, si le navire se trouvait en sûreté dans un port, d'un emprisonnement de six mois à deux ans; si le navire était en rade foraine, la peine d'emprisonnement sera d'un an au moins et de deux ans au plus.

Dans l'un et l'autre cas, le coupable peut, en outre, être privé de commander pendant un an au moins et trois ans au plus.

Art. 82. Tout capitaine ou maître qui favorise par son consentement l'usurpation de l'exercice du commandement à son bord, en ce qui touche la manœuvre et la direction nautique du navire[2], et consent ainsi à n'être

---

[1] Les injures adressées par un supérieur à son subordonné constituent un abus de pouvoir. (Dép. min. du 20 février 1867.)

[2] Les mots «en ce qui touche la manœuvre et la direction nautique du navire» sont *indicatifs* et non *limitatifs*. L'article 82 punit toute usurpation ou abandon des diverses fonctions qui sont inhérentes à la qualité de capitaine et n'admettent pas

que porteur d'expéditions, est puni d'un emprisonnement de quinze jours à trois mois et de l'interdiction de commandement pendant un an au moins et deux ans au plus.

En cas de récidive, l'interdiction de commandement peut être définitive.

La même peine d'emprisonnement sera prononcée contre toute personne qui aura indûment pris le commandement d'un navire. Le coupable sera, de plus, passible d'une amende de 100 à 500 francs.

ART. 82 *bis* (nouveau). Lorsque l'interdiction du commandement est prononcée, le condamné aura, dans le délai de dix jours à partir du jour de la condamnation, ou de celui de la rentrée en France si le jugement a été rendu à l'étranger, droit de recours au ministre [1], qui prononcera à nouveau sur l'interdiction, d'après le rapport du président du tribunal maritime commercial et les explications écrites ou verbales du condamné.

Au cas où le condamné se serait pourvu en cassation contre le jugement du tribunal maritime commercial, le délai fixé pour le recours au ministre ne commencera à courir qu'à compter du jour du rejet de son pourvoi, ou de celui de sa rentrée en France, si elle ne s'est faite que postérieurement au rejet.

ART. 83. Est puni d'une amende de 25 à 300 francs tout capitaine, maître ou patron qui ne se conforme point aux mesures prescrites par les articles 224, 225 et 227 du Code de commerce [2].

La même peine peut être appliquée au capitaine, maître ou patron qui, hors le cas d'impossibilité absolue, vingt-quatre heures après son arrivée dans un port français, dans une colonie française ou dans un port étranger où réside un consul de France, ne dépose pas son rôle d'équipage soit au bureau de la marine, soit à la chancellerie du consulat.

---

de partage. Tels sont le pouvoir disciplinaire, les rapports avec les autorités maritimes ou consulaires, avec les commandants des forces navales, enfin tout ce qui est relatif à la police de la navigation. (Dép. min. du 12 novembre 1852.)

[1] Voir la note 2 de la page 319 ci-après.

[2] *Code de commerce*, art. 224 : Le capitaine tient un registre coté et paraphé par l'un des juges du tribunal de commerce, ou par le maire ou son adjoint dans les lieux où il n'y a pas de tribunal de commerce.

Ce registre contient : les résolutions prises pendant le voyage, la recette et la dépense concernant le navire, et généralement tout ce qui concerne le fait de sa charge et tout ce qui peut donner lieu à un compte à rendre, à une demande à formuler.

ART. 225 : Le capitaine est tenu, avant de prendre charge, de faire visiter son navire, aux termes et dans les formes prescrits par les règlements. — Le procès-verbal de visite est déposé au greffe du tribunal de commerce ; il en est délivré extrait au capitaine.

ART. 227 : Le capitaine est tenu d'être en personne dans son navire à l'entrée et à la sortie des ports, havres ou rivières.

Aʀт. 84. Est puni d'une amende de 25 à 100 francs, à laquelle il peut être joint un emprisonnement de six jours à un mois :

Tout capitaine, maître ou patron qui, à moins de légitimes motifs d'empêchement, s'abstient, à son arrivée sur une rade étrangère ou à son départ, de se rendre à bord du bâtiment de guerre français commandant la rade [1];

Tout capitaine, maître ou patron qui, sans empêchement légitime, ne se conforme pas aux règles établies pour la police de la rade [2], après qu'il lui en a été donné connaissance.

Aʀт. 85 (*modifié*). Toute personne, même étrangère, embarquée sur un navire français ou étranger qui, dans les eaux maritimes et jusqu'à la limite des eaux territoriales françaises, ne se conforme pas aux règlements ou aux ordres émanant des autorités maritimes et relatifs, soit à la police des eaux et rades, soit à la police de la navigation maritime, est punie d'un emprisonnement de six jours à six mois et d'une amende de cinq cents francs (500 fr.) au maximum ou de l'une de ces deux peines seulement [3].

La même peine est encourue par toute personne embarquée sur un navire français qui, hors de France, refuse d'exécuter les ordres régulièrement donnés par un consul général, consul ou vice-consul de France, ou par le commandant d'un bâtiment de guerre français, dans un intérêt d'ordre général concernant les nationaux, ou pour les nécessités du service maritime ou pour l'honneur du pavillon.

Si l'une des infractions prévues aux paragraphes précédents a été commise pendant la durée de la mobilisation de l'armée de mer, la peine peut être portée au double; en outre, la connaissance desdites infractions appartient, en ce cas, au conseil de guerre maritime, soit d'arrondissement, soit de bord, conformément aux dispositions de l'article 82 du Code de justice militaire pour l'armée de mer ou du deuxième paragraphe de l'article 98 du même Code complété par la loi du 24 juillet 1913. Le conseil de guerre peut accorder le bénéfice des circonstances atténuantes, dans les conditions de l'article 86 *bis* du décret-loi du 24 mars 1852.

Aʀт. 86. Tout capitaine, maître, patron ou officier qui refuse ou néglige

---

[1] Le décret du 15 mai 1910 sur le service à bord des bâtiments de la flotte (art. 88) prescrit aux commandants des forces navales ou de bâtiments de guerre isolés d'exiger que les capitaines du commerce se conforment vis-à-vis d'eux aux dispositions de l'article 84.

[2] Il ne s'agit ici, bien entendu, que des rades *françaises*. (Circ. min. du 22 octobre 1877.)

[3] Un décret du 13 février 1917 (*B. O.* p. 106) permet aux navigateurs, poursuivis en exécution de l'article 85 de se libérer des amendes par eux encourues et de poursuivre leur voyage, sans attendre le jugement du conseil de guerre, au moyen de la consignation, chez le percepteur, d'une somme fixée par l'autorité maritime locale proportionnellement à la gravité de l'infraction.

de remplir les formalités prescrites aux titres Ier et II du présent décret est puni d'une amende de 50 à 500 francs.

Il pourra, en outre, être prononcé un emprisonnement de six jours à un an.

Art. 86 *bis* Dans le cas où il déclarera les circonstances atténuantes, le tribunal maritime commercial pourra réduire la peine jusqu'à la moitié du minimum fixé par les articles 55, 60 et suivants ci-dessus.

Art. 87. Indépendamment des cas de suspension ou de retrait de la faculté de commander prévus par le présent décret, le Ministre de la Marine peut, par continuation, infliger cette même peine, lorsqu'il le juge nécessaire, après une enquête contradictoire, dans laquelle le capitaine est entendu [1] [2].

Art. 88. Toutes les sommes provenant des amendes et des réductions de solde ou de ration prononcées aux termes du présent décret seront versées dans la caisse des invalides de la Marine.

Le prix de la ration retranchée sera déterminé par le commissaire de l'inscription maritime du port de désarmement.

SECTION III. — *Des Crimes.*

Art 89 (*modifié*). Tout individu inscrit sur le rôle d'équipage qui, volontairement et dans une intention criminelle, échoue, perd ou détruit par quelque moyen que ce soit, autre que celui du feu ou d'une mine, prévu à l'article 434 du Code pénal, le navire sur lequel il est embarqué, ou qui en occasionne, par un refus d'obéir aux ordres donnés, l'échouage, la perte ou la destruction, est puni de dix à vingt ans de travaux forcés.

Si le coupable était, à quelque titre que ce soit, chargé de la conduite du navire, il lui sera appliqué le maximum de la peine.

S'il y a eu homicide ou blessure par le fait de l'échouement, de la perte ou de la destruction du navire, le coupable sera, dans le premier cas, puni de mort et, dans le second, puni des travaux forcés à temps.

---

[1] Les autorités maritimes et consulaires n'ayant, sur les capitaines, aucun pouvoir disciplinaire doivent, toutes les fois qu'un capitaine leur a manqué d'égards sans cependant commettre le délit puni et prévu par l'article 85, signaler le fait au Ministre de la Marine, en vue de l'application au délinquant de l'article 87. (Circ. min. des 6 septembre 1865 et 22 septembre 1880.)

[2] Le capitaine suspendu ou interdit par application de l'article 87 ne peut appeler de la décision du Ministre devant le Conseil d'État, si cette décision a été prise dans les formes légales. Spécialement, il ne pourrait arguer de ce qu'une contre-enquête, par lui réclamée, n'a pas été faite. (Arrêt du Conseil d'État du 5 août 1868.)

Art. 90. Tout capitaine, maître ou patron qui, dans une intention frauduleuse, détourne à son profit le navire dont la conduite lui est confiée, est puni de vingt ans de travaux forcés, sans préjudice de l'action civile réservée à l'armateur.

Art. 91. Est puni des travaux forcés à temps tout capitaine, maître ou patron qui, volontairement et dans une intention criminelle, fait fausse route ou jette à la mer ou détruit sans nécessité tout ou partie du chargement, des vivres ou des effets de bord.

Art. 92. Est puni de la réclusion tout capitaine, maître ou patron qui, dans une intention frauduleuse, se rend coupable de l'un des faits énoncés à l'article 236 du Code de commerce[1], ou vend, hors le cas prévu par l'article 237 du même Code[2], le navire dont il a le commandement, ou opère des déchargements en contravention à l'article 248 dudit Code[3].

Art. 93 (*modifié*). Les vols commis à bord de tout navire par les capitaines, officiers, subrécargues ou passagers, sont punis de la reclusion.

La même peine est prononcée contre les officiers-mariniers, marins, novices et mousses, quand la valeur de l'objet volé excède vingt francs (20 fr.), ou quand le vol a été commis avec effraction, ou à l'aide de fausses clefs.

Art. 94. Sont punies de la même peine toutes personnes embarquées, à quelque titre que ce soit, qui altèrent volontairement les vivres, boissons ou autres objets de consommation, par le mélange de substances malfaisantes.

Art. 95 (*modifié*). Tout acte de rébellion commis par plus du tiers de l'équipage est puni de la reclusion.

Si les rebelles sont armés, quel que soit leur nombre, la peine des travaux forcés à temps sera prononcée.

Les rebelles sont réputés armés s'il se trouve parmi eux un ou plusieurs hommes porteurs d'une arme quelconque.

---

[1] Art. 236 du *Code de commerce*. — Le capitaine qui aura, sans nécessité, pris de l'argent sur le corps, avitaillement ou équipement du navire, engagé ou vendu des marchandises ou des victuailles, ou qui aura employé dans ses comptes des avaries et des dépenses supposées, sera responsable envers l'armement et personnellement tenu du remboursement de l'argent ou du payement des objets, sans préjudice de la poursuite criminelle, s'il y a lieu.

[2] Art. 237 du *Code de commerce*. — Hors le cas d'innavigabilité légalement constatée, le capitaine ne peut, à peine de nullité de la vente, vendre le navire sans un pouvoir spécial des propriétaires.

[3] Art. 248 du *Code de commerce*. — Hors le cas de péril imminent, le capitaine ne peut décharger aucune marchandise avant d'avoir fait son rapport, à peine de poursuites extraordinaires contre lui.

Les couteaux de poche à la main des rebelles sont réputés armes par le fait seul du port ostensible.

Art. 96. Tout complot ou attentat contre la sûreté, la liberté ou l'autorité du capitaine, maître ou patron, est puni de la reclusion.

La peine des travaux forcés à temps sera prononcée contre tout officier impliqué dans le complot ou l'attentat.

On entend par complot la résolution d'agir concertée et arrêtée entre deux personnes au moins embarquées à bord d'un navire.

TITRE IV.

DISPOSITIONS DIVERSES.

Art. 97. Le capitaine, maître ou patron a sur les gens de l'équipage et sur les passagers l'autorité que comportent la sûreté du navire, le soin des marchandises et le succès de l'expédition.

Art. 98. Le capitaine, maître ou patron est autorisé à employer la force pour mettre l'auteur d'un crime hors d'état de nuire, mais il n'a pas juri-diction sur le criminel, et il doit procéder à son égard suivant les prescriptions des articles 49, 50 et 51 ci-dessus.

Les marins de l'équipage sont tenus de prêter main-forte au capitaine pour assurer l'arrestation de tout prévenu, sous peine d'un mois à un an de prison, indépendamment d'une retenue de solde d'un à trois mois.

Art. 99. En cas de mutinerie ou de révolte, la résistance du capitaine et des personnes qui lui restent fidèles est considérée comme un acte de légitime défense.

Art. 100 (modifié). Dans les cas prévus par le présent décret, l'action publique et l'action civile se prescrivent après cinq années révolues à compter du jour où le délit a été commis.

Cependant, dans les cas de désertion sans retour à bord prévus par les articles 65 et 66, la prescription ne sera acquise contre l'une et l'autre action qu'après dix années révolues à partir du jour de l'absence.

Le déserteur restera soumis, pendant toute la durée de son absence et ensuite, indépendamment de sa soumission ou de sa condamnation par un tribunal maritime commercial, aux poursuites qu'il aura encourues en vertu de la loi sur l'inscription maritime pour infraction aux ordres d'appel ou de mobilisation ou, s'il renonçait à la navigation, pour infraction aux lois de recrutement.

La prescription pour les crimes reste soumise aux règles du droit commun.

Art. 101. Sont et demeurent abrogées toutes dispositions contraires à celles du présent décret.

Art. 102. Le Ministre secrétaire d'État de la Marine et des Colonies, et le Garde des sceaux, Ministre secrétaire d'État de la Justice, sont chargés, chacun en ce qui le concerne, de l'exécution du présent décret, qui sera inséré au *Bulletin des Lois* et au *Bulletin officiel de la Marine*.

Fait au Palais des Tuileries, le 24 mars 1852.

Signé : LOUIS-NAPOLÉON.

Par le Président de la République :

Le Ministre de la Marine et des Colonies,
Signé : Th. DUCOS.

Loi *sur les accidents et collisions en mer.*

(Du 10 mars 1891.)

Le Sénat et la Chambre des députés ont adopté,
Le Président de la République promulgue la loi dont la teneur suit :

CHAPITRE PREMIER.

DES DÉLITS ET DES PEINES.

Article premier. Tout capitaine, maître, patron ou officier de quart qui se rend coupable d'une infraction aux règles prescrites par les décrets en vigueur sur les feux à allumer la nuit et les signaux à faire en temps de brume est puni d'une amende de 10 à 300 francs et d'un emprisonnement de trois jours à un mois, ou de l'une de ces deux peines seulement.

Art. 2. Si l'infraction prévue à l'article précédent, ou toute autre infraction aux règles prescrites sur la route à suivre ou les manœuvres à exécuter en cas de rencontre d'un bâtiment, est suivie d'un abordage, l'amende peut être portée à 500 francs et l'emprisonnement à trois mois.

Si l'abordage a pour conséquence la perte ou l'abandon d'un des navires abordés, ou s'il entraîne soit des blessures, soit la mort pour une ou plusieurs personnes, le coupable est puni d'une amende de 50 à 1,000 francs et d'un emprisonnement de quinze jours à six mois ; le retrait de la faculté de commander peut, en outre, être prononcé pour trois ans au plus.

Art. 3. Tout homme de l'équipage qui se rend coupable d'un défaut de vigilance ou de tout autre manquement aux obligations de son service, suivi d'un abordage ou d'un naufrage, est puni d'une amende de 16 à 100 francs et d'un emprisonnement de dix jours à quatre mois, ou de l'une de ces deux peines seulement.

Art. 4. Après un abordage, le capitaine, maître ou patron de chacun des navires abordés est tenu, autant qu'il peut le faire sans danger pour son navire, son équipage et ses passagers, d'employer tous les moyens dont il dispose pour sauver l'autre bâtiment, son équipage et ses passagers du danger créé par l'abordage. Hors le cas de force majeure, il ne doit pas s'éloigner du lieu du sinistre avant de s'être assuré qu'une plus longue assistance leur est inutile, et, si ce bâtiment a sombré, avant d'avoir fait tous ses efforts pour recueillir les naufragés.

Tout capitaine, maître ou patron qui enfreint les prescriptions précédentes est puni d'une amende de 200 à 3,000 francs, d'un emprisonnement d'un mois à un an et du retrait temporaire ou définitif de la faculté de commander.

L'emprisonnement peut être porté à deux ans, si une ou plusieurs personnes ont péri dans le naufrage.

Art. 5. Après un abordage, le capitaine, maître ou patron de chacun des navires abordés est tenu, s'il le peut sans danger pour son navire, son équipage et ses passagers, de faire connaître au capitaine de l'autre bâtiment, les noms de son propre navire et des ports d'attache, de départ et de destination de celui-ci, sous peine d'une amende de 50 à 500 francs et d'un emprisonnement de six jours à trois mois.

Art. 6. Tout capitaine, maître ou patron, coupable d'avoir perdu[1] par négligence ou impéritie le navire qu'il était chargé de conduire, est puni du retrait temporaire ou définitif de la faculté de commander[2].

Art. 7. Un règlement d'administration publique fixera les moyens de sauvetage dont devront être pourvus les navires affectés au transport de passagers, suivant leur tonnage et la nature de leurs voyages.

Tout capitaine qui prend la mer sans être pourvu de ces moyens de sauvetage, qui ne les entretient pas en état de servir ou ne les remplace pas au besoin, est puni d'une amende de 50 à 1.500 francs.

---

[1] Les faits de négligence ou d'impéritie relevés à la charge du capitaine, maître ou patron ne rentrent dans la prévision de l'article 6 que lorsqu'ils sont suivis de la *perte* du bâtiment. Hors de ce cas, ils restent soumis à l'exercice du pouvoir disciplinaire que possède le Ministre de la Marine en vertu de l'article 87 du décret-loi du 24 mars 1852. (Circ. min. du 9 avril 1891.)

[2] Le capitaine privé, par application de cet article, de la faculté de commander, ne peut user du droit de recours au Ministre inscrit dans l'article 82 *bis* du décret-loi du 24 mars 1852. (Avis du Comité du contentieux de la Marine du 27 février 1899.)

Art. 8. Tout armateur qui n'a pas pourvu son navire de moyens d'établir et d'entretenir les feux et faire les signaux de brume réglementaires est puni d'une amende de 100 à 2,000 francs.

Dans le cas où son navire est affecté au transport des passagers, si l'armateur ne l'a pas pourvu des moyens de sauvetage fixés par le règlement d'administration publique, il est puni d'une amende de 100 à 3,000 francs.

Ces peines sont prononcées indépendamment de celles dont sont passibles les capitaines, maîtres ou patrons, en vertu des articles précédents.

Toutefois, l'armateur sera affranchi de toute responsabilité pénale s'il a fait constater, par la Commission de visite prescrite par l'article 225 du Code de commerce [1], que son navire est pourvu de tous les appareils exigés par les règlements.

Art. 9. L'article 463 du Code pénal est applicable aux cas prévus par la présente loi.

CHAPITRE II.

DES JURIDICTIONS ET DE LA PROCÉDURE.

Art. 10. La connaissance des délits prévus par la présente loi est attribuée à la juridiction des tribunaux maritimes commerciaux institués par le Code disciplinaire et pénal de la marine marchande du 24 mars 1852.

Dans les cas prévus par l'article 1er, il n'est en rien dérogé aux dispositions de ce Code concernant la composition de ces tribunaux et le lieu où ils se réunissent.

Art. 11. Dans les cas prévus par les articles 2, 3, 4, 5, 6, 7 et 8, le tribunal est toujours réuni dans un des ports de France chefs-lieux d'arrondissement ou de sous-arrondissement maritime.

Les cinq membres qui le composent sont :

Un capitaine de vaisseau ou de frégate, *président;*
Un juge du tribunal de commerce, *juge;*
Un lieutenant de vaisseau, *juge;*
Deux capitaines au long cours, *juges.*

Le capitaine de vaisseau ou de frégate et le lieutenant de vaisseau sont désignés par le préfet maritime de l'arrondissement.

Le juge du tribunal de commerce et les capitaines au long cours sont désignés par le président du tribunal de commerce du lieu, ou, à défaut de

---

[1] C'est maintenant la loi du 17 avril 1907, sur la sécurité de la navigation, qui réglemente, dans son titre premier, tout ce qui concerne la visite des navires.

tribunal de commerce sur les lieux, de celui du tribunal de commerce le plus voisin.

Art. 12. Lorsque le capitaine d'un navire de commerce poursuivi devant le tribunal, composé conformément à l'article 11, est un officier appartenant au corps de la Marine, les capitaines au long cours siégeant comme juges sont remplacés par deux officiers du même grade que l'inculpé, désignés par le préfet maritime de l'arrondissement.

Art. 13. Chaque fois que le tribunal maritime commercial est composé conformément à l'article 11, un commissaire-rapporteur, pris parmi les officiers de la Marine en activité ou en retraite et désigné par le Ministre, est chargé de l'instruction, et remplit près ce tribunal les fonctions de ministère public.

Un officier ou un employé du Commissariat de la Marine, désigné par le préfet maritime de l'arrondissement, remplit les fonctions de greffier.

Art. 14. Les commandants des bâtiments de l'État, les consuls et les commissaires de l'inscription maritime ont qualité pour faire rechercher et constater les délits prévus par les articles 1, 7 et 8 de la présente loi, pour recevoir à leur sujet les plaintes des capitaines, des équipages et des passagers des navires de commerce, ainsi que les procès-verbaux des experts chargés de la visite de ces navires; enfin, pour assembler, conformément aux prescriptions des articles 10 et suivants du Code disciplinaire et pénal pour la Marine marchande du 24 mars 1852, les tribunaux maritimes commerciaux qui doivent connaître des infractions à l'article 1er de la présente loi.

Art. 15. Dans les cas autres que ceux qui sont prévus par l'article 1er de la présente loi, les commandants des bâtiments de l'État, les consuls ou les commissaires de l'inscription maritime procèdent à une enquête et en transmettent les résultats au Ministre de la Marine, avec les procès-verbaux, plaintes et rapports qui l'ont motivée.

Si la contravention prévue par l'un des articles 7 et 8 est constatée dans un port de France, l'autorité maritime de ce port transmet également les pièces et les résultats de l'enquête au Ministre de la Marine.

Si, d'après les résultats de l'enquête, le Ministre juge que le délit signalé doit être déféré au tribunal maritime commercial, composé conformément à l'article 11, il ordonne la formation de ce tribunal dans le chef-lieu d'arrondissement ou de sous-arrondissement maritime, où il lui paraît le plus facile de procéder à l'instruction et d'éclairer la justice.

Il fait parvenir en même temps le dossier de l'enquête au commissaire-rapporteur qu'il a désigné.

Art. 16. Le commissaire-rapporteur procède à l'instruction. Dès qu'elle est terminée, il remet les pièces au président du tribunal, qui fixe le jour et l'heure de l'audience, après en avoir prévenu le préfet maritime ou le chef du service de la Marine du port.

ART. 17. Les jugements sont rendus à la majorité des voix.

La question de l'application de l'article 463 du Code pénal doit toujours être posée.

ART. 18. Les jugements des tribunaux maritimes commerciaux, composés conformément à l'article 11 de la présente loi, peuvent être l'objet d'un recours devant l'un des tribunaux de revision permanents institués par l'article 47 du Code de justice militaire pour l'armée de mer, du 4 juin 1858.

Les délais, la forme de ces recours et la procédure devant ces tribunaux seront ceux indiqués par le même Code. Le recours sera porté devant le tribunal de revision de l'arrondissement maritime dans le ressort duquel le jugement aura été rendu.

ART. 19. Dans tous les cas où une condamnation à la peine de l'emprisonnement a été prononcée par application de la présente loi, et dès qu'elle est devenue définitive, le commissaire-rapporteur près le tribunal maritime commercial ou le commissaire de la République près le tribunal de revision, remet le condamné sans délai, avec une expédition du jugement, au procureur de la République du lieu, qui fait exécuter la sentence.

La peine du retrait de la faculté de commander est mise à exécution par les soins du préfet maritime ou du chef du service de la Marine, suivant le cas, sur les réquisitions du ministère public.

Le recouvrement des amendes est poursuivi dans la forme ordinaire par les agents du Département des Finances, à la requête du ministère public.

ART. 20. Toutes les sommes provenant des amendes prononcées en vertu de la présente loi sont versées dans la caisse des invalides de la Marine.

ART. 21. Les juridictions saisies des délits prévus par la présente loi ne connaissent pas de l'action civile.

ART. 22. Les commandants, les officiers et les marins des bâtiments de l'État continuent à être soumis, pour tous les faits relatifs aux abordages, aux règles et juridictions instituées par le Code de justice militaire pour l'armée de mer, du 4 juin 1858, sans que, au cas d'abordage entre un bâtiment de l'État et un navire de commerce, les inculpés appartenant à ce dernier navire puissent, pour cause de connexité, être renvoyés devant un conseil de guerre.

ART. 23. Les dispositions du décret du 24 mars 1852, particulièrement celles concernant la procédure, la tenue de l'audience, la forme des jugements et leur exécution, seront appliquées en tant qu'elles ne sont pas contraires à la présente loi.

La présente loi, délibérée et adoptée par le Sénat et par la Chambre des députés, sera exécutée comme loi de l'État.

Fait à Paris, le 10 mars 1891.

Signé : CARNOT.

Par le Président de la République :

Le Sénateur, Ministre de la Marine,
Signé : E. BARBEY.

Loi sur l'atténuation et l'aggravation des peines.

(Du 26 mars 1891).

Art. 1er. En cas de condamnation à l'emprisonnement ou à l'amende, si l'inculpé n'a pas subi de condamnation antérieure à la prison pour crime ou délit de droit commun, les cours ou tribunaux peuvent ordonner, par le même jugement et par décision motivée, qu'il sera sursis à l'exécution de la peine.

Si, pendant le délai de cinq ans à dater du jugement ou de l'arrêt, le condamné n'a encouru aucune poursuite suivie de condamnation à l'emprisonnement ou à une peine plus grave pour crime ou délit de droit commun, la condamnation sera comme non avenue.

Dans le cas contraire, la première peine sera d'abord exécutée sans qu'elle puisse se confondre avec la seconde.

Art. 2. La suspension de la peine ne comprend pas le payement des frais du procès et des dommages-intérêts.

Elle ne comprend pas non plus les peines accessoires et les incapacités résultant de la condamnation.

Toutefois, ces peines accessoires et ces incapacités cesseront d'avoir effet du jour où, par application des dispositions de l'article précédent, la condamnation aura été réputée non avenue.

Art. 3. Le président de la cour ou du tribunal doit, après avoir prononcé la suspension, avertir le condamné qu'en cas de nouvelles condamnations dans les conditions de l'article 1er, la première peine sera exécutée sans confusion possible avec la seconde et que les peines de la récidive seront encourues dans les termes des articles 57 et 58 du Code pénal.

Art. 4. La condamnation est inscrite au casier judiciaire, mais avec la mention expresse de la suspension accordée.

Si aucune poursuite suivie de condamnation dans les termes de l'article 1er, paragraphe 2, n'est intervenue dans le délai de cinq ans, elle ne doit plus être inscrite dans les extraits délivrés aux parties.

Art. 5. Les articles 57 et 58 du Code pénal sont modifiés comme suit :...

Art. 6. La présente loi est applicable aux colonies où le Code pénal métropolitain a été déclaré exécutoire en vertu de la loi du 8 janvier 1877.

Des décrets statueront sur l'application qui pourra en être faite aux autres colonies.

Art. 7. La présente loi n'est applicable aux condamnations prononcées par les tribunaux militaires qu'en ce qui concerne les modifications apportées par l'article 5 ci-dessus aux articles 57 et 58 du Code pénal.

Loi portant extension de certaines dispositions de la loi du 8 décembre 1897 sur l'instruction préalable à la procédure devant les conseils de guerre.

(Du 15 juin 1899, modifiée le 27 avril 1916.)

Article unique. La disposition du premier paragraphe de l'article 2 de la loi du 8 décembre 1897, relative au délai dans lequel l'inculpé doit être interrogé, et les dispositions des articles 3, 7, 8, 9, 10, 12, 13 et 14 de la même loi sont applicables à l'instruction devant les conseils de guerre jugeant en temps de paix, et siégeant à terre.

Les dispositions du premier paragraphe de l'article 2 de la loi du 8 décembre 1897[1], relatives au délai dans lequel l'inculpé doit être interrogé, ainsi que celles des articles 3, 7 et 8 [2] de ladite loi, sont applicables, en temps de guerre, à l'instruction devant les conseils de guerre permanents du territoire.

---

[1] Art. 2 :

« Dans le cas de mandat de comparution, il interrogera de suite ; dans le cas de mandat d'amener, dans les vingt-quatre heures au plus tard », est complété ainsi qu'il suit :

« ... de l'entrée de l'inculpé dans la maison du dépôt ou d'arrêt. »

....

[2] Art. 3. Lors de cette première comparution, le magistrat constate l'identité de l'inculpé, lui fait connaître les faits qui lui sont imputés, et reçoit ses déclarations, après l'avoir averti qu'il est libre de ne pas en faire.

Mention de cet avertissement est faite au procès-verbal.

Si l'inculpation est maintenue, le magistrat donnera avis à l'inculpé de choisir

Les articles 9 et 10 de la même loi sont également applicables devant les mêmes conseils en temps de guerre, sous réserve des modifications ci-après :

ART. 9. L'inculpé doit faire connaître le nom du conseil par lui choisi, en le déclarant, soit au greffier du rapporteur, soit au gardien-chef de la prison militaire.

Le premier interrogatoire qui suit la comparution visée à l'article 3 et le dernier interrogatoire de l'inculpé détenu ou libre ne peuvent avoir lieu qu'en présence de son conseil ou lui dûment appelé, à moins que l'inculpé n'y renonce expressément.

Le conseil ne peut prendre la parole qu'après y avoir été autorisé par le rapporteur. En cas de refus, mention de l'incident est faite au procès-verbal.

Le conseil sera convoqué par lettre missive au moins vingt-quatre heures à l'avance.

ART. 10. La procédure doit être mise à la disposition du conseil la veille

---

un conseil parmi les avocats inscrits au tableau ou admis au stage, ou parmi les avoués, et, à défaut de choix, il lui en fera désigner un d'office si l'inculpé le demande. La désignation sera faite par le bâtonnier de l'ordre des avocats s'il existe un conseil de discipline et, dans le cas contraire, par le président du tribunal.

Mention de cette formalité sera faite au procès-verbal.

ART. 7. Nonobstant les termes de l'article 3, le juge d'instruction peut procéder à un interrogatoire immédiat et à des confrontations, si l'urgence résulte soit de l'état d'un témoin en danger de mort, soit de l'existence d'indices sur le point de disparaître, ou encore s'il est transporté sur les lieux en cas de flagrant délit.

ART. 8. Si l'inculpé reste détenu, il peut, aussitôt après la première comparution, communiquer librement avec son conseil.

Le paragraphe final ajouté par la loi du 14 juillet 1865 à l'article 613 du Code d'instruction criminelle est abrogé en ce qui concerne les maisons d'arrêt ou de dépôt soumises au régime cellulaire. Dans toutes les autres, le juge d'instruction aura le droit de prescrire l'interdiction de communiquer pour une période de dix jours; il pourra la renouveler, mais pour une nouvelle période de dix jours seulement.

En aucun cas l'interdiction de communiquer ne saurait s'appliquer au conseil de l'inculpé.

ART. 12. Seront observées, à peine de nullité de l'acte et de la procédure ultérieure, les dispositions prescrites par les articles 1er, 3, § 2, 3, §§ 2 et 10.

ART. 13. Sont et demeurent abrogées toutes les dispositions antérieures contraires à la présente loi.

ART. 14. La présente loi est applicable aux colonies de la Guadeloupe, de la Martinique et de la Réunion.

de chacun des deux interrogatoires que l'inculpé doit subir en sa présence, et vingt-quatre heures avant la clôture de l'information.

Ces dispositions sont prescrites à peine de nullité.

Loi rendant applicable l'article 463 du Code pénal (relatif aux circon-stances atténuantes) à tous les crimes et délits réprimés par les Codes de justice militaire de l'armée de terre et de l'armée de mer.

(Du 19 juillet 1901.)

ART. 1ᵉʳ. Tous les tribunaux militaires, tant de l'armée de terre que de l'armée de mer, pourront, à l'avenir, en temps de paix comme en temps de guerre, admettre des circonstances atténuantes à tous les crimes et délits réprimés tant par les Codes de justice militaire de l'armée de terre et de l'armée de mer, que par les autres dispositions pénales, lorsque ces dernières prévoient l'admission de circonstances atténuantes.[1]

Si la peine prononcée par la loi est une de celles énumérées aux articles 7, 8 et 9 du Code pénal, elle sera modifiée ainsi qu'il est spécifié à l'article 463 dudit Code.

Les peines énumérées aux articles 7 et 8 emporteront, nonobstant toute réduction, la dégradation militaire.

Si la peine est celle de mort sans dégradation militaire, le conseil de guerre appliquera la peine des travaux publics pour une durée de cinq à dix années.

Si le coupable est officier, la peine sera la destitution et un emprisonnement d'une durée de cinq ans.

Si la peine est celle de la dégradation militaire, le conseil de guerre appliquera un emprisonnement de trois mois à deux ans et la destitution si le coupable est officier.

Si la peine est celle des travaux publics, le conseil de guerre appliquera un emprisonnement de deux mois à cinq ans.

Dans le cas où la peine de l'emprisonnement est prononcée par les Codes de justice militaire et les lois militaires postérieures, le conseil de guerre est également autorisé à faire application de l'article 463 du Code pénal, sans que toutefois la peine de l'emprisonnement puisse être remplacée par une amende.

Si la peine est une autre que celle ci-dessus spécifiée, les tribunaux pourront lui substituer l'une des peines inférieures autre que l'amende.

Nonobstant toute réduction de peine par suite de circonstances atténuantes,

------

[1] Alinéa modifié par la loi du 27 avril 1916. (*B. O.*, p. 307.)

la peine de la destitution sera toujours appliquée par le conseil de guerre dans les cas où elle est prononcée par les Codes de justice mllitaire.

Art. 2. Sont abrogées, dans les Codes de justice militaire pour l'armée de terre et pour l'armée de mer, dans les lois des 15 juillet 1889 et 24 décembre 1896, toutes les dispositions contraires à celles de la présente loi.

Loi modifiant la loi du 26 mars 1891 sur l'atténuation et l'aggravation des peines (Loi de sursis).
(Du 28 juin 1904.)

Art. 1er. En temps de paix et en temps de guerre, au cas de condamnation à l'amende, à l'emprisonnement ou aux travaux publics, la loi du 26 mars 1891 est applicable, sous les réserves ci-après, aux condamnations prononcées par les tribunaux militaires de l'armée de terre et de l'armée de mer contre leurs justiciables, tant militaires que non militaires [1].

Art. 2. Lorsqu'une condamnation prononcée pour un crime ou délit de droit commun aura fait l'objet d'un sursis, la condamnation encourue dans le délai de cinq ans pour un crime ou délit militaire ne fera perdre au condamné le bénéfice du sursis que si le crime ou délit est punissable par les lois pénales ordinaires.

Art. 3. La condamnation antérieure prononcée pour un crime ou délit militaire non punissable d'après les lois pénales ordinaires ne fera pas obstacle à l'obtention du sursis, si l'individu qui l'a encourue est condamné pour un crime ou délit de droit commun.

Art. 4. Les crimes et délits prévus par les Codes de justice militaire pour l'armée de terre et pour l'armée de mer ne constituent l'inculpé en état de récidive que s'ils sont punis par les lois pénales ordinaires.

Art. 5. Si, pour l'application des dispositions qui précèdent, un condamné doit, après libération définitive du service, purger une condamnation aux travaux publics, la peine restant à courir sera remplacée par un emprisonnement d'une durée moitié moindre dans une prison civile.

Art. 6. Sont abrogées toutes les dispositions contraires à celles de la présente loi [2].

---

[1] Article modifié par la loi du 27 avril 1916.
[2] Instructions pour l'application de cette loi : Circ. du 28 juillet 1904 (*B. O.*, p. 631) et 4 avril 1914 (*B. O.*, p, 846).

Loi sur le recel.

(Du 22 mai 1915.)

Art. 7. Lorsque des lois édictent des incapacités, ou lorsqu'elles autorisent les tribunaux à les prononcer, contre les individus condamnés pour vol, escroquerie, abus de confiance, soustraction commise par des dépositaires publics, leurs dispositions sont applicables aux individus condamnés pour avoir sciemment recélé, en tout ou en partie, des choses obtenues à l'aide de ces délits.

Loi sur la police maritime.

(Du 2 juillet 1916.)

Article unique. L'article 85 du décret-loi du 24 mars 1852, modifié par la loi du 15 avril 1898, est remplacé par les dispositions suivantes :
(*Voir le texte de cet article page 314.*)

Loi sur la répression de l'ivresse publique et sur la police des débits de boissons.

(Du 1er octobre 1917.)

Art. 1er. Sera puni d'une amende d'un à cinq francs (1 à 5 fr.) inclusivement quiconque sera trouvé en état d'ivresse manifeste dans les rues, chemins, places, cafés, cabarets ou autres lieux publics.

Il y a récidive lorsque, depuis moins de douze mois, le contrevenant a subi une condamnation pour la même infraction.

En cas de première récidive, la peine d'emprisonnement pendant trois jours au plus sera prononcée.

Art. 2. En cas de nouvelle récidive dans les douze mois qui auront suivi la deuxième condamnation l'inculpé sera traduit devant le tribunal de police correctionnelle et puni d'un emprisonnement de six jours à un mois et d'une amende de seize francs à trois cents francs (16 francs à 300 fr.).

Quiconque, ayant été condamné en police correctionnelle pour ivresse depuis moins d'un an, s'est de nouveau rendu coupable du même délit sera condamné au maximum des peines indiquées au paragraphe précédent, lesquelles pourront être élevées jusqu'au double.

Art. 3. Toute personne qui aura été condamnée deux fois en police correctionnelle pour délit d'ivresse manifeste, conformément à l'article précédent, sera déclarée, par le second jugement, incapable d'exercer pendant deux ans, à partir du jour où la condamnation sera devenue irrévocable, les droits suivants : 1° de vote et d'élection: 2° d'éligibilité; 3° d'être appelée ou nommée aux fonctions de juré ou autres fonctions publiques ou aux emplois d'administration, ou d'exercer ces fonctions ou emplois; 4° de port d'armes. Elle pourra, en outre, être déchue à l'égard de ses enfants et descendants, de la puissance paternelle et des droits énumérés à l'article 1er de la loi du 24 juillet 1889.

. . . .

Art. 13. L'article 463 du Code pénal sera applicable aux peines d'emprisonnement et d'amende prévues par la présente loi. L'article 59 du même Code ne sera pas applicable aux délits prévus par les articles 2, 5 et 7 de la présente loi.

. . . .

Art. 19. La loi du 23 janvier 1873 sur l'ivresse publique est abrogée [1].

---

[1] Les articles 1, 2 et 3, ci-dessus reproduits, de la loi du 1er octobre 1917, étant presque identiques aux articles correspondants de la loi du 23 janvier 1873, il y a lieu de se référer aux observations que contient, à leur sujet, la circulaire du 15 mars 1873 (*B. O. R.*, p. 167), portant notification de cette dernière loi.

TABLE DES MATIÈRES.